鄞州职业高级中学物流专业校本实训教材

CCRS 移动客户端下载地址

金蝶 K/3 V12.1 软件操作之供应链篇

主　编　孙徐晨　曹飞梅

图书在版编目(CIP)数据

金蝶 K/3 V12.1 软件操作之供应链篇 / 孙徐晨，曹飞梅主编. —杭州：浙江工商大学出版社，2015.6(2016.9 重印)

ISBN 978-7-5178-1072-8

Ⅰ.①金… Ⅱ.①孙… ②曹… Ⅲ.①供应链管理—计算机管理系统—应用软件—职业高中—教材 Ⅳ.①F252—39

中国版本图书馆 CIP 数据核字(2015)第 100090 号

金蝶 K/3 V12.1 软件操作之供应链篇

孙徐晨　曹飞梅　主编

责任编辑　刘　韵　吴岳婷

封面设计　许寅华

责任印制　包建辉

出版发行　浙江工商大学出版社

(杭州市教工路 198 号　邮政编码 310012)

(E-mail:zjgsupress@163.com)

(网址:http://www.zjgsupress.com)

电话:0571-88904980,88831806(传真)

排　　版　杭州朝曦图文设计有限公司

印　　刷　虎彩印艺股份有限公司

开　　本　787mm×1092mm　1/16

印　　张　14.75

字　　数　332 千

版 印 次　2015 年 6 月第 1 版　2016 年 9 月第 2 次印刷

书　　号　ISBN 978-7-5178-1072-8

定　　价　29.00 元

浙江工商大学出版社营销部邮购电话　0571-88904970

编写委员会

总 序

PREFACE

物流业是融合运输、仓储、货代、信息等产业的复合型服务业，是支撑国民经济发展的基础性、战略性产业。物流业的快速发展也使物流人才成为我国12类紧缺人才之一。培养具有扎实的物流理论知识、丰富的实践能力和创新意识的应用型物流人才，已成为当前中职物流教学的当务之急。

然而，中职物流专业的发展也只是近十年的事情。在这个新兴专业的建设过程中我们遇到过很多困惑，也做了很多努力。其中，最大的一个问题就是如何有效地开展物流实训教学工作。

物流专业本身涵盖多个方向，实训室建设又缺乏统一标准。因此，明确专业方向、配置专业设备是物流实训教学的基础。我校本着“以服务为宗旨、以就业为导向、以能力为本位”的职业教育指导思想，以“学生技能与企业需求无缝对接”的基本原则，在明确仓储配送、货运代理、物流信息处理为主要方向的基础上，结合物流企业实际，在进行物流实训室的建设时完全遵循企业标准：以工业级的标准配备仓储配送实训室，使其达到商业零售企业供应链管理之操作要求；以在本地货代企业市场占有率最高的国际货运软件HY2008为核心软件配备货代实训室，使其达到货代企业业务操作之要求；以市场知名度较高的金蝶K/3 V12.1 ERP软件为核心软件配备物流信息操作实训室，使其达到对企业信息平台操作之要求。在完成实训平台的建设之后，配套实训教材的开发已迫在眉睫。

为此，我们邀请长期工作在科研、教学一线的专家、教授作为本配套丛书的编写顾问，邀请企业资深专家与我们的一线老师组成编写团队，针对当前企业对中职物流人才的能力需求，结合我校物流实训平台，编写了“中职物流专业实训教材丛书”。该丛书包括《供应链管理实务操作之设备篇》《国际货运代理实务操作之海运出口篇》《金蝶K/3 V12.1软件操作之供应链篇》《叉车驾驶技能实训教材》《供应链管理实务操作之流程篇》《国际货运代理实务操作之海运进口与空运篇》《金蝶K/3 V12.1软件操作之商业零售与生产制造篇》。涵盖了本专业所确定的专业方向的核心实训课程。首次出版一期开发的四种教材，后续我们还将编写并出版剩余的三种教材。

本丛书在设计过程中，大胆预测未来教材的新趋势，努力将实训教材打造成全媒体教材。教材以模块化、项目化、任务驱动的方式突出对学生技能的培养，让学生在做中学。每本教材又在重、难点上设置有二维码，学生可利用无线终端设备(如IPAD、手机等)，通过我们定制开发的APP终端程序，以扫描二维码的方式登录到后台教学资源库，随时访问我们的微课资源，并能浏览课程介绍，完成在线测试、师生互动、群组讨论等活动。使静态教材与动态资源库实现完美对接。

本丛书的编写团队由一线老师与企业专家组成，他们均具有丰富的教学经验与生产实践经验，使教材更具实用性。教材内容凸显企业实际操作，培养学生实际动手能力，有利于激发学生的学习兴趣。

本丛书的编写得到金蝶软件(中国)有限公司宁波分公司、浙江省邮政速递物流有限公司宁波市分公司、宁波鹏信国际货运代理有限公司、宁波港技工学校的大力支持，再次向他们表示真挚的感谢!

希望本丛书的编写，能为我国中职物流专业实训教育教学更上一个台阶提供帮助，这是我们最大的心愿。

尚涛

2014年10月

前　言

PERFACE

目前在我国的许多行业中，各企业都利用ERP系统进行有效管理和控制。尤其是物流行业，通过运用ERP系统能够促使物流企业对传统业务流程进行重组，使物流企业重视物流、资金流、信息流、时间流的统一配合，从而达到提高效率、及时响应顾客需求、提高资金运营效率与使用效果、降低成本的目的。

也正因为如此，越来越多的物流企业期望员工能熟悉并灵活运用企业ERP系统。作为中等职业学校，其物流专业主要培养的是实操性物流人才，要求学生在掌握扎实的专业理论知识的基础上，更重要的是拥有过硬的实操技能和优良的动手能力。根据物流行业的发展趋势和物流企业的用人要求，掌握ERP软件实操技能已成为中职物流专业学生就业的"敲门砖"。《金蝶K/3 V12.1软件操作之供应链篇》就是为了适应现代化物流快速发展的需要而进行编写的，它可以作为中职学校学生学习的实训指导用书。

全书共分为5个模块，内容如下：

模块一为账套管理，主要介绍了企业背景、新建账套、账套备份与恢复。

模块二为系统初始化，主要介绍了核算参数设置、系统设置、基础资料设置、期初数据录入及供应链系统的启用。

模块三为供应链系统日常业务处理之采购业务，主要介绍了采购价格设置、常用采购流程、单先到货后到采购业务、暂估入库采购业务、退货业务等采购业务的处理。

模块四为供应链系统日常业务处理之销售业务，主要介绍了销售价格设置、常用销售业务流程、先开票后发货销售业务流程、销售分期发货业务、销售分期收款业务、销售退货业务等销售业务的处理。

模块五为供应链系统日常业务处理之仓存业务，主要介绍了基础设置、产品入库及其他入库的处理、生产领料及其他出库的处理、调拨处理、盘点处理。

本次编写主要由孙徐晨提出编写思路，并负责模块一账套管理、模块二系统初始化、模块三供应链系统日常业务处理之采购业务的编写，曹飞梅负责模块四供应链系统日常业务处理之销售业务、模块五供应链系统日常业务处理之仓存业务的编写。本书在编写过程中，得到了宁波市鄞州职业高级中学汤涛校长的大力支持，也得到了金蝶软件（中国）有限公司宁波分公司沈亚荣经理的热情参与，编者在此表示衷心的感谢。

由于编者水平有限，错误和疏漏在所难免，希望广大任课教师、学生和读者批评和指正，使本书在使用中得到不断补正和完善。

编　者

2014 年 9 月

目　录

CONTENTS

模块一　账套管理

项目一　企业背景介绍

【实训目标】

了解案例企业的背景资料，包括企业属性和各项数据信息。

【实训内容】

一、企业背景资料介绍

公司名称：百姓超市

百姓超市是一家大型的连锁超市，以销售日常百货为主，企业成立于2010年，注册资本为2000万元人民币，是宁波市连锁超市行业的新兴企业。

今年，企业购入金蝶K/3 V12.1软件，包括总账、报表、财务分析、现金管理、固定资产、应收应付、采购、销售、仓存、进出口等K/3所有子系统及OA、CRM系统。

各部门职责及拟使用系统如下：

部门	职　　责	拟使用的软件系统及功能
采购部	制订采购计划	采购系统——采购业务跟踪管理
财务部	I. 日常凭证，账簿的编制，登记及管理。 II. 采购、销售等环节业务成本的核算与管理 III. 出纳业务管理 IV. 为管理人员提供各种财务分析数据和报表	总账系统——凭证制作、账簿输出 报表系统——报表制作和输出 存货核算系统——根据选择的存货计价方法计算销售产品的销售收入和成本
物流部	制订配送计划	
质检部	抽查采购的产品是否满足质量和数量要求	
销售部	负责产品销售政策的制订、业务的统计分析	销售系统——销售订单、销售出货、货款催收等进出口管理系统
信息部	负责销售采购等环节的信息交换及处理	
仓管部	产品的出入库管理	仓存系统——产品的出入库管理

二、企业数据资料介绍

1.计量单位

计量单位组	代码	名称	换算方式	换算率	类别	是否默认
数量组 1	01	卷	固定换算	1		是
	02	提	固定换算	10		
	03	箱	固定换算	120		
数量组 2	04	瓶	固定换算	1		是
	05	箱	固定换算	24		
数量组 3	06	个	固定换算	1		是
	07	盒	固定换算	1		
	08	支	固定换算	1		
	09	袋	固定换算	1		
	10	块	固定换算	1		
重量组 1	11	克	固定换算	1		是
	12	千克	固定换算	1000		
体积组 1	21	毫升	固定换算	1		是
	22	升	固定换算	1000		

2.部门

代码	名称	部门属性	成本核算类型
01	采购部	非车间	期间费用部门
02	财务部	非车间	期间费用部门
03	物流部	非车间	期间费用部门
04	质检部	非车间	期间费用部门
05	销售部	非车间	期间费用部门
06	客服部	非车间	期间费用部门
07	信息部	非车间	期间费用部门
08	仓管部	非车间	期间费用部门

3.员工

员工代码	员工姓名	所属部门	员工性别
01	小李	采购部	女
02	小张	财务部	女

续 表

员工代码	员工姓名	所属部门	员工性别
03	小王	物流部	男
04	小林	质检部	女
05	小胡	销售部	男
06	小周	信息部	男
07	小赵	仓管部	男

4.供应商

代码	名 称
01	宁波地区(上级组)
01.01	宁波得力文化用品有限公司
01.02	宁波广博公司
01.03	宁波石源矿泉水开发有限公司
01.04	康师傅控股有限公司宁波分公司
01.05	可口可乐公司宁波分公司
01.06	农夫山泉有限公司宁波分公司
01.07	金佰利公司宁波分公司
01.08	中胜洁柔纸业股份有限公司宁波分公司
02	杭州地区(上级组)
02.01	杭州娃哈哈有限公司
02.02	杭州黄芩牙膏有限公司
02.03	纳爱斯集团杭州分公司
02.04	保洁公司杭州分公司
02.05	金红叶纸业集团有限公司杭州分公司
02.06	维达纸业有限公司杭州分公司
02.07	恒安集团有限公司杭州分公司
03	上海地区(上级组)
03.01	上海东冠华洁纸业有限公司
03.02	联合利华有限公司上海分公司
03.03	深圳妙洁日用制品有限公司上海分公司
03.04	广东泰恩康医药股份有限公司上海分公司
03.05	江苏三笑集团有限公司上海分公司
03.06	广州柏林世家家居用品有限公司上海分公司

续 表

代码	名　　称
03.07	高露洁棕榄(中国)有限公司上海分公司

5. 客户

代码	名称
01	海曙(上级组)
01.01	百姓超市海曙店
02	江东(上级组)
02.01	百姓超市江东店
03	江北(上级组)
03.01	百姓超市江北店
04	鄞州(上级组)
04.01	百姓超市梅墟部
04.02	百姓超市邱隘店

6. 仓库

代码	名称	仓库属性	仓库类型
01	自动化立体库	良品	普通仓
02	重型立体库	良品	普通仓
03	货架库	良品	普通仓

7. 仓位

仓位组	仓位代码	仓位名称
自动化立体库	01-001-0001-001	01-001-0001-001
	01-001-0001-002	01-001-0001-002
	01-001-0002-001	01-001-0002-001
	01-001-0002-002	01-001-0002-002
	01-001-0003-001	01-001-0003-001
	01-001-0003-002	01-001-0003-002
	01-001-0004-001	01-001-0004-001
	01-001-0004-002	01-001-0004-002
	01-001-0005-001	01-001-0005-001
	01-001-0005-002	01-001-0005-002
	01-001-0006-001	01-001-0006-001

续 表

仓位组	仓位代码	仓位名称
自动化立体库	01-001-0006-002	01-001-0006-002
	01-001-0007-001	01-001-0007-001
	01-001-0007-002	01-001-0007-002
	01-001-0008-001	01-001-0008-001
	01-001-0008-002	01-001-0008-002
	01-001-0009-001	01-001-0009-001
	01-001-0009-002	01-001-0009-002
	01-001-0010-001	01-001-0010-001
	01-001-0010-002	01-001-0010-002
	01-001-0011-001	01-001-0011-001
	01-001-0011-002	01-001-0011-002
	01-001-0012-001	01-001-0012-001
	01-001-0012-002	01-001-0012-002
	01-002-0001-001	01-002-0001-001
	01-002-0001-002	01-002-0001-002
	01-002-0002-001	01-002-0002-001
	01-002-0002-002	01-002-0002-002
	01-002-0003-001	01-002-0003-001
	01-002-0003-002	01-002-0003-002
	01-002-0004-001	01-002-0004-001
	01-002-0004-002	01-002-0004-002
	01-002-0005-001	01-002-0005-001
	01-002-0005-002	01-002-0005-002
	01-002-0006-001	01-002-0006-001
	01-002-0006-002	01-002-0006-002
	01-002-0007-001	01-002-0007-001
	01-002-0007-002	01-002-0007-002
	01-002-0008-001	01-002-0008-001
	01-002-0008-002	01-002-0008-002
	01-002-0009-001	01-002-0009-001
	01-002-0009-002	01-002-0009-002
	01-002-0010-001	01-002-0010-001

续 表

仓位组	仓位代码	仓位名称
自动化立体库	01-002-0010-002	01-002-0010-002
	01-002-0011-001	01-002-0011-001
	01-002-0011-002	01-002-0011-002
	01-002-0012-001	01-002-0012-001
	01-002-0012-002	01-002-0012-002
仓位组	仓位代码	仓位名称
货架库	010111	01-01-11 仓
	010112	01-01-12 仓
	010113	01-01-13 仓
	010114	01-01-14 仓
	010121	01-01-21 仓
	010122	01-01-22 仓
	010123	01-01-23 仓
	010124	01-01-24 仓
	010131	01-01-31 仓
	010132	01-01-32 仓
	010133	01-01-33 仓
	010134	01-01-34 仓
	010141	01-01-41 仓
	010142	01-01-42 仓
	010143	01-01-43 仓
	010211	01-02-11 仓
	010212	01-02-12 仓
	010213	01-02-13 仓
	010214	01-02-14 仓
	010221	01-02-21 仓
	010222	01-02-22 仓
	010223	01-02-23 仓
	010224	01-02-24 仓
	010231	01-02-31 仓
	010232	01-02-32 仓
	010233	01-02-33 仓

续 表

仓位组	仓位代码	仓位名称
货架库	010234	01-02-34 仓
	010311	01-03-11 仓
	010312	01-03-12 仓
	010313	01-03-13 仓
	010314	01-03-14 仓
	010321	01-03-21 仓
	010322	01-03-22 仓
	010323	01-03-23 仓
	010324	01-03-24 仓
	010331	01-03-31 仓
	010332	01-03-32 仓
	010333	01-03-33 仓
	010334	01-03-34 仓
	020111	02-01-11 仓
	020112	02-01-12 仓
	020113	02-01-13 仓
	020114	02-01-14 仓
	020121	02-01-21 仓
	020122	02-01-22 仓
	020123	02-01-23 仓
	020124	02-01-24 仓
	020131	02-01-31 仓
	020132	02-01-32 仓
	020133	02-01-33 仓
	020134	02-01-34 仓
	020211	02-02-11 仓
	020212	02-02-12 仓
	020213	02-02-13 仓
	020214	02-02-14 仓
	020221	02-02-21 仓
	020222	02-02-22 仓
	020223	02-02-23 仓

续　表

仓位组	仓位代码	仓位名称
货架库	020224	02-02-24 仓
	020231	02-02-31 仓
	020232	02-02-32 仓
	020233	02-02-33 仓
	020234	02-02-34 仓
	020311	02-03-11 仓
	020312	02-03-12 仓
	020313	02-03-13 仓
	020314	02-03-14 仓
	020321	02-03-21 仓
	020322	02-03-22 仓
	020323	02-03-23 仓
	020324	02-03-24 仓
	020331	02-03-31 仓
	020332	02-03-32 仓
	020333	02-03-33 仓
仓位组	仓位代码	仓位名称
重型立体库	02010101	02010101
	02010102	02010102
	02010103	02010103
	02010104	02010104
	02010201	02010201
	02010202	02010202
	02010203	02010203
	02010204	02010204
	02010303	02010303
	02010304	02010304

8. 物料

代码	名　　称	计量单位组	默认仓库	条形码
01	生活用品(上级组)			
01.01	高露洁草本萃爽牙膏	数量组 3	货架库	6920354806377

续 表

代码	名　　称	计量单位组	默认仓库	条形码
01.02	黄芩中药高级牙膏	数量组3	货架库	6934632780235
01.03	三笑舒适超净牙刷	数量组3	货架库	6910021009583
01.04	佳洁士草本水晶牙膏	数量组3	货架库	6903148028155
01.05	奥妙净蓝洗衣粉	数量组3	货架库	6902088702828
01.06	佳洁士缤纷彩虹牙刷	数量组3	货架库	6903148072264
01.07	奥妙无磷超效洗衣皂	数量组3	货架库	6902088703658
01.08	雕牌超能皂	数量组3	货架库	6910019006518
01.09	世家刷洗球	数量组3	货架库	6925828210711
01.10	心相印卫生纸	数量组1	货架库	6922868283101
01.11	洁云卷筒式纸巾	数量组1	货架库	6918717112692
01.12	洁云卷筒式纸巾	数量组1	重型立体库	6918717112692
01.13	舒洁抽取式纸巾	数量组1	货架库	6923589421131
01.14	舒洁抽取式纸巾	数量组1	重型立体库	6923589421131
01.15	洁柔蓝精品卷纸卫生纸	数量组1	货架库	6914068002583
01.16	泰恩康塑料棉花棒	数量组3	货架库	6931338688810
01.17	维达卷筒式纸巾	数量组1	货架库	6901236376058
01.18	清风卷筒式纸巾	数量组1	货架库	6922266438820
01.19	清风抽取式纸巾	数量组1	货架库	6922266437861
01.20	李字牌蚊香(檀香味)	数量组3	货架库	6904588168012
01.21	妙洁金属钢丝球	数量组3	货架库	6917751510204
02	文具(上级组)			
02.01	广博图钉	数量组3	货架库	6922711053325
02.02	得力回形针	数量组3	货架库	6921734900180
02.03	得力液体胶水	数量组3	货架库	6921734973016
02.04	得力文件袋	数量组3	货架库	6921734955012
02.05	得力固体胶	数量组3	货架库	6921734971029
02.06	得力抽干文件夹	数量组3	货架库	6921734955319
02.07	广博便签本	数量组3	货架库	6922711000886
03	饮料(上级组)			
03.01	原叶茉莉花茶调味茶饮料	数量组2	货架库	6920927143649
03.02	原叶茉莉花茶调味茶饮料	数量组2	重型立体库	6920927143649
03.03	康师傅绿茶	数量组2	货架库	6920459905166

续 表

代码	名　　称	计量单位组	默认仓库	条形码
03.04	康师傅绿茶	数量组 2	重型立体库	6920459905166
03.05	冰露矿泉水	数量组 2	货架库	6908198100011
03.06	康师傅冰红茶	数量组 2	货架库	6920459905012
03.07	农夫山泉饮用天然水	数量组 2	货架库	6921168511280
03.08	太白水	数量组 2	货架库	6920683899033
03.09	石源麦饭石矿泉水	数量组 2	货架库	6922257600021
03.10	娃哈哈矿泉水	数量组 2	货架库	6902083881405
03.11	娃哈哈矿泉水	数量组 2	重型立体库	6902083881405

注:1.计价方法:所有物料的计价方法采用加权平均法。

2.会计科目:所有物料的销售收入科目为 6001,销售成本科目为 6401,存货科目为 1405。

3.所有物料数量精度为“0”,单价精度为“2”。

9.存货初始余额

代码	名　　称	规格型号	本年累计收入数量	本年累计收入金额	本年累计发出数量	本年累计发出金额	期初数量	期初金额
01	生活用品(上级组)							
01.01	高露洁草本萃爽牙膏	140g	10	50	100	500	100	500
01.02	黄芩中药高级牙膏	110g	10	50	100	500	100	500
01.03	三笑舒适超净牙刷	454	10	30	100	300	100	300
01.04	佳洁士草本水晶牙膏	140g	10	50	100	500	100	500
01.05	奥妙净蓝洗衣粉	300g	10	100	100	1000	100	1000
01.06	佳洁士缤纷彩虹牙刷	19342	10	30	100	300	100	300
01.07	奥妙无磷超效洗衣皂	160g	10	40	100	400	100	400
01.08	雕牌超能皂	226g	10	40	100	400	100	400
01.09	世家刷洗球	20g	10	20	100	200	100	200
01.10	心相印卫生纸	150mm × 115mm/节(3 层)	10	30	100	300	100	300
01.11	洁云卷筒式纸巾	100mm×144mm	10	40	100	400	100	400
01.12	洁云卷筒式纸巾	12 提/箱	10	1200	100	12000	100	12000
01.13	舒洁抽取式纸巾	220mm × 158mm (2 层)	10	40	100	400	100	400
01.14	舒洁抽取式纸巾	12 提/箱	10	1200	100	12000	100	12000

续　表

代码	名　称	规格型号	本年累计收入数量	本年累计收入金额	本年累计发出数量	本年累计发出金额	期初数量	期初金额
01.15	洁柔蓝精品卷纸卫生纸	101mm × 115mm/节(3 层)	10	30	100	300	100	300
01.16	泰恩康塑料棉花棒	100PCS	10	20	100	200	100	200
01.17	维达卷筒式纸巾	138mm × 104mm/节	10	40	100	400	100	400
01.18	清风卷筒式纸巾	110mm × 104mm(3 层)	10	40	100	400	100	400
01.19	清风抽取式纸巾	206mm × 155mm(2 层)	10	40	100	400	100	400
01.20	李字牌蚊香(檀香味)	Net.34g×5 双盘	10	80	100	800	100	800
01.21	妙洁金属钢丝球	2 只装	10	20	100	200	100	200
02	文具(上级组)							
02.01	广博图钉	ZD5332	10	10	100	100	100	100
02.02	得力回形针	3＃	10	10	100	100	100	100
02.03	得力液体胶水	Net.35ml	10	10	100	100	100	100
02.04	得力文件袋	Q/NDL29	10	10	100	100	100	100
02.05	得力固体胶	21g	10	10	100	100	100	100
02.06	得力抽干文件夹	A4	10	10	100	100	100	100
02.07	广博便签本	140K	10	10	100	100	100	100
03	饮料(上级组)							
03.01	原叶茉莉花茶调味茶饮料	Net.480mL	10	30	100	300	100	300
03.02	原叶茉莉花茶调味茶饮料	24×480ml	10	700	100	7000	100	7000
03.03	康师傅绿茶	Net.550ml	10	30	100	300	100	300
03.04	康师傅绿茶	24×550ml	10	700	100	7000	100	7000
03.05	冰露矿泉水	Net.550ml	10	20	100	200	100	200
03.06	康师傅冰红茶	Net.550ml	10	30	100	300	100	300
03.07	农夫山泉饮用天然水	Net.380ml	10	20	100	200	100	200
03.08	太白水	500ml	10	20	100	200	100	200
03.09	石源麦饭石矿泉水	Net.330ml	10	20	100	200	100	200
03.10	娃哈哈矿泉水	Net.596ml	10	20	100	200	100	200
03.11	娃哈哈矿泉水	24×596ml	10	400	100	4000	100	4000

注：产成品的所有批号都为 20150101。

项目二　新建账套

【实训目标】

学生能够掌握新建账套的流程及注意事项，能够根据案例在 K/3 中间层建立一个账套并对其进行系统设置，启用账套。

【任务说明】

账套是企业进行日常业务操作的对象和场所，也就是说，我们日常的操作都是在某个账套中进行的。

【实训内容】

请根据以下案例完成账套新建。

新建项目	操作内容
账套类型	采用标准供应链账套
记账本位币	选择【人民币】
会计期间	使用自然月份
具体时间	2015 年 1 月

【操作步骤】

1. 在 SQL Server 的对应目录下新建文件夹【学生姓名】。

2. 点击【账套管理】，出现“账套管理登录”界面。初次登录，用户名为【Admin】，默认无密码。

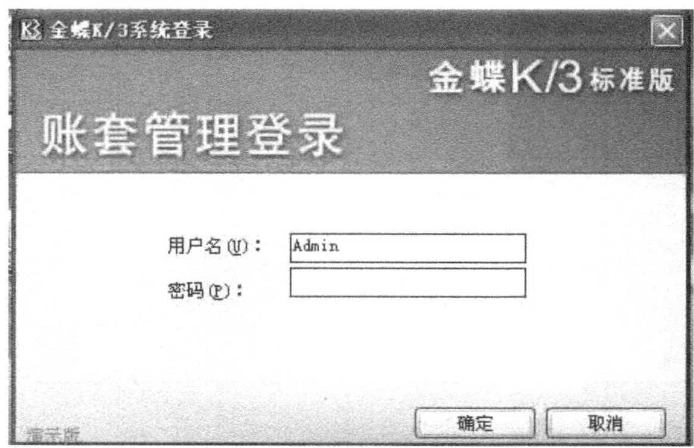

图 1-2-1

3. 进入“账套管理登录”界面，单击【确定】，进入“金蝶 K/3 账套管理”窗口。

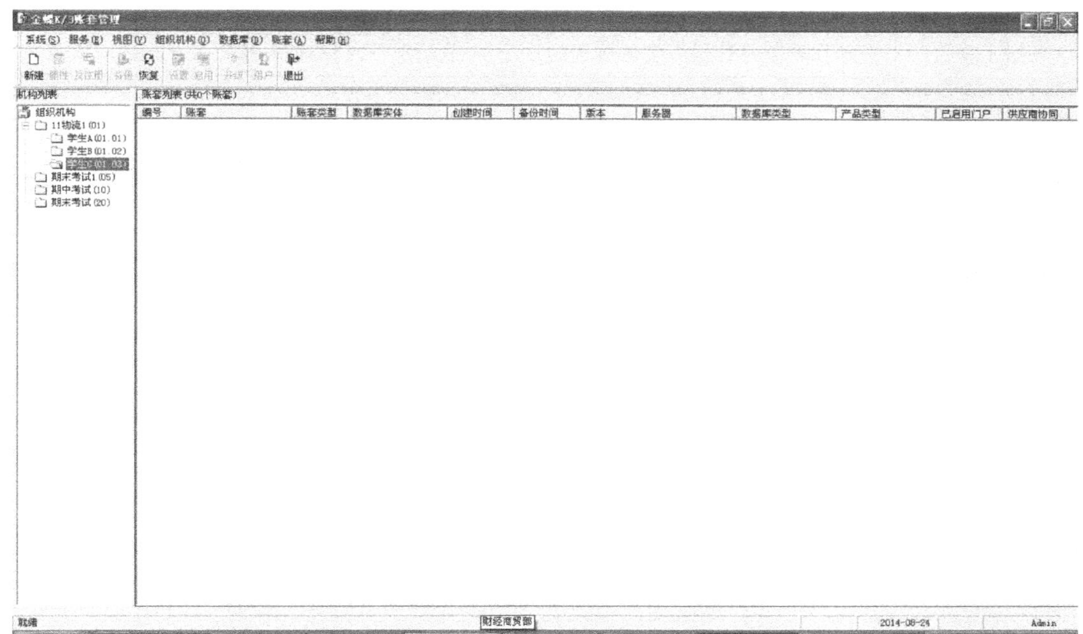

图 1-2-2

4. 单击【新建】，系统弹出“信息”窗口。

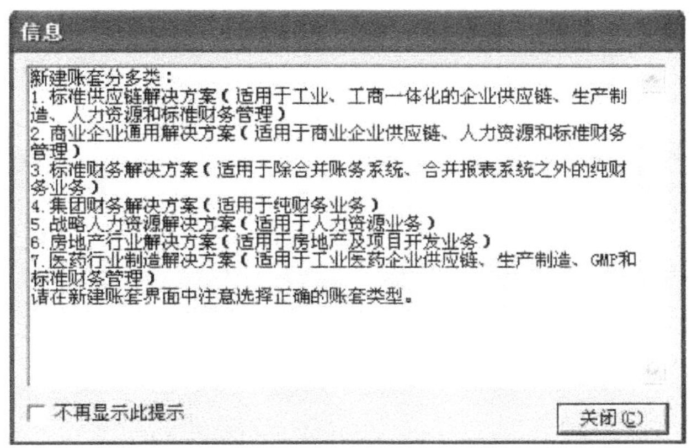

图 1-2-3

5. 点击【关闭】，进入“新建账套”窗口，输入相应的账套号、账套名称、账套类型、数据路径等信息。

参数项	参数设置说明
账套号	系统默认，用户也可以修改
账套名称	百姓超市（学生自己的名字），例：百姓超市（张三）

续 表

参数项	参数设置说明
数据库路径	选择你希望将数据库实体放置的目录，一般情况下可以选择 SQL Server 的对应目录。

○注意事项

账套号与账套名称的区别：账套号是计算机文件名，账套名称是一般单位的全称。

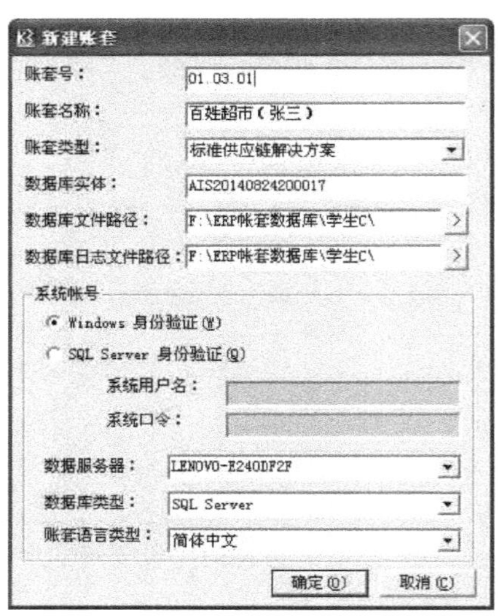

图 1-2-4

6. 设置完成后，单击【确定】，系统进行账套的建立。完成后，账套管理窗口就会出现一个账套列表。

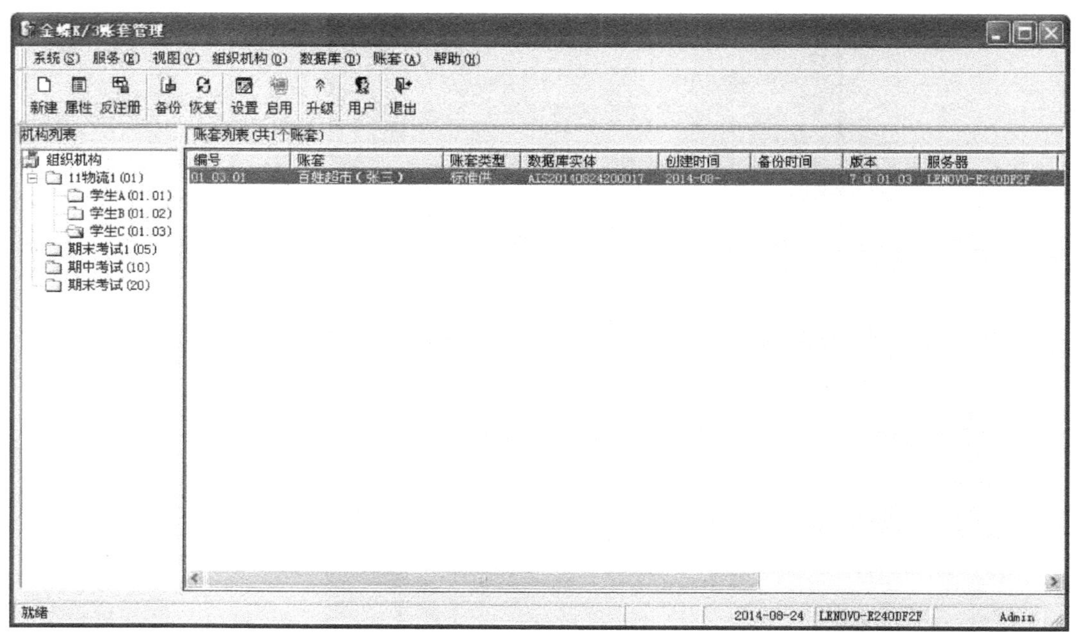

图 1-2-5

7. 选中相应账套，单击设置按钮，出现“属性设置”窗口。

8. 点击【系统】，输入相应的机构名称、地址等信息。

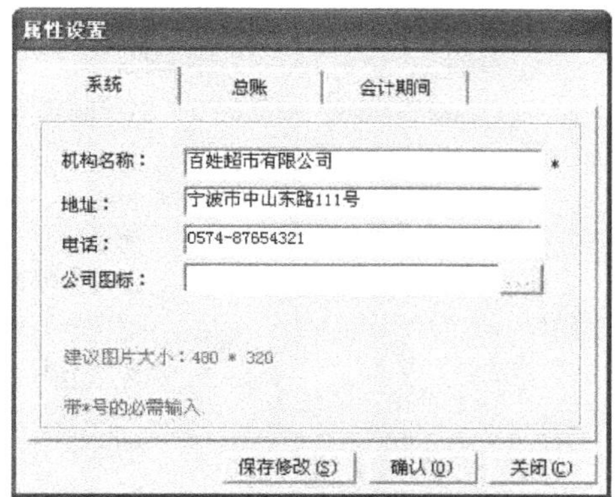

图 1-2-6

9. 点击【总账】，设置记账本位币。

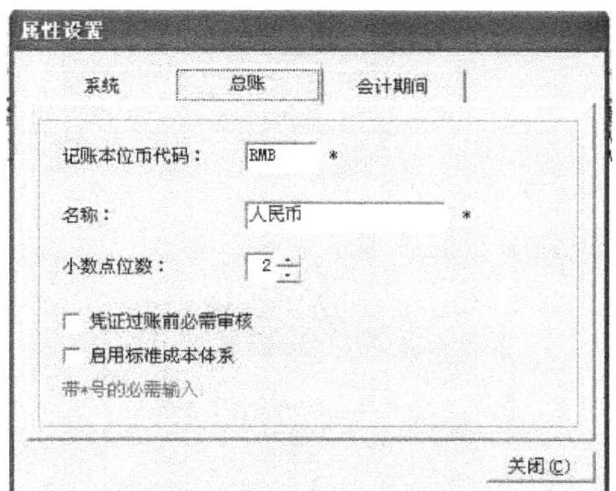

图 1-2-7

10. 点击【会计期间】，设置会计期间及具体时间。

○注意事项

“会计期间”录入需谨慎，一经录入则无法更改。

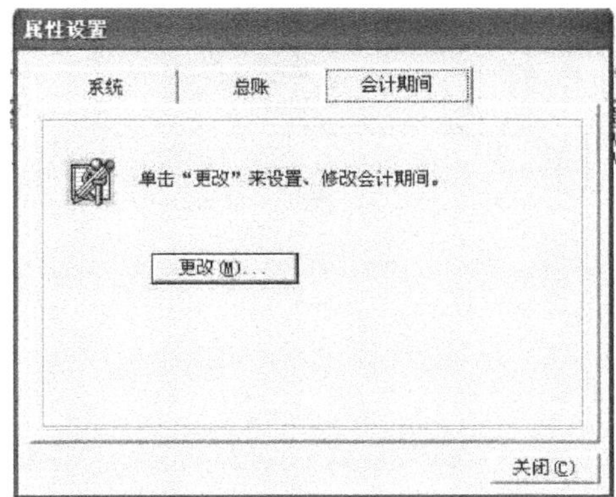

图 1-2-8

图 1-2-9

11. 设置完毕，点击【是】，启用当前账套。

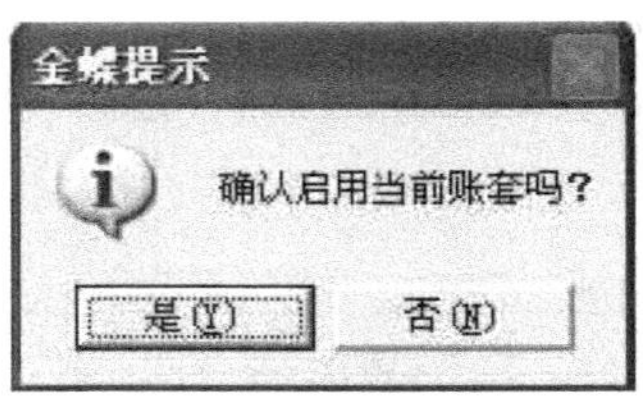

图 1-2-10

图 1-2-11

【课后作业】

简述账套的定义。

项目三　账套备份与恢复

【实训目标】

学生能够掌握新建账套的流程及注意事项，能够根据案例在 K/3 中间层建立一个账套并对其进行系统设置，启用账套。

【任务说明】

账套的备份是为了保证使用软件账务数据的安全性。账套的备份可分为手工备份和批量自动备份两种方式。本项目将在实训内容中介绍手工备份，在知识链接中介绍批量自动备份。

【实训内容】

手工备份

备份的要求	具体内容
账套名称	百姓超市(学生姓名)，例：百姓超市(张三)
备份方式	完全备份
备份路径	学生自建文件夹
文件名称	F 百姓超市

【操作步骤】

1. 通过【账套管理】→【数据库】→【备份】。

图 1-3-1

2. 单击【完全备份】,进行账套实时备份处理。

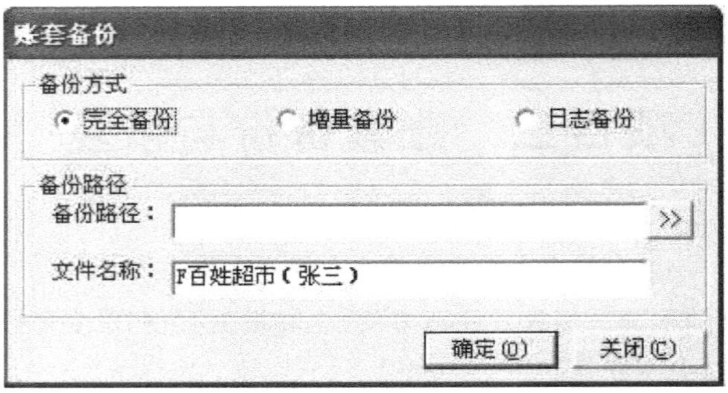

图 1-3-2

3. 根据案例要求,输入相应数据内容。

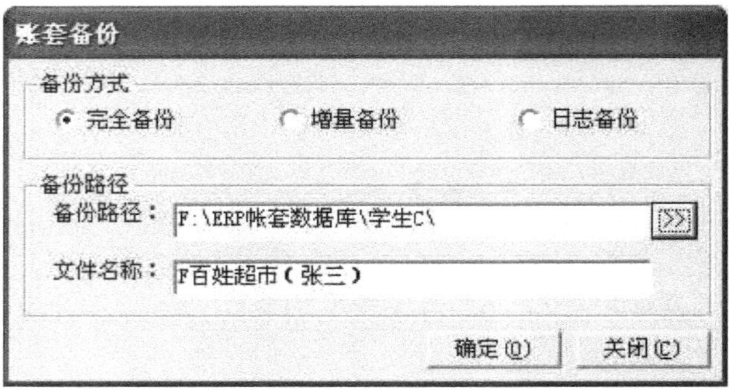

图 1-3-3

4. 输入完毕,点击【确定】,完成手工备份。

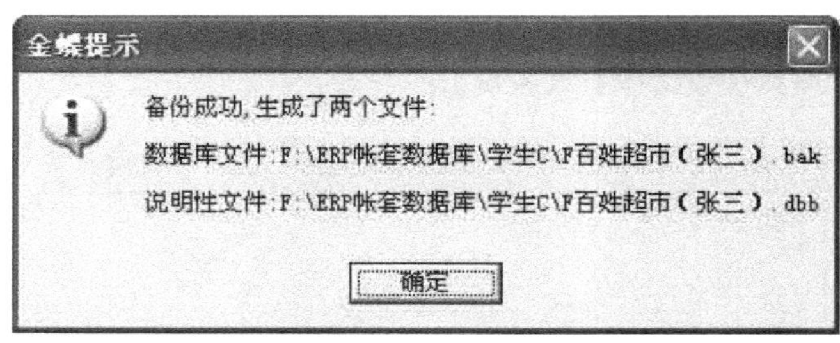

图 1-3-4

〇注意事项

1. 第一次备份要用完全备份。

2. 备份后将产生 * dbb 和 * bak 文件。

3. 当原账套损坏,可使用【账套恢复】功能将原账套的备份数据以账套的形式解开进行使用,操作可参考【账套备份】。

4. 恢复时是以账套的形式恢复出来的,因此账套号和账套名不能重复。

【知识链接】

自动批量备份

备份的要求	具体内容
账套名称	百姓超市(学生姓名),例:百姓超市(张三)
备份路径	学生自建文件夹
备份开始时间	2015 年 1 月 1 日晚上 7 点
完全备份时间间隔	每隔 24 小时一次

【操作步骤】

1. 通过【账套管理】→【数据库】→【账套批量自动备份】,进入“账套批量自动备份工具”窗口,按照案例输入相关数据。

图 1-3-5

2. 输入完毕,单击【保存方案】,出现“方案保存”窗口。

图 1-3-6

3. 输入方案名称。

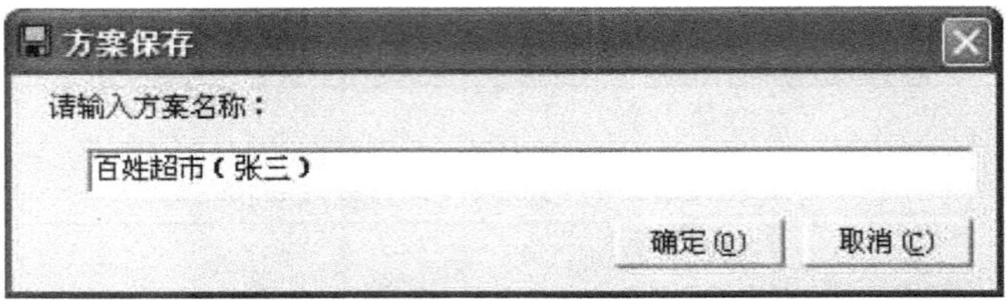

图 1-3-7

点击【确定】，完成账套自动备份处理。

【课后作业】

1. 简述账套备份的两种方式。
2. 简述账套备份的作用。

模块二　系统初始化

项目一　核算参数设置

【实训目标】

学生能够掌握供应链核算参数的设置。

【任务说明】

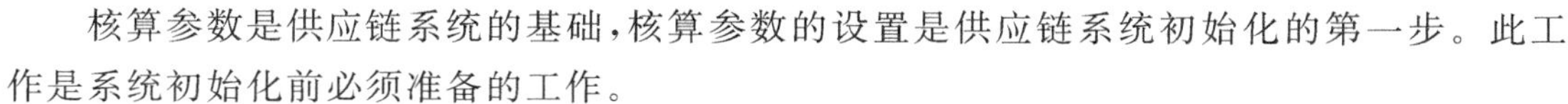

核算参数是供应链系统的基础，核算参数的设置是供应链系统初始化的第一步。此工作是系统初始化前必须准备的工作。

【注意事项】

供应链各个系统中只要有一个系统进行过初始化操作，其他系统就可不必再执行初始化操作。

【实训内容】

请根据以下案例及参数设置要求完成核算参数设置。

案　例

启用时间	供应链系统于 2015 年 1 月启用。
核算方式	采用数量、金额核算。
库存更新控制	单据审核后才更新。
启用模块设置	不启用门店管理

参数设置要求

参数项	参数设置说明
启用年度	即供应链启用的会计年度，本案例中为“2015”。
启用期间	即供应链启用的会计期间，本案例中为“1”。
核算方式	* 数量核算：供应链中只对物料进出的数量进行核算（在采购、销售和仓存系统中核算）。 * 数量、金额核算：供应链中不仅要核算物料数量，而且要核算金额，并自动生成凭证且传送到总账中。 本案例中选择【数量、金额核算】

续　表

参数项	参数设置说明
库存更新控制	* 单据审核后才更新：系统将在库存类单据进行业务审核后才将该单据的库存数量计算到即时库存中，并在反审核该库存单据后进行库存调整。 * 单据保存后立即更新：系统将在库存类单据保存后就将该单据的库存数量计算到即时库存中，并在修改、复制、删除、作废、反作废该库存单据时进行库存调整。 本案例中选择【单据审核后才更新】。
启用门店管理	如果启用门店管理，系统将显示门店管理系统和系统设置中的相关功能，满足企业对零售端的管理需要。 本案例中不做选择。

【操作步骤】

1. 通过【系统设置】→【初始化】→【存货核算】→【系统参数设置】，进入供应链系统“核算参数设置向导”，设置相应的启用年度及启用期间。

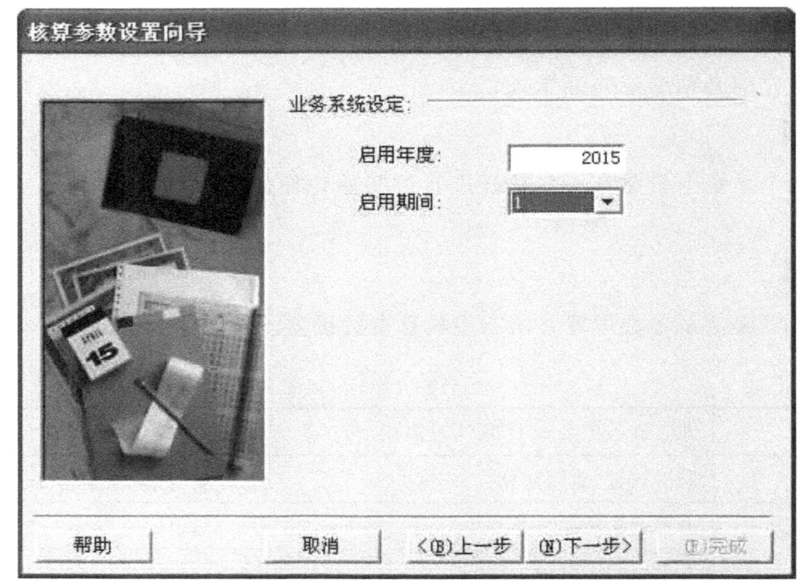

图 2-1-1

2. 设置完毕，点击【下一步】，进入下一个窗口，设置核算方式、库存更新控制、启用门店管理。

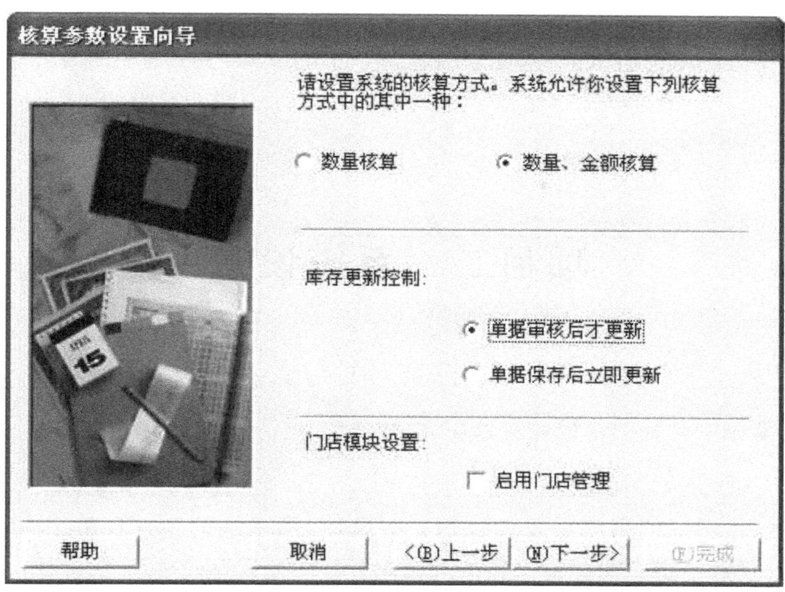

图 2-1-2

〇注意事项

【库存更新控制】参数项中，为保证数据处理的严肃性，建议用户采用【单据审核后才更新】。

3. 设置完毕，单击【完成】，完成核算参数的设置。

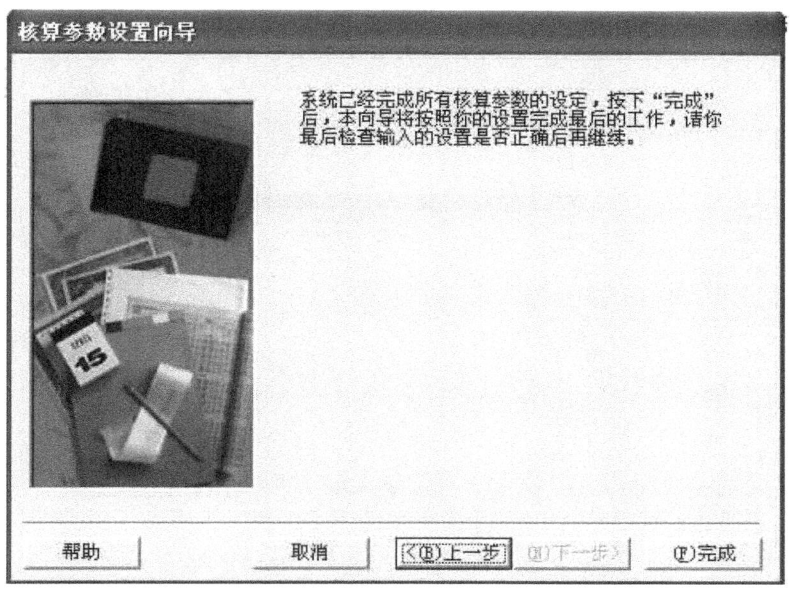

图 2-1-3

〇注意事项

核算参数一经设定并结束初始化后将不能返回再修改。

【课后作业】

请写出核算方式的两种分类,并简述其区别。

项目二　系统设置

【实训目标】

学生能够掌握供应链的系统设置及注意事项。

【任务说明】

系统设置是指系统使用前需要设置的一些属性,用于维护和查看整个系统的属性设置,对整个系统起着举足轻重的作用。

【实训内容】

案例一:请将暂估凭证以冲回方式设置为【采用单到冲回选项】

◯注意事项

暂估冲回相关参数的选择相当重要,而且系统一旦启用就不能再修改。

【操作步骤】

1. 通过【系统设置】→【系统设置】→【存货核算】→【系统设置】,进入"供应链系统设置"窗口。

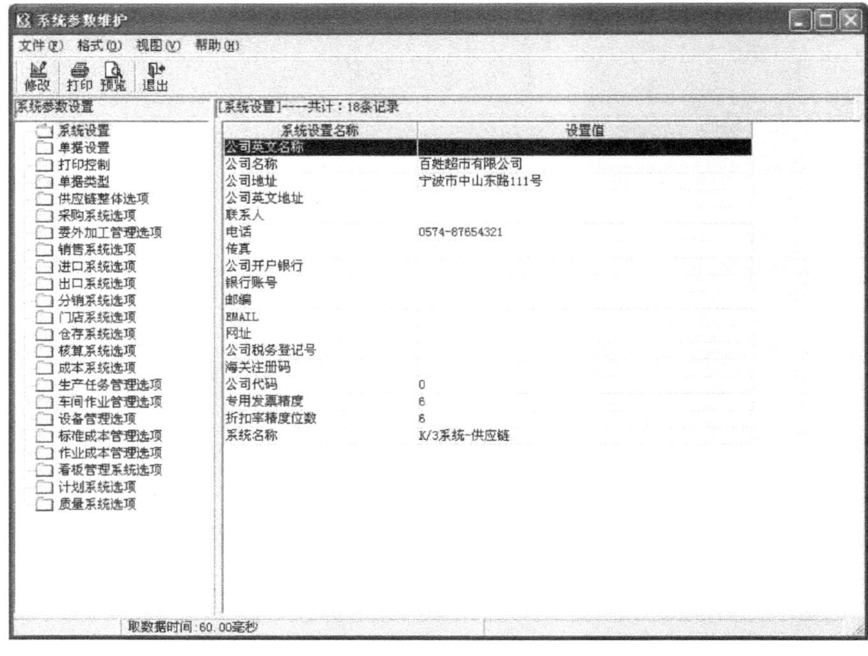

图 2-2-1

2. 在供应链"系统参数维护窗口"中，点击左栏中【核算系统选项】，右栏显示明细选项。

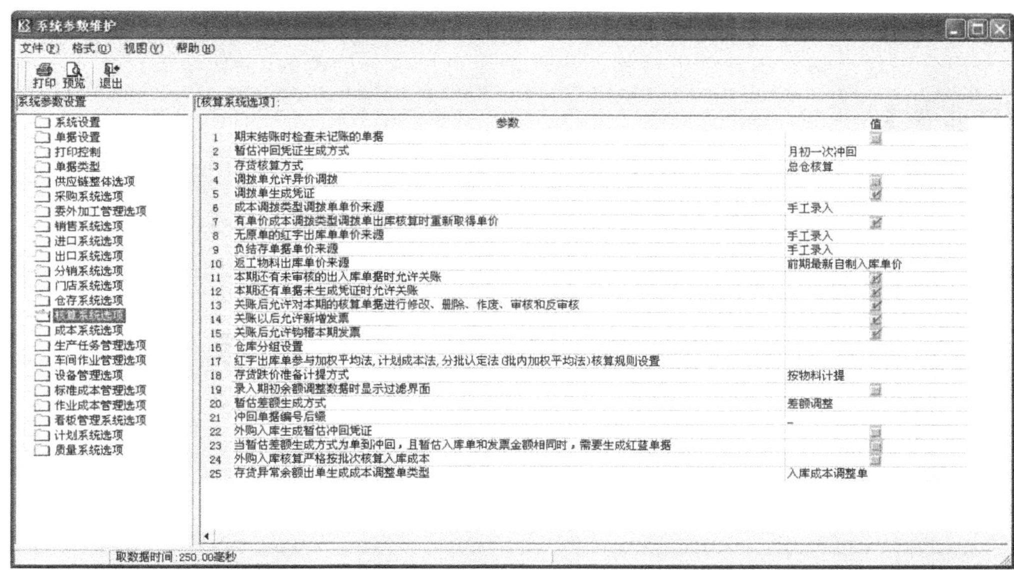

图 2-2-2

3. 选择【2 暂估冲回凭证生成方式】，点击下拉框，选择【单到冲回】选项。

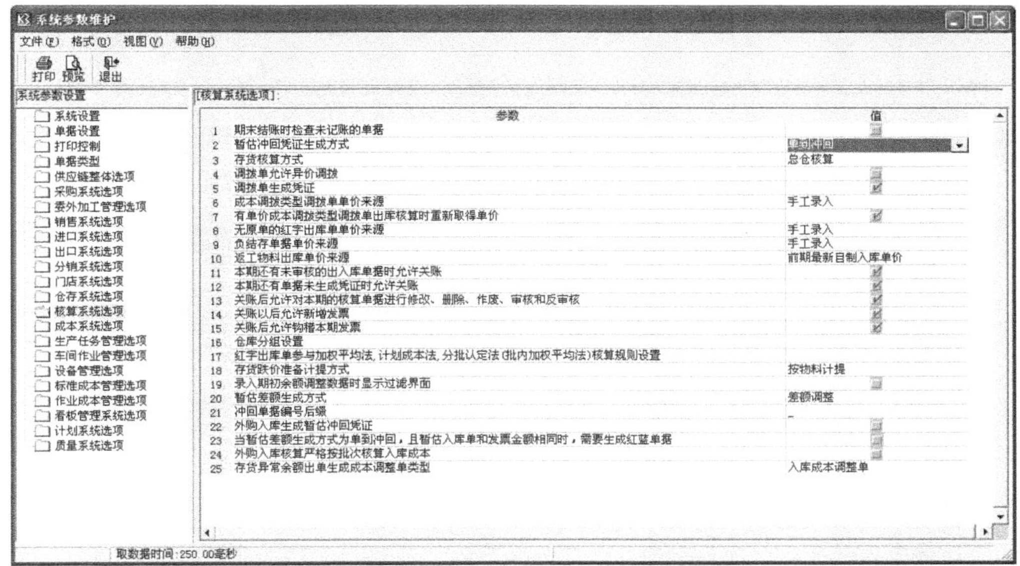

图 2-2-3

4. 设置完毕，单击【退出】。

◯注意事项

系统设置中的内容只能修改，不能增加或删除。

案例二：请将专用发票精度修改为“4”

【案例分析】

专用发票精度指专用发票上数据的小数最大可精确到的位数(发票金额)。

【操作步骤】

1. 通过【系统设置】→【系统设置】→【存货核算】→【系统设置】，进入“供应链系统设置”窗口。

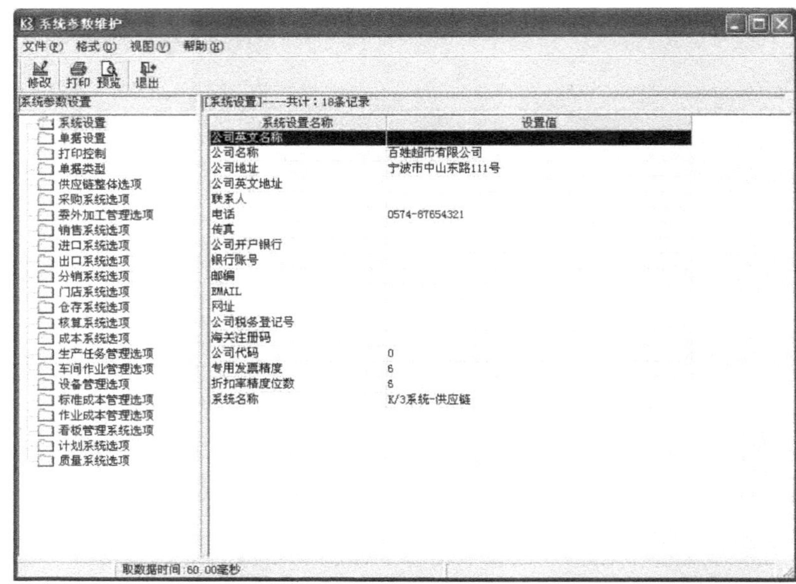

图 2-2-4

2. 在供应链“系统参数维护”窗口中，点击左栏中【系统设置】，右栏显示明细选项。

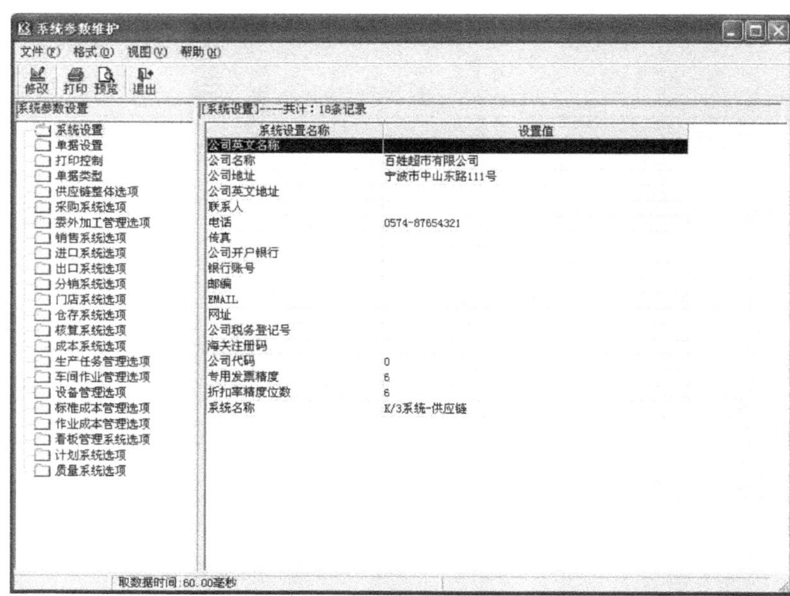

图 2-2-5

3. 选择【专用发票精度】，将精度修改为“4”。

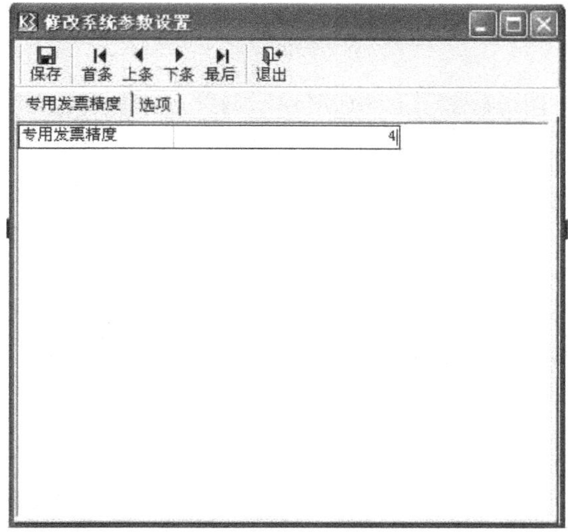

图 2-2-6

4. 设置完毕，单击【保存】后退出。

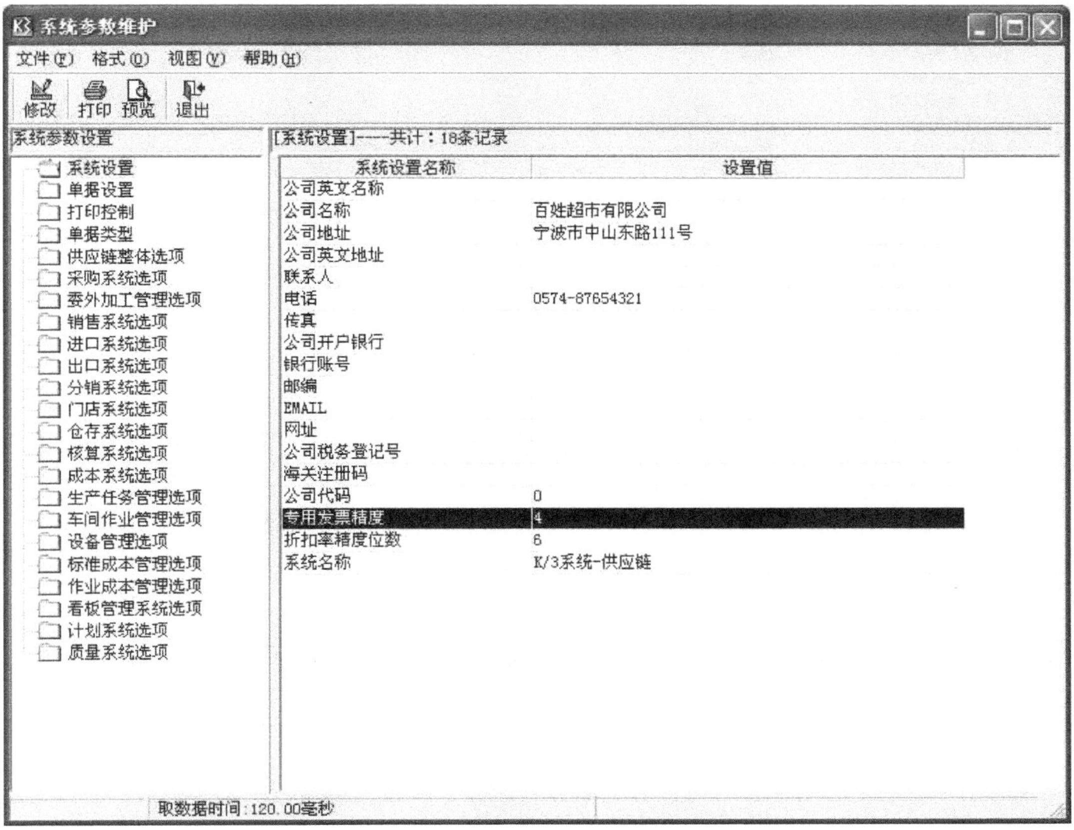

图 2-2-7

案例三：请将"若应收应付系统未结束初始化，则业务系统发票不允许保存"该选项的"√"去掉

【案例分析】

若选中该项，则不启用应收款系统和应付款系统，就不允许采购和销售系统保存发票。

【操作步骤】

1. 通过【系统设置】→【系统设置】→【存货核算】→【系统设置】，进入供应链系统设置窗口。

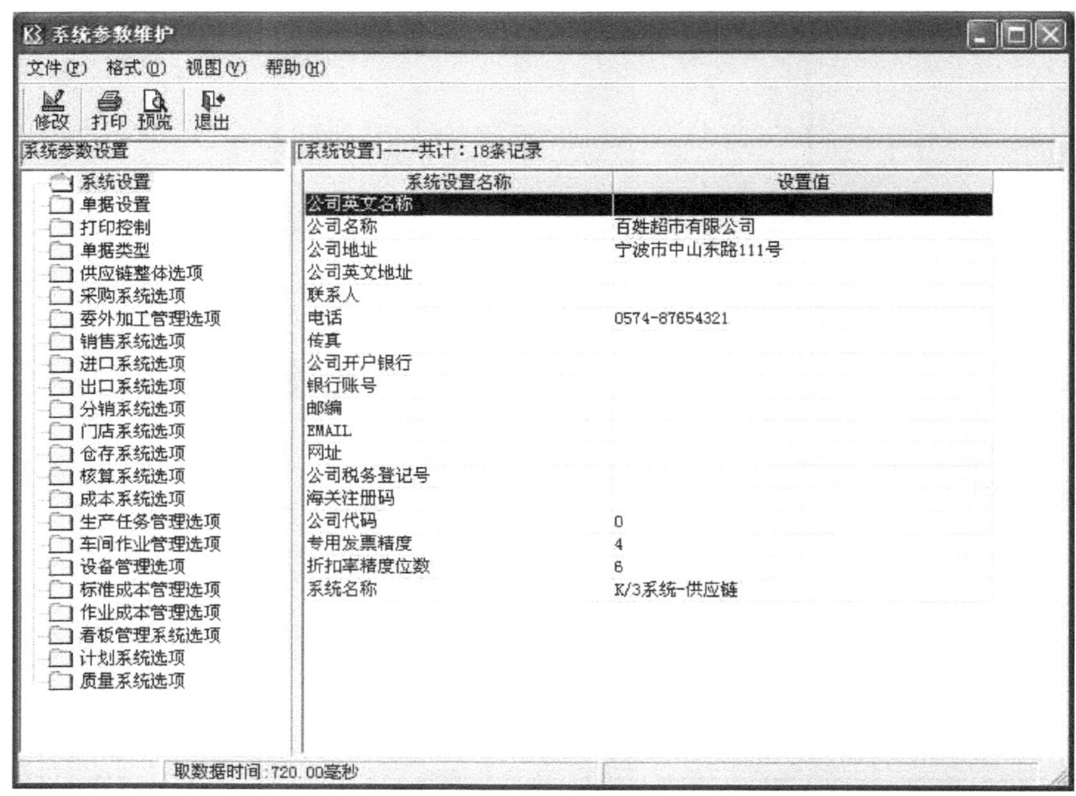

图 2-2-8

2. 在供应链"系统参数维护窗口"中，点击左栏中【供应链整体选项】。

图 2-2-9

3. 选择【6 若应收应付系统未结束初始化，则业务系统发票不允许保存】，单击"√"，则"√"消失。

系统参数维护

文件(F) 格式(O) 视图(V) 帮助(H)

打印 预览 退出

系统参数设置

- 系统设置
- 单据设置
- 打印控制
- 单据类型
- 供应链整体选项
- 采购系统选项
- 委外加工管理选项
- 销售系统选项
- 进口系统选项
- 出口系统选项
- 分销系统选项
- 门店系统选项
- 仓存系统选项
- 核算系统选项
- 成本系统选项
- 生产任务管理选项
- 车间作业管理选项
- 设备管理选项
- 标准成本管理选项
- 作业成本管理选项
- 看板管理系统选项
- 计划系统选项
- 质量系统选项

[供应链整体选项]:

	参数名称	参数值
1	使用双计量单位	☐
2	基础资料录入与显示采用短代码	☐
3	打印(打印预览)前自动保存单据	☐
4	数量合计栏显示纯数量合计	☑
5	单据操作权限控制到操作员組	☐
6	若应收应付系统未结束初始化，则业务系统发票不允许保存	☐
7	启用多级审核	☑
8	对检验方式不为免检的物料允许不检查	☐
9	序时簿最大行数	20000
10	序时簿拖动列宽后保存	☐
11	序时簿显示关联标志	☐
12	启用锁库功能	☑
13	启用订单批次跟踪功能	☐
14	序时簿最大预警列数	80
15	辅助属性间隔符	/
16	允许红字销售出库录入历史曾销售过，但未在系统中維护的序列号	☐
17	允许红字其他出库录入历史曾出库过，但未在系统中維护的序列号	☐
18	单据保存后检查单据的序列号	☐
19	初始化录入显示过滤界面	☐
20	存货名称	物料
21	单据编号重复时自动生成新号并保存	☑
22	使用辅助计量单位	☑
23	启用保税监管	☐
24	对等核销时允许仓库不一致	☐
25	对等核销时允许批号不一致	☐
26	发票引出到金税系统后允许反审核	☐
27	凭证查看单据时单据序时簿单据头完整显示	☐
28	折扣额计算基础	含税金额
29	发票审核后才能引出到金税系统	☐
30	允许红字生产领料单录入历史曾领料过，但未在系统中維护的序列号	☐
31	发票引出到金税系统，已引出的发票不再引出	☑
32	单据中的汇率可修改	☐

取数据时间:880.00毫秒

图 2-2-10

4.设置完毕，单击【退出】。

项目三 基础资料设置

任务一 财务信息

【实训目标】

学生能够掌握财务信息基础资料设置的操作步骤和注意事项。

【任务说明】

财务信息的设置是供应链基础资料设置前的准备工作，主要包括会计科目、币别、凭证字等。

【实训内容】

案例一：百姓超市的 ERP 系统需引入“新会计准则科目”的会计科目。

◎注意事项

在该案例中，我们只引入系统预设的会计科目，以方便后续进行系统参数定义时的引用。关于会计科目的修改等操作将在接下来的基础资料中涉及。

【操作步骤】

1. 通过【系统设置】→【基础资料】→【公共资料】→【科目】，进入【科目维护】窗口。单击【文件】菜单下的【从模块中引入科目】，进入“科目模板”窗口。

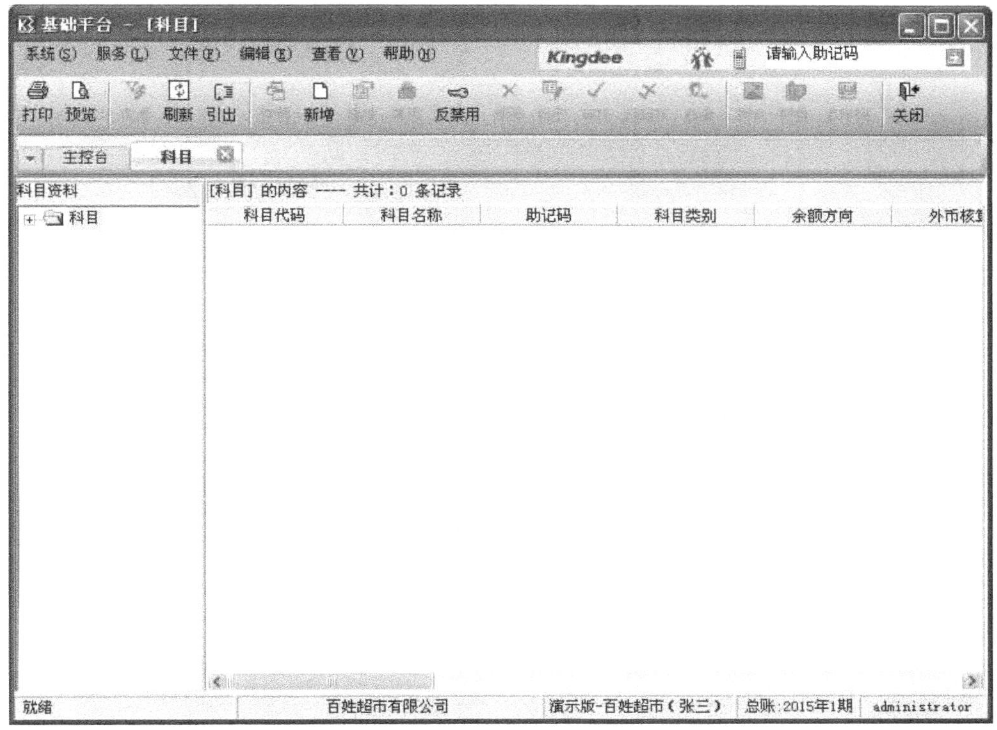

图 2-3-1

2. 在“科目模板”窗口中，选择相应的会计科目。本案例中为【新会计准则科目】。

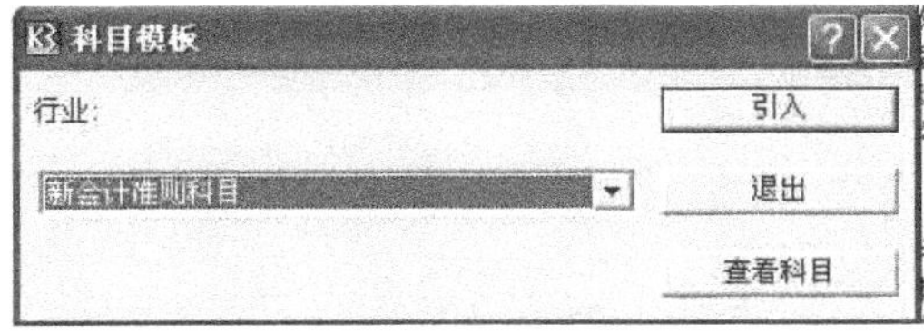

图 2-3-2

3. 选择【新会计准则科目】,单击【引入】,进入“引入科目”窗口。

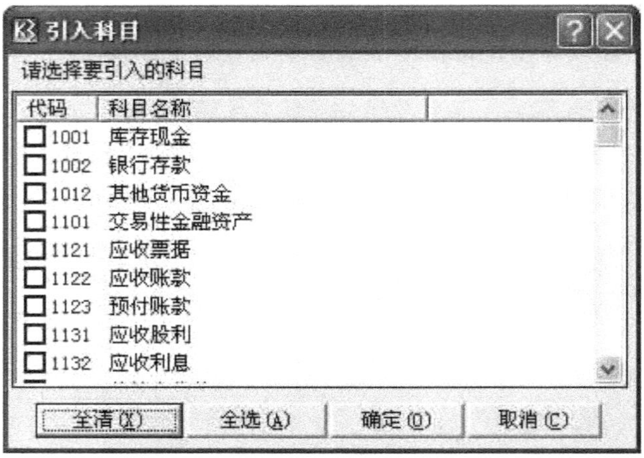

图 2-3-3

4. 选择【全选】,单击【确定】,完成科目引入。

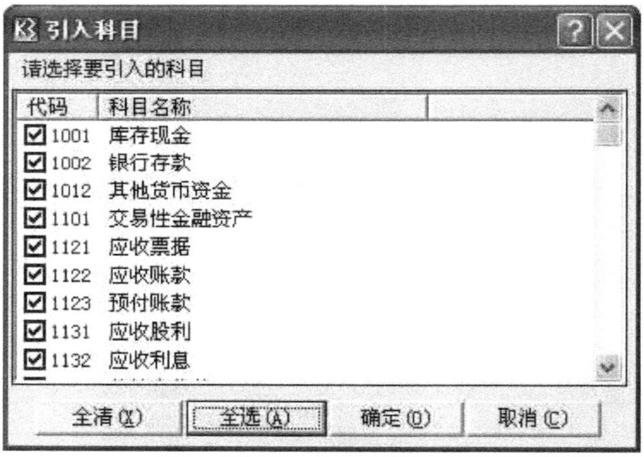

图 2-3-4

图 2-3-5

图 2-3-6

5. 单击工具栏下的【刷新】,即可查看新引入的会计科目。

基础平台 - [科目]

系统(S)　服务(L)　文件(F)　编辑(E)　查看(V)　帮助(H)　Kingdee　请输入助记码

打印　预览　刷新　引出　管理　新增　属性　禁用　反禁用　删除　关闭

主控台　科目

科目资料　+ 科目

[科目] 的内容 ---- 共计:90 条记录

科目代码	科目名称	助记码	科目类别	余额方向	外币核算	全名	期末调汇	往来业务核算	数量金额辅助核算
1001	库存现金		流动资产	借	不核算	库存现金	否	否	否
1002	银行存款		流动资产	借	不核算	银行存款	否	否	否
1012	其他货币资金		流动资产	借	不核算	其他货币资金	否	否	否
1101	交易性金融资产		流动资产	借	不核算	交易性金融资产	否	否	否
1121	应收票据		流动资产	借	不核算	应收票据	否	否	否
1122	应收账款		流动资产	借	不核算	应收账款	否	否	否
1123	预付账款		流动资产	借	不核算	预付账款	否	否	否
1131	应收股利		流动资产	借	不核算	应收股利	否	否	否
1132	应收利息		流动资产	借	不核算	应收利息	否	否	否
1221	其他应收款		流动资产	借	不核算	其他应收款	否	否	否
1231	坏账准备		流动资产	贷	不核算	坏账准备	否	否	否
1321	代理业务资产		流动资产	借	不核算	代理业务资产	否	否	否
1401	材料采购		流动资产	借	不核算	材料采购	否	否	否
1402	在途物资		流动资产	借	不核算	在途物资	否	否	否
1403	原材料		流动资产	借	不核算	原材料	否	否	否
1404	材料成本差异		流动资产	借	不核算	材料成本差异	否	否	否
1405	库存商品		流动资产	借	不核算	库存商品	否	否	否
1406	发出商品		流动资产	借	不核算	发出商品	否	否	否
1407	商品进销差价		流动资产	借	不核算	商品进销差价	否	否	否
1408	委托加工物资		流动资产	借	不核算	委托加工物资	否	否	否
1471	存货跌价准备		流动资产	贷	不核算	存货跌价准备	否	否	否
1501	持有至到期投资		流动资产	借	不核算	持有至到期投资	否	否	否
1502	持有至到期投资减值		流动资产	贷	不核算	持有至到期投资减值	否	否	否
1503	可供出售金融资产		流动资产	借	不核算	可供出售金融资产	否	否	否
1511	长期股权投资		非流动资产	借	不核算	长期股权投资	否	否	否
1512	长期股权投资减值准		非流动资产	贷	不核算	长期股权投资减值准	否	否	否
1521	投资性房地产		流动资产	借	不核算	投资性房地产	否	否	否
1531	长期应收款		非流动资产	借	不核算	长期应收款	否	否	否
1532	未实现融资收益		非流动资产	借	不核算	未实现融资收益	否	否	否
1601	固定资产		非流动资产	借	不核算	固定资产	否	否	否
1602	累计折旧		非流动资产	贷	不核算	累计折旧	否	否	否
1603	固定资产减值准备		非流动资产	贷	不核算	固定资产减值准备	否	否	否
1604	在建工程		非流动资产	借	不核算	在建工程	否	否	否

就绪　百姓超市有限公司　演示版-百姓超市(张三)　总账:2015年1期　administrator

图 2-3-7

案例二:请按照以下表格内容完成币别设置

人民币	币别代码“01”,“人民币”为记账本位币,“美元”“港币”的记账汇率分别为“6.45”“0.8”
美元	币别代码“02”,记账汇率为“6.45”
港币	币别代码“03”,记账汇率为“0.8”

○注意事项

系统默认在建账时设定的币别为记账本位币。若该外币为【固定汇率】,则凭证录入时不能修改期初汇率。建议对于汇率浮动较大的外币,应谨慎选择汇率类型。

【操作步骤】

1. 通过【系统设置】→【基础资料】→【公共资料】→【币别】进入“币别维护”窗口。单击【新增】,输入人民币的币别信息。

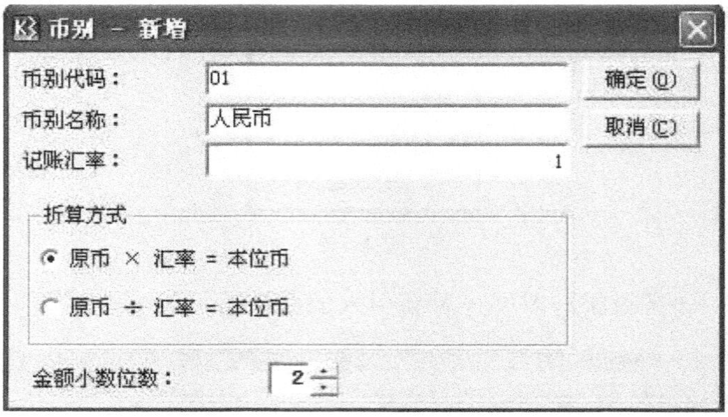

图 2-3-8

2. 重复以上操作，输入美元的币别信息。

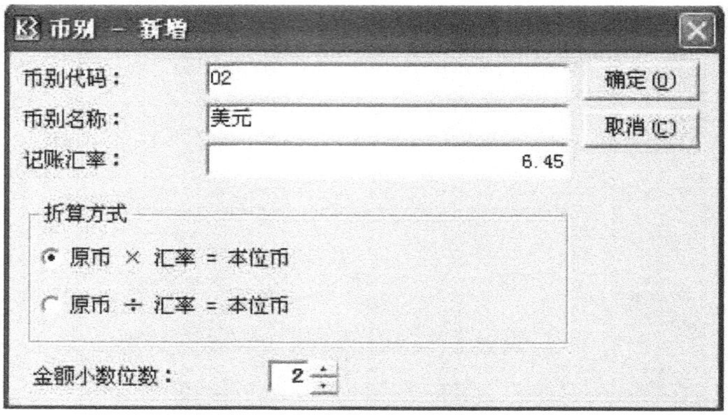

图 2-3-9

3. 重复以上操作，输入港币的币别信息。

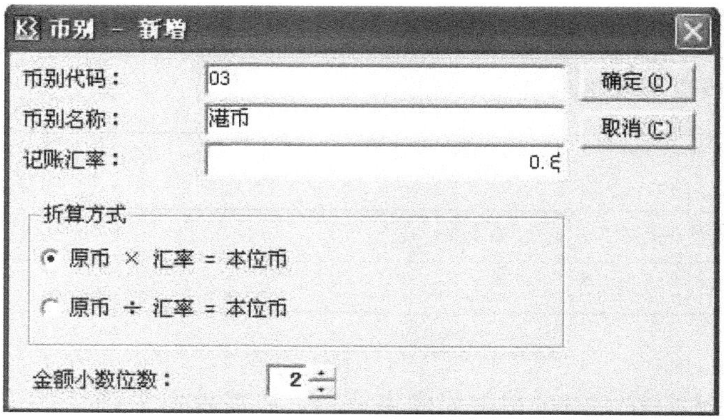

图 2-3-10

案例三：请将凭证字设置为“记”

【操作步骤】

1. 通过【系统设置】→【基础资料】→【公共资料】→【凭证字】，进入“凭证字维护”窗口。

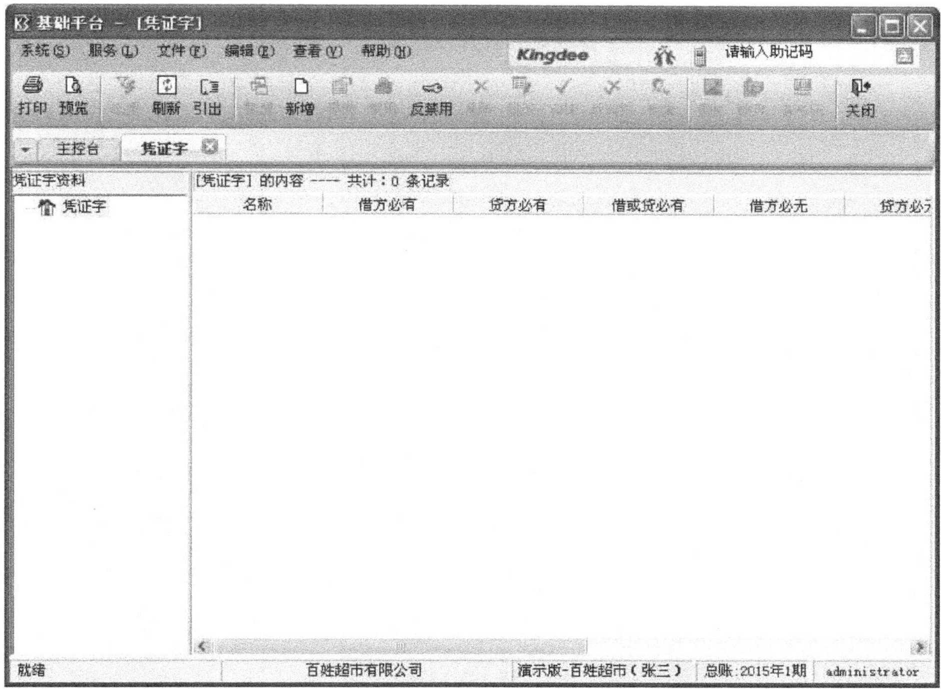

图 2-3-11

2. 单击【新增】，输入凭证字。本案例中的凭证字为【记】。

图 2-3-12

3. 单击【确定】，完成。

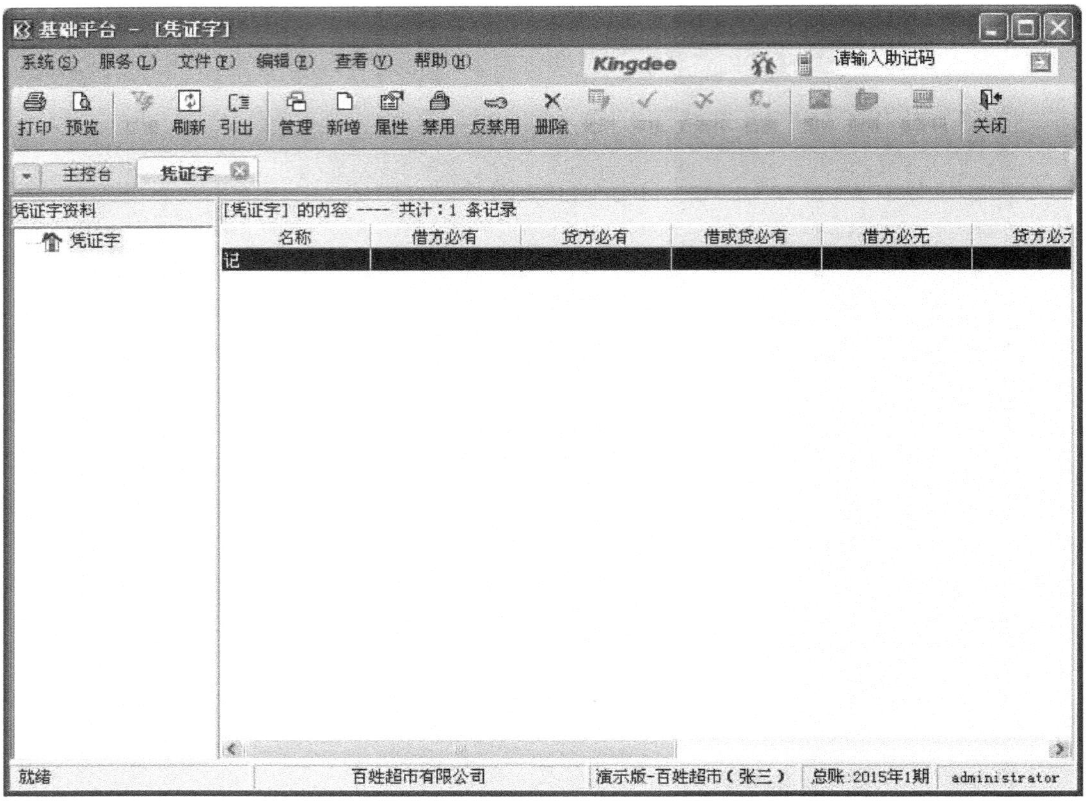

图 2-3-13

【知识链接】

如果发现【凭证字】有误，可以点击【属性】进行修改或删除。

任务二 会计科目

【实训目标】

学生能够掌握会计科目基础资料设置的操作步骤和注意事项。

【任务说明】

在任务一财务信息设置中我们已经引入了会计科目，任务二主要讲述会计科目的维护及设置要点，即会计科目的新增、修改、删除等操作及操作要点。

【实训内容】

案例一：请根据以下表格要求新增会计科目

科目代码	科目名称	外币核算	期末调汇	数量金额辅助核算	核算项目
1002.01	建设银行	人民币			
1002.02	工商银行	美元	√		

○注意事项

设外币核算的项目时，一定要注意选择相应币别，如果一级科目下有明细科目按外币核算的则一级科目要设为核算所有币别。

参数详解：

数据项	填制要求及说明
科目代码	此项为必输项。 会计科目的代码应该按照一定的规则进行编制。输入科目代码时注意二级科目和一级科目之间需用英文字符“. ”隔开。
科目名称	此项为必输项目。 科目的文字标识。输入的科目名称一般为汉字和字符。
科目类别	此项为必输项。 用于对科目属性进行定义科目的属性，系统都已做了设定，共分为五大类：资产类、负债类、所有者权益类、成本类和损益类。
余额方向	此项为必输项。 指科目的余额默认的余额方向，一般资产类科目的余额方向在借方，负债类科目的余额方向在贷方。
外币核算	此项为必输项。 指科目外币核算的类型。具体核算的方法有三种： 【不核算外币】：只核算本位币。 【核算所有币别】：对本账套中核算的所有货币进行核算。 【核算单一货币】：只对本账套中某一种外币进行核算。
期末调汇	确定是否在期末进行汇率调整。只有科目进行了外币核算，此项才可用。非必输项目。
数量金额辅助核算	选择此项，会计科目不仅核算金额，而且核算数量。在输入凭证时要求用户同时录入数量和金额。

【操作步骤】

1. 通过【系统设置】→【基础资料】→【公共资料】→【科目】，进入设置。

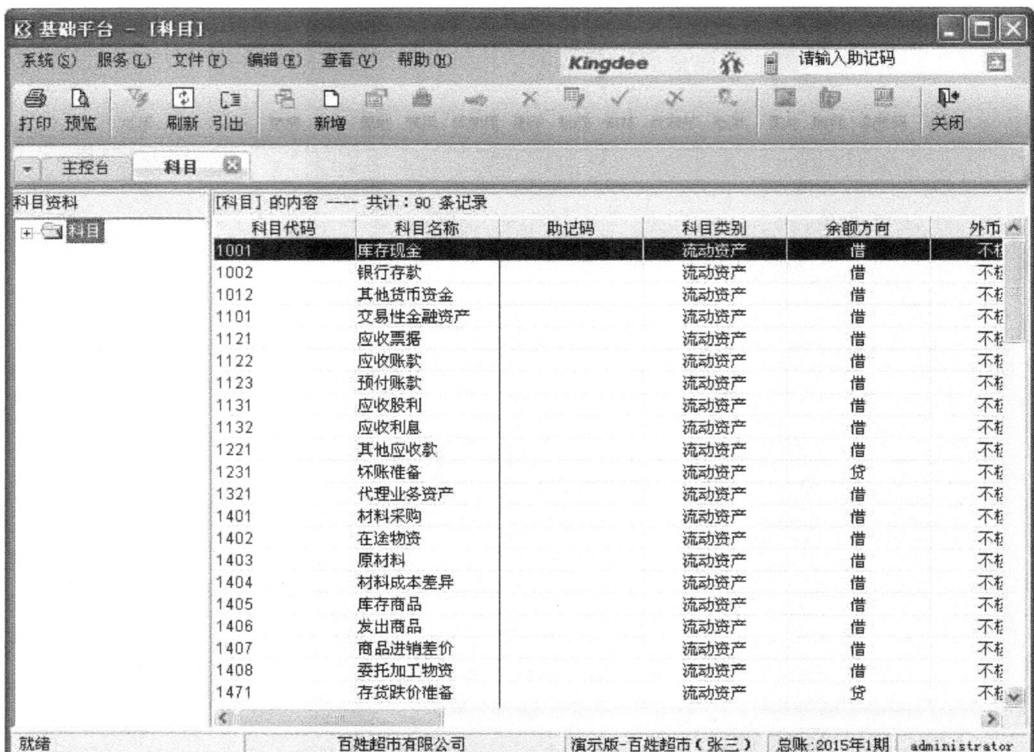

图 2-3-14

2. 单击【新增】按钮，进入“会计科目新增”界面。

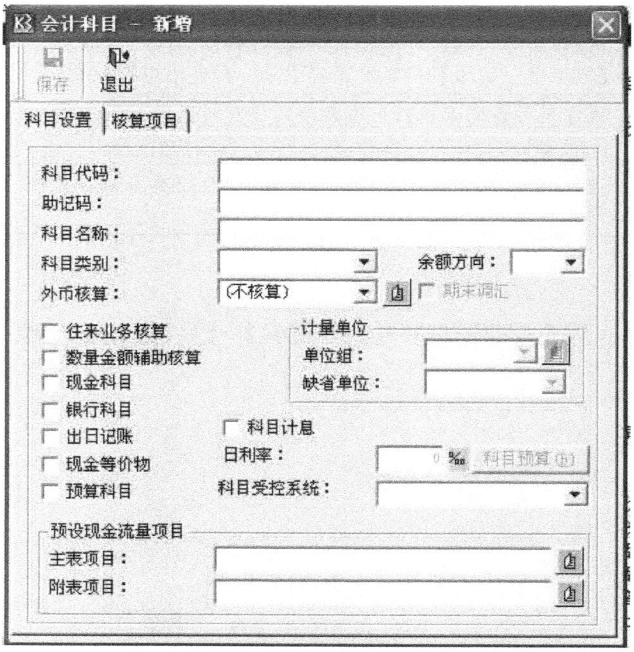

图 2-3-15

3. 录入相应的科目代码、科目名称等信息,单击【保存】。

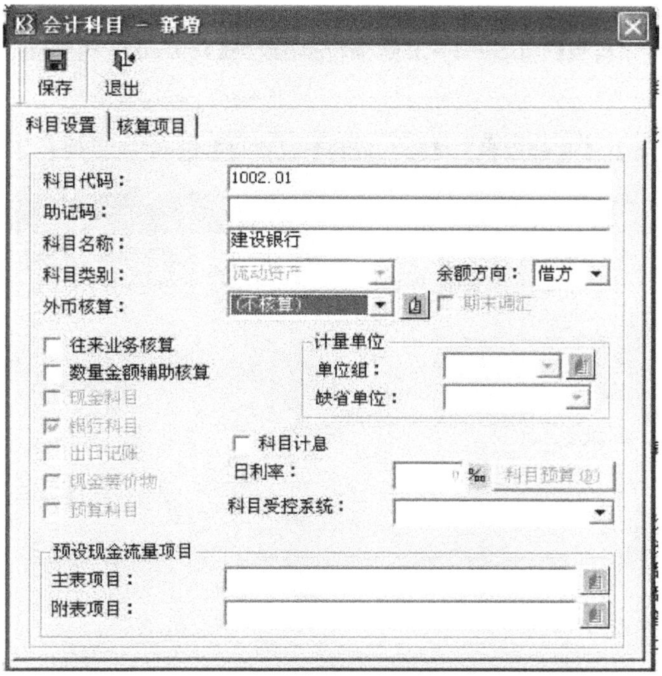

图 2-3-16

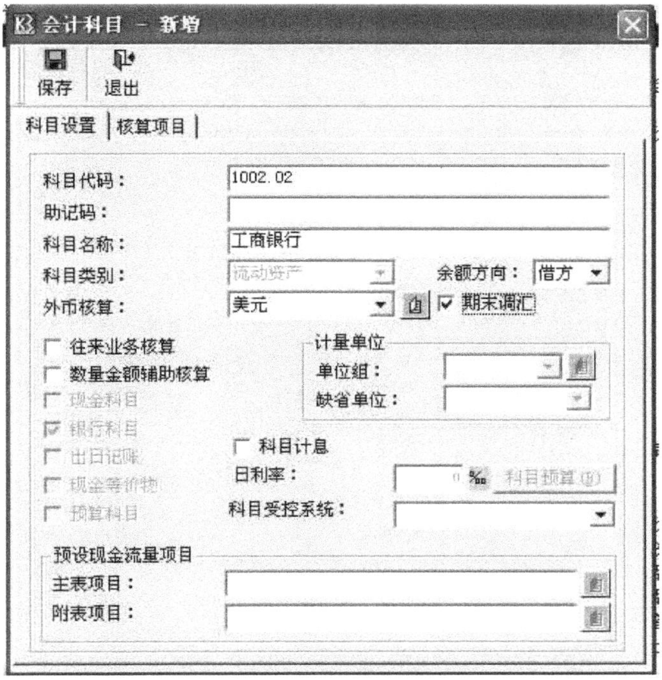

图 2-3-17

4. 按照如上操作，录入新增操作，完成设置并退出。

案例二：请将会计科目【1002.02—工商银行】修改为【1002.02—中国银行】。

【操作步骤】

1. 通过【系统设置】→【基础资料】→【公共资料】→【科目】，进入“科目列表”窗口。

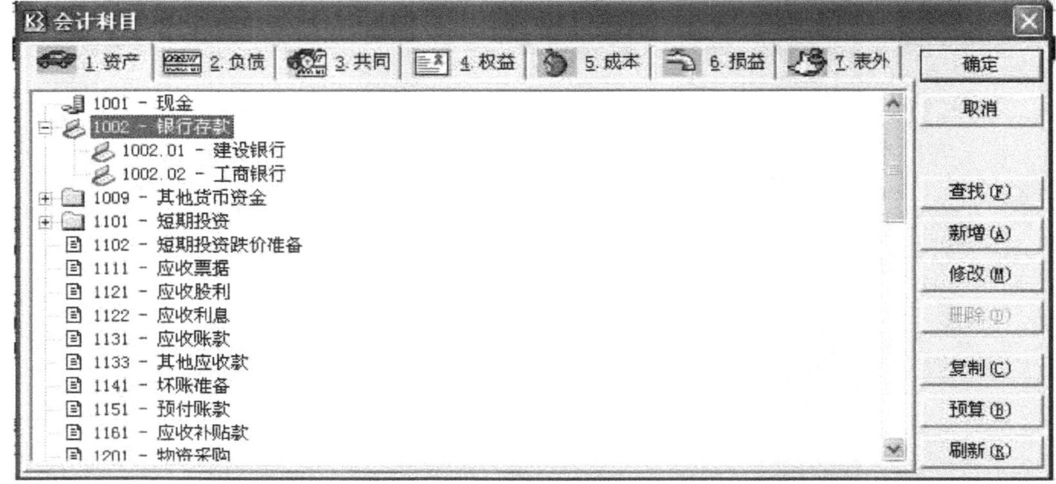

图 2-3-18

2. 单击选择“1002.02 工商银行”科目，点击工具栏中的【修改】。

图 2-3-19

3. 根据案例，修改对应的数据，然后保存退出。

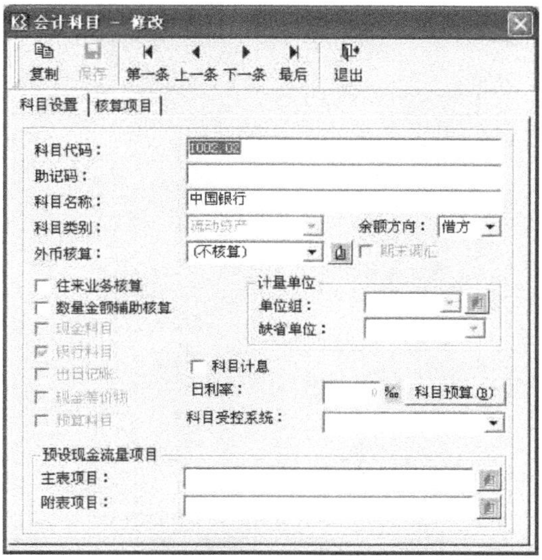

图 2-3-20

案例三：请删除会计科目【6604 勘探费用】

【操作步骤】

1. 通过【系统设置】→【基础资料】→【公共资料】→【科目】，进入“科目列表”窗口。

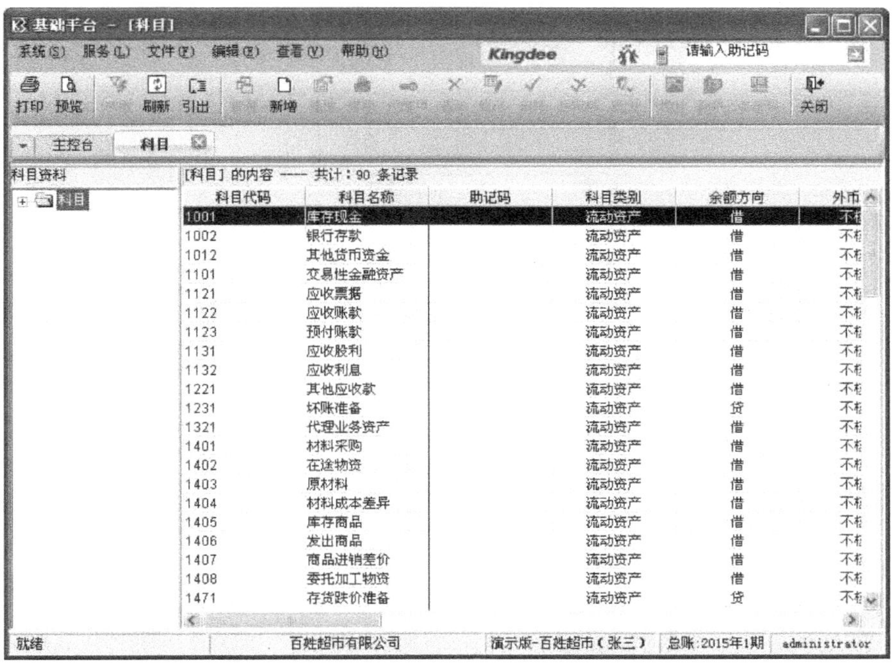

图 2-3-21

2.单击选择“6604 勘探费用”,点击工具栏中的【删除】。

[科目]的内容 ---- 共计:90 条记录

科目代码	科目名称	助记码	科目类别	余额方向	外币核算	全名	期末调汇	往来业务核算	数量金额辅助核算	计
2711	专项应付款		非流动负债	贷	不核算	专项应付款	否	否	否	
2801	预计负债		流动负债	贷	不核算	预计负债	否	否	否	
2901	递延所得税负债		非流动负债	贷	不核算	递延所得税负债	否	否	否	
3101	衍生工具		共同	借	不核算	衍生工具	否	否	否	
3201	套期工具		共同	借	不核算	套期工具	否	否	否	
3202	被套期项目		共同	借	不核算	被套期项目	否	否	否	
4001	实收资本		所有者权益	贷	不核算	实收资本	否	否	否	
4002	资本公积		所有者权益	贷	不核算	资本公积	否	否	否	
4101	盈余公积		所有者权益	贷	不核算	盈余公积	否	否	否	
4103	本年利润		所有者权益	贷	不核算	本年利润	否	否	否	
4104	利润分配		所有者权益	贷	不核算	利润分配	否	否	否	
4201	库存股		所有者权益	贷	不核算	库存股	否	否	否	
5001	生产成本		成本	借	不核算	生产成本	否	否	否	
5101	制造费用		成本	借	不核算	制造费用	否	否	否	
5201	劳务成本		成本	借	不核算	劳务成本	否	否	否	
5301	研发支出		成本	借	不核算	研发支出	否	否	否	
6001	主营业务收入		营业收入	贷	不核算	主营业务收入	否	否	否	
6051	其他业务收入		其他收益	贷	不核算	其他业务收入	否	否	否	
6101	公允价值变动损益		其他收益	贷	不核算	公允价值变动损益	否	否	否	
6111	投资收益		其他收益	贷	不核算	投资收益	否	否	否	
6301	营业外收入		其他收益	贷	不核算	营业外收入	否	否	否	
6401	主营业务成本		营业成本及税金	借	不核算	主营业务成本	否	否	否	
6402	其他业务支出		其他损失	借	不核算	其他业务支出	否	否	否	
6405	营业税金及附加		营业成本及税金	借	不核算	营业税金及附加	否	否	否	
6601	销售费用		期间费用	借	不核算	销售费用	否	否	否	
6602	管理费用		期间费用	借	不核算	管理费用	否	否	否	
6603	财务费用		期间费用	借	不核算	财务费用	否	否	否	
6604	勘探费用		期间费用	借	不核算	勘探费用	否	否	否	
6701	资产减值损失		其他损失	借	不核算	资产减值损失	否	否	否	
6711	营业外支出		其他损失	借	不核算	营业外支出	否	否	否	
6801	所得税		所得税	借	不核算	所得税	否	否	否	
6901	以前年度损益调整		以前年度损益调整	贷	不核算	以前年度损益调整	否	否	否	

图 2-3-22

3.系统弹出“是否删除‘6604’”提示窗口。

图 2-3-23

4.单击【是】按钮,此科目被删除,科目列表中将不再出现此科目。

5.科目全部设置完成后,单击工具栏上的【退出】按钮,退出科目新增、修改、删除等操作。

○注意事项

1.只有未被使用,没有各项发生额、余额,没有下级科目的科目才可以删除,否则系统不允许删除。

2.删除的资料不能自动恢复,如果需要被删除的资料,唯一的方法就是“新增”。

【课后作业】

请写出会计科目不能删除可能的原因有几种。

任务三　计量单位

【实训目标】

学生能够掌握计量单位基础资料设置的操作步骤和注意事项。

【任务说明】

计量单位的维护，首先需要设置“计量单位组”。一个计量单位组中只有一个默认计量单位，默认计量单位的系数为“1”，同个计量单位组内的其他计量单位的系数是多少，就为默认计量单位的多少倍。例如“数量组 1”，默认单位为“卷”，10“卷”为 1“提”，120“卷”为 1“箱”。

【实训内容】

请按照以下表格要求设置计量单位。

计量单位组	代码	名称	换算方式	换算率	类别	是否默认
数量组 1	01	卷	固定换算	1	无	是
	02	提	固定换算	10	无	
	03	箱	固定换算	120	无	
数量组 2	04	瓶	固定换算	1	无	是
	05	箱	固定换算	24	无	
重量组 1	11	克	固定换算	1	无	是
	12	千克	固定换算	1000	无	

◯注意事项

计量单位编辑界面，工具栏上“新增”按钮可以新增计量单位组，也可以新增计量单位。若选择根目录，则新增前者；若选择具体的计量单位组，则新增后者。

【操作步骤】

1. 通过【系统设置】→【基础资料】→【公共资料】→【计量单位】，进入“计量单位”编辑界面。

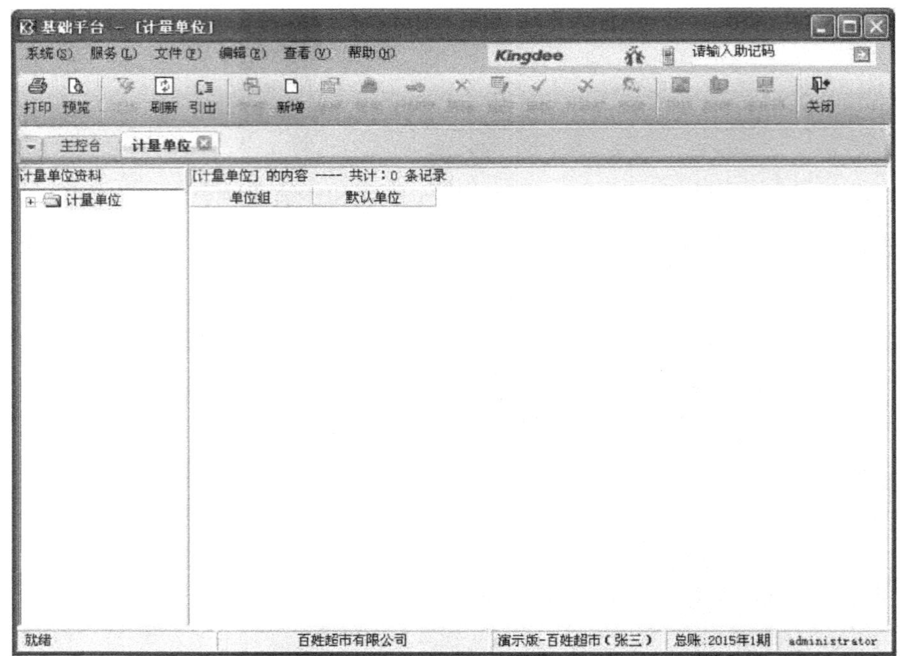

图 2-3-24

2. 选择根目录，单击【新增】，录入计量单位组，点击【确定】，完成操作。本案例中，计量单位组的名称分别为“数量组 1”“数量组 2”和“重量组 1”。

图 2-3-25

3. 选择具体计量单位组，单击【新增】，录入默认计量单位。以“数量组 1”中“卷”为例，出现如下窗口。

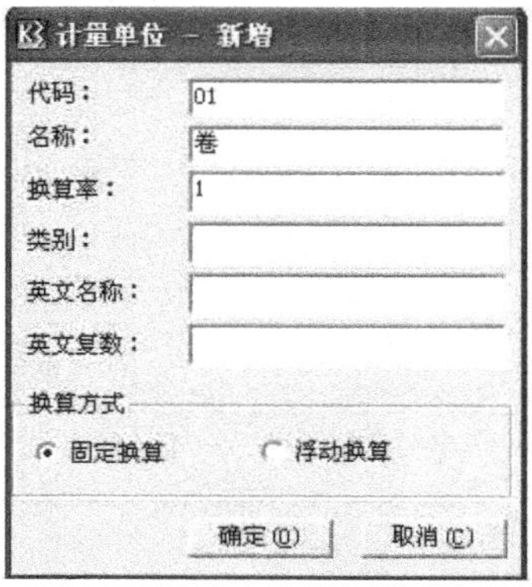

计量单位 - 新增
代码： 01
名称： 卷
换算率： 1
类别：
英文名称：
英文复数：
换算方式
固定换算 浮动换算
确定(O) 取消(C)

图 2-3-26

4. 选择具体计量单位组，单击【新增】，录入其他计量单位。以“数量组 1”中“提”为例，出现如下窗口。

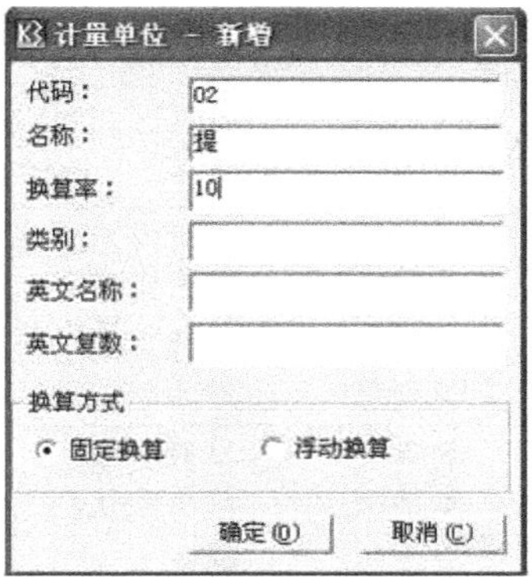

图 2-3-27

5. 依次重复，设置案例中所有的计量单位。单击【关闭】，完成操作。

【课后作业】

案例

计量单位组	代码	名称	换算方式	换算率	类别	是否默认
数量组 3	06	个	固定换算	1	无	是
	07	盒	固定换算	1	无	
	08	支	固定换算	1	无	
	09	袋	固定换算	1	无	
	10	块	固定换算	1	无	
体积组 1	21	毫升	固定换算	1	无	是
	22	升	固定换算	1000	无	

【考核评价】

基础资料之计量单位评分表

<table>
<tr><th>计量单位组</th><th colspan="2">评分项目</th><th>分值</th><th>得分</th><th>备注</th></tr>
<tr><td rowspan="6">数量组3</td><td>计量单位组</td><td>计量单位组名称为【数量组 3】□</td><td>4 分</td><td rowspan="6"></td><td rowspan="6"></td></tr>
<tr><td>计量单位</td><td>代码□ 名称□ 换算方式□
换算率□ 类别□ 是否默认□</td><td rowspan="5">30 分</td></tr>
<tr><td>计量单位</td><td>代码□ 名称□ 换算方式□
换算率□ 类别□ 是否默认□</td></tr>
<tr><td>计量单位</td><td>代码□ 名称□ 换算方式□
换算率□ 类别□ 是否默认□</td></tr>
<tr><td>计量单位</td><td>代码□ 名称□ 换算方式□
换算率□ 类别□ 是否默认□</td></tr>
<tr><td>计量单位</td><td>代码□ 名称□ 换算方式□
换算率□ 类别□ 是否默认□</td></tr>
<tr><td rowspan="3">体积组1</td><td>计量单位组</td><td>计量单位组名称为【体积组 1】□</td><td>4 分</td><td rowspan="3"></td><td rowspan="3"></td></tr>
<tr><td>计量单位</td><td>代码□ 名称□ 换算方式□
换算率□ 类别□ 是否默认□</td><td rowspan="2">12 分</td></tr>
<tr><td>计量单位</td><td>代码□ 名称□ 换算方式□
换算率□ 类别□ 是否默认□</td></tr>
<tr><td colspan="3">操作质量总分：</td><td>50 分</td><td colspan="2"></td></tr>
<tr><td colspan="4">操作速度总分(正常耗时)：</td><td colspan="2"></td></tr>
<tr><td colspan="6">本项目总成绩：</td></tr>
</table>

注：操作时间为 5 分钟。5 分钟以内得 50 分，超出时间以 5 分/分钟进行扣分。

任务四　部　门

【实训目标】

学生能够掌握部门基础资料设置的操作步骤和注意事项。

【任务说明】

部门的设置和修改，为账套中各系统（包括采购系统、仓存系统、销售系统）用到的部分信息提供了查询和获取。

【实训内容】

请根据以下表格要求完成部门设置。

部门代码	部门名称	部门属性	成本核算类型
01	采购部	非车间	期间费用部门

续　表

部门代码	部门名称	部门属性	成本核算类型
02	财务部	非车间	期间费用部门
03	物流部	非车间	期间费用部门
05	销售部	非车间	期间费用部门
07	信息部	非车间	期间费用部门
08	仓管部	非车间	期间费用部门

【操作步骤】

1. 通过【系统设置】→【基础资料】→【公共资料】→【部门】，进入“部门”编辑界面。

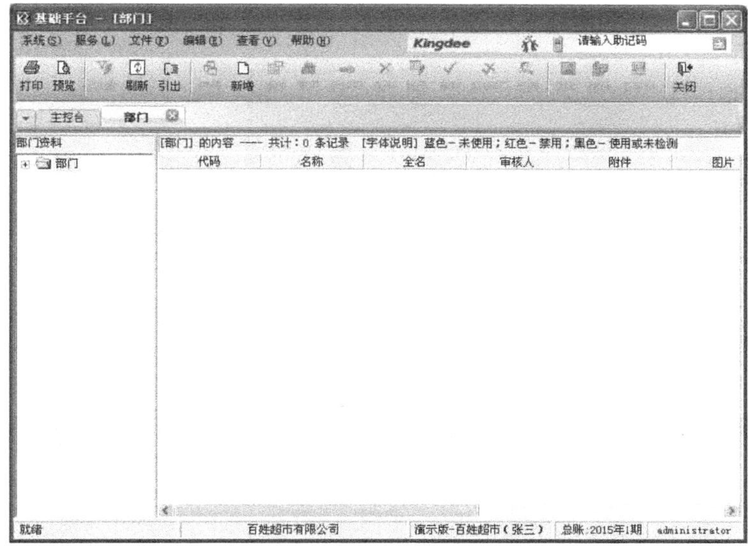

图 2-3-28

2. 在“部门”编辑界面中，单击【新增按钮】，进入“部门新增”界面。

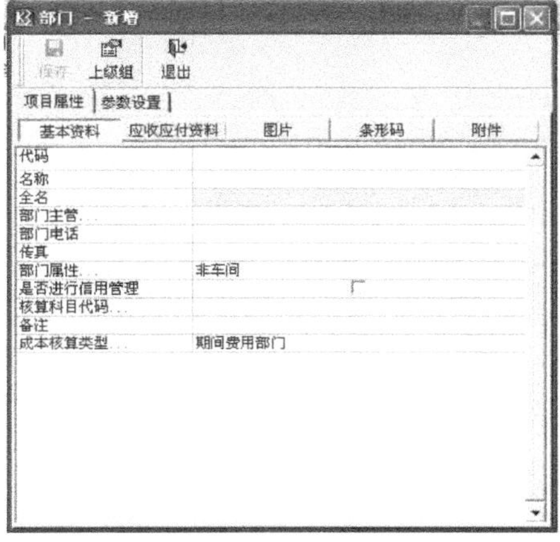

图 2-3-29

3. 在“部门新增”界面中，录入相应的部门代码及名称，选择部门属性【非车间】，成本核算类型选择【期间费用部门】，单击【保存】。

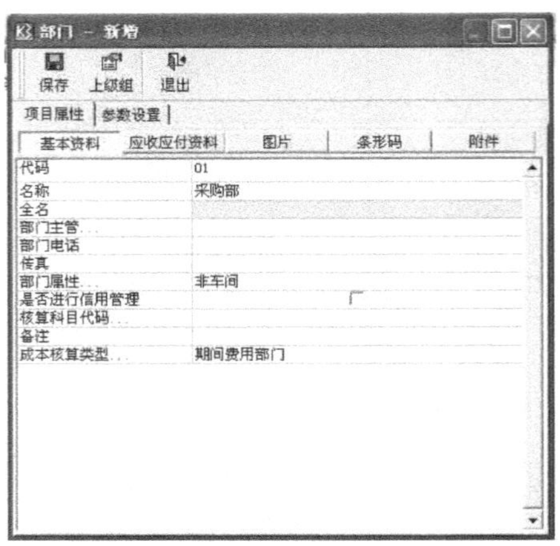

图 2-3-30

4. 按照如上操作，录入所有的部门代码及名称，完成部门设置。

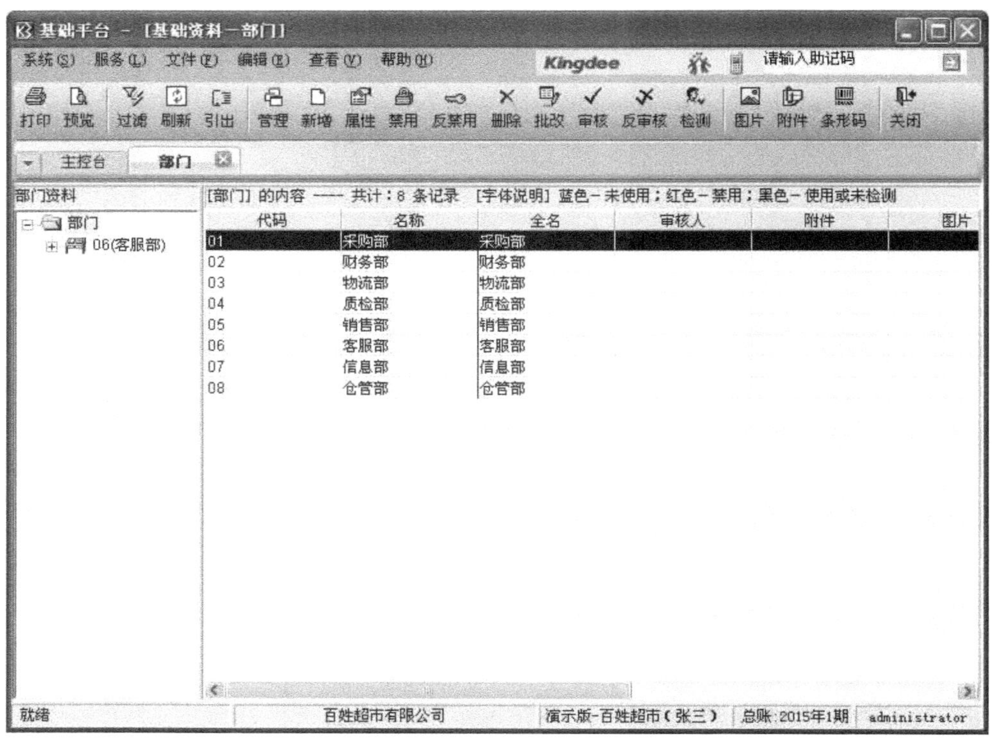

图 2-3-31

○注意事项

核算科目代码：非必输项目，建议不要录入。

【课后作业】

请根据以下表格要求完成部门设置。

<table>
<tr><th>部门代码</th><th>部门名称</th><th>分部代码及名称</th><th>部门属性</th><th>成本核算类型</th></tr>
<tr><td>04</td><td>质检部</td><td>无</td><td>非车间</td><td>期间费用部门</td></tr>
<tr><td rowspan="3">06</td><td rowspan="3">客服部</td><td>(06.01)客服一部</td><td>非车间</td><td>期间费用部门</td></tr>
<tr><td>(06.02)客服二部</td><td>非车间</td><td>期间费用部门</td></tr>
<tr><td>(06.03)客服三部</td><td>非车间</td><td>期间费用部门</td></tr>
</table>

○操作提示

客服部有三个客服分部，可见客服部为客服分部的上级。因此在设置新的部门时，需将客服部设置为【上级组】，操作步骤与部门设置类似，区别之处如下：

1. 在部门新增界面，首先点击【上级组】，输入相应代码及名称。

2. 随后，再按照部门设置要求录入相应分部代码及名称。注意：在输入分部代码时，需谨慎。

【考核评价】

基础资料之部门评分表

<table>
<tr><th>部门</th><th colspan="2">评　分　项　目</th><th>分值</th><th>得分</th><th>备注</th></tr>
<tr><td>质检部</td><td colspan="2">代码□　名称□　部门属性□　成本核算类型□</td><td>4 分</td><td></td><td></td></tr>
<tr><td rowspan="4">客服部</td><td>上级组</td><td>代码□　名称□</td><td>2 分</td><td></td><td></td></tr>
<tr><td>客服一部</td><td>代码□　名称□　部门属性□
成本核算类型□</td><td rowspan="3">12 分</td><td rowspan="3"></td><td rowspan="3"></td></tr>
<tr><td>客服二部</td><td>代码□　名称□　部门属性□
成本核算类型□</td></tr>
<tr><td>客服三部</td><td>代码□　名称□　部门属性□
成本核算类型□</td></tr>
<tr><td colspan="3">操作质量总分：</td><td>18 分</td><td colspan="2"></td></tr>
<tr><td colspan="3">操作速度总分(正常耗时)：</td><td colspan="3"></td></tr>
<tr><td colspan="6">本项目总成绩：</td></tr>
</table>

注：操作时间为 5 分钟。5 分钟以内得 10 分，超出时间以 2 分/分钟进行扣分。

任务五　职　员

【实训目标】

学生能够掌握职员基础资料设置的操作步骤和注意事项。

【任务说明】

职员信息的设置，是人力资源、工资系统中最重要最基本的基础资料，同时也是采购系统、销售系统、仓存系统中各种单据的组成部分，运用最为广泛。

【实训内容】

请根据以下表格要求完成职员设置。

员工代码	员工姓名	所属部门	员工性别
01	小李	采购部	女
02	小张	财务部	女
03	小王	物流部	男
04	小林	质检部	女
05	小胡	销售部	男
06	小周	信息部	男
07	小赵	仓管部	男

【操作步骤】

1. 通过【系统设置】→【基础资料】→【公共资料】→【职员】，进入"职员"编辑界面。

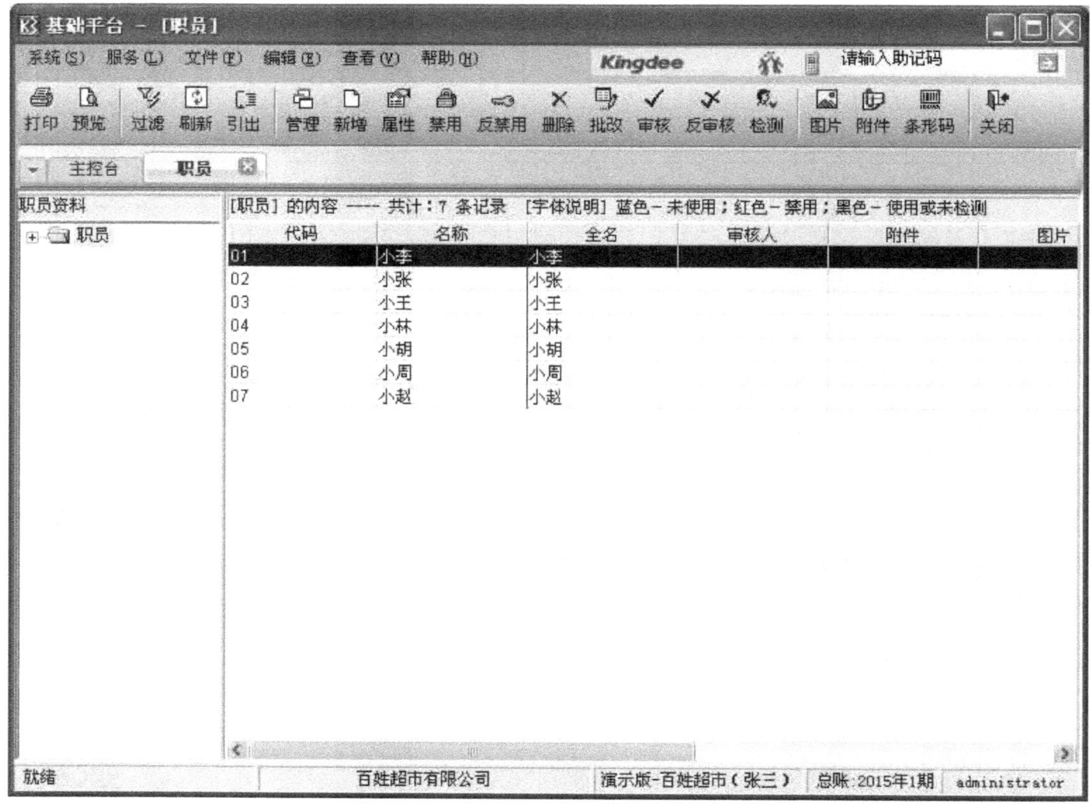

图 2-3-32

2. 单击【新增】按钮，进入"职员新增"界面。

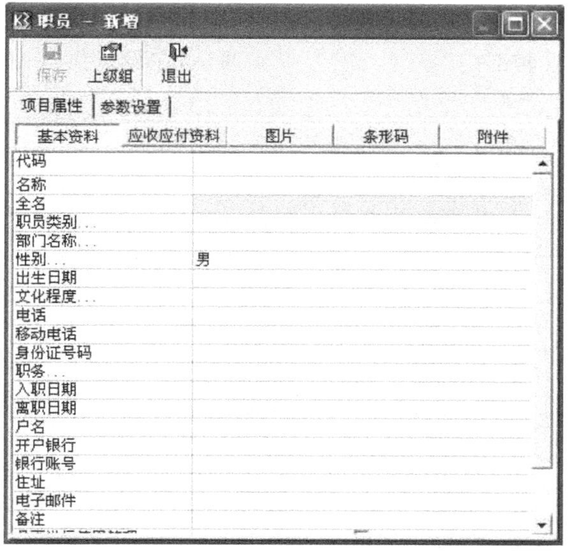

图 2-3-33

3. 录入相应的员工代码、员工姓名、所属部门、员工性别等信息，单击【保存】。

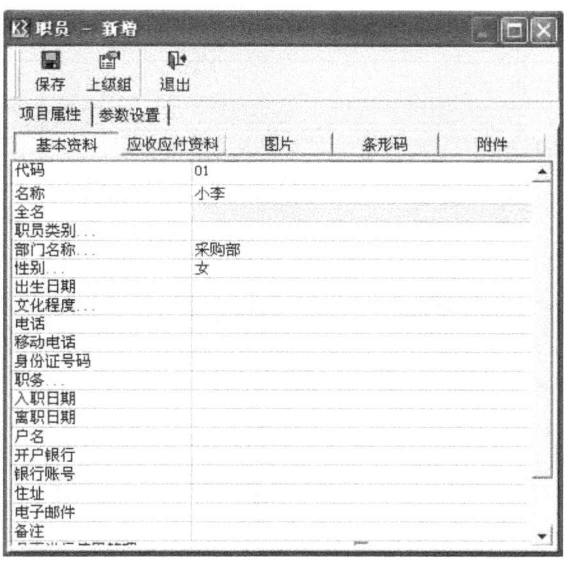

图 2-3-34

4. 按照如上操作，录入所有的员工信息，完成职员设置。

任务六　供应商

【实训目标】

学生能够掌握供应商基础资料设置的操作步骤和注意事项。

【任务说明】

“供应商”的设置类同“部门”设置。需要提醒的是，在设置供应商信息时，需先设置供应商的“上级组”信息。

【实训内容】

请根据以下表格要求完成供应商的设置。

代码	名称
01	宁波地区（上级组）
01.01	宁波得力文化用品有限公司
01.02	宁波广博公司
01.03	宁波石源矿泉水开发有限公司
01.04	康师傅控股有限公司宁波分公司
02	杭州地区（上级组）
02.01	杭州娃哈哈有限公司
02.02	杭州黄芩牙膏有限公司
02.03	纳爱斯集团杭州分公司
02.04	保洁公司杭州分公司
02.05	金红叶纸业集团有限公司杭州分公司

【操作步骤】

1. 通过【系统设置】→【基础资料】→【公共资料】→【供应商】，进入“供应商”编辑界面。

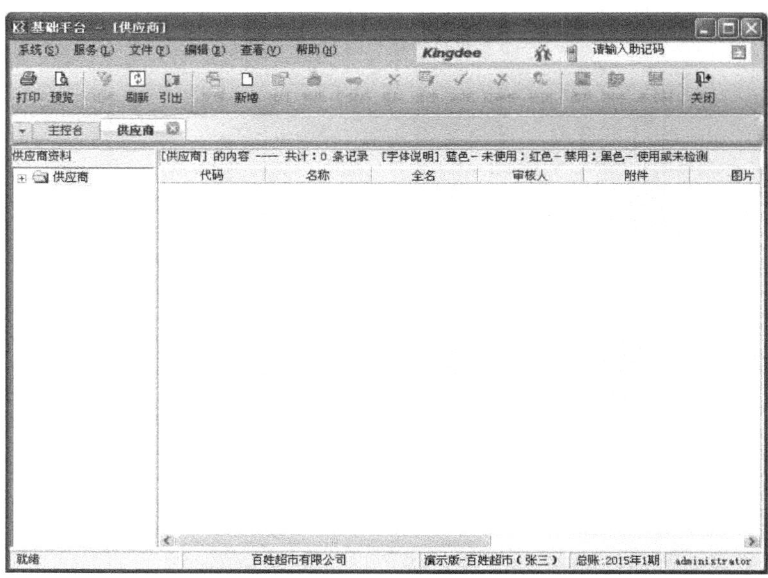

图 2-3-35

2. 单击【新增】按钮,进入“供应商新增”界面。

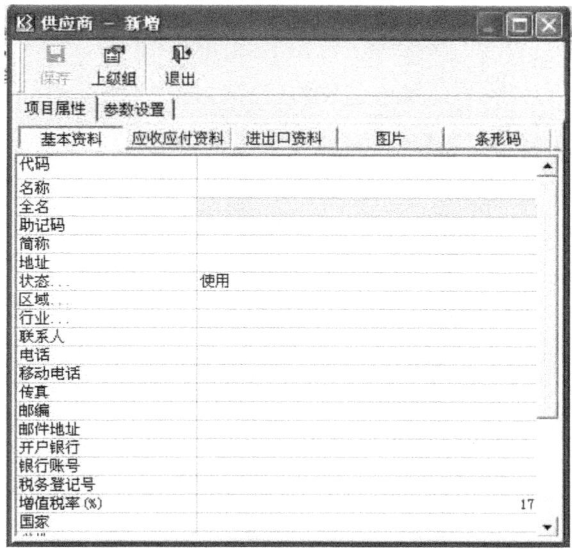

图 2-3-36

3. 单击【上级组】,完成“宁波地区”“杭州地区”两个上级组的设置。

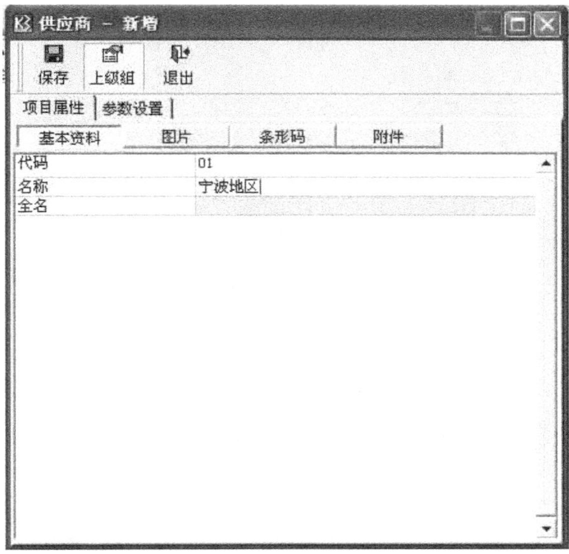

图 2-3-37

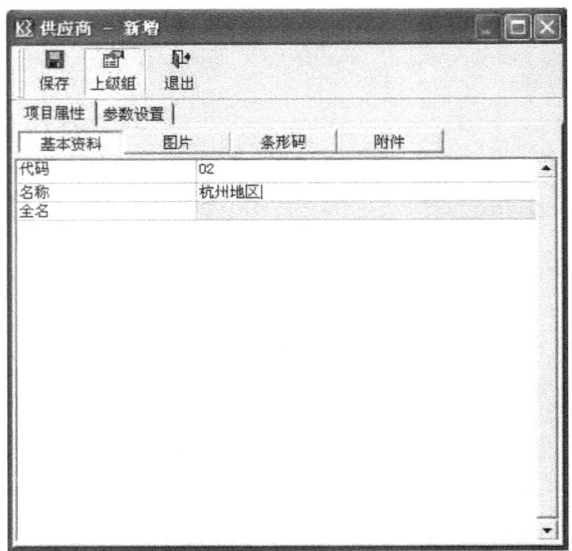

图 2-3-38

4. 通过【系统设置】→【基础资料】→【公共资料】→【供应商】，进入设置，单击【新增】录入具体的供应商代码及名称。

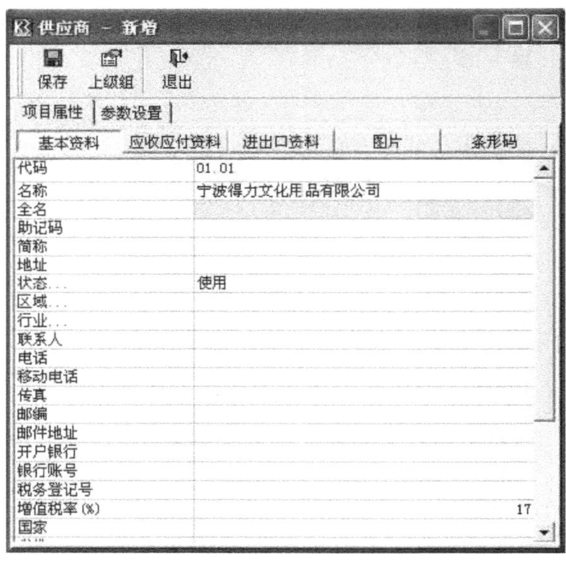

图 2-3-39

5. 录入所有供应商信息，保存并退出。

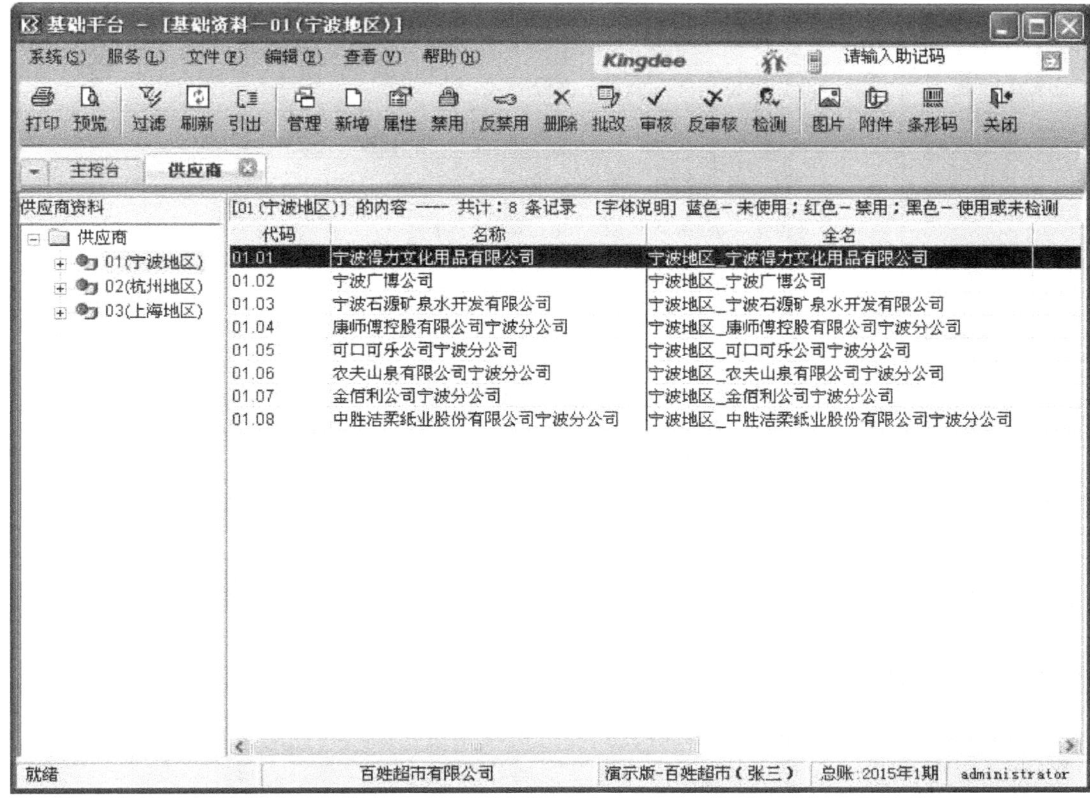

图 2-3-40

【课后作业】

请根据以下表格要求完成供应商的设置。

代码	名称
01	宁波地区(上级组)
01.05	可口可乐公司宁波分公司
01.06	农夫山泉有限公司宁波分公司
01.07	金佰利公司宁波分公司
01.08	中胜洁柔纸业股份有限公司宁波分公司
02	杭州地区(上级组)
02.06	维达纸业有限公司杭州分公司
02.07	恒安集团有限公司杭州分公司
03	上海地区(上级组)
03.01	上海东冠华洁纸业有限公司
03.02	联合利华有限公司上海分公司

续 表

代码	名称
03.03	深圳妙洁日用制品有限公司上海分公司
03.04	广东泰恩康医药股份有限公司上海分公司
03.05	江苏三笑集团有限公司上海分公司
03.06	广州柏林世家家居用品有限公司上海分公司
03.07	高露洁棕榄(中国)有限公司上海分公司

【考核评价】

基础资料之供应商评分表

操作项目	评分项目	分值	得分	备注
新增操作(1.5 分/项)	上级组代码□　上级组名称□	45 分		
	供应商代码□　供应商名称□			
	供应商代码□　供应商名称□			
	供应商代码□　供应商名称□			
	供应商代码□　供应商名称□			
	供应商代码□　供应商名称□			
	供应商代码□　供应商名称□			
	供应商代码□　供应商名称□			
	供应商代码□　供应商名称□			
	供应商代码□　供应商名称□			
	供应商代码□　供应商名称□			
	供应商代码□　供应商名称□			
	供应商代码□　供应商名称□			
	供应商代码□　供应商名称□			
	供应商代码□　供应商名称□			
操作质量总分：		45 分		
操作速度总分(正常耗时)：				
本项目总成绩：				

注：操作时间为 **10** 分钟。**10** 分钟以内得 **50** 分，超出时间以 **2** 分/分钟进行扣分。

任务七　客户

【实训目标】

学生能够掌握客户基础资料设置的操作步骤和注意事项。

【任务说明】

“客户”的设置类同“部门”设置。需要提醒的是，在设置客户信息时，需先设置客户的“上级组”信息。

【实训内容】

请根据以下表格要求完成客户的设置。

代码	名称
01	海曙(上级组)
01.01	百姓超市海曙店

【操作步骤】

1. 通过【系统设置】→【基础资料】→【公共资料】→【客户】，进入“客户”编辑界面。

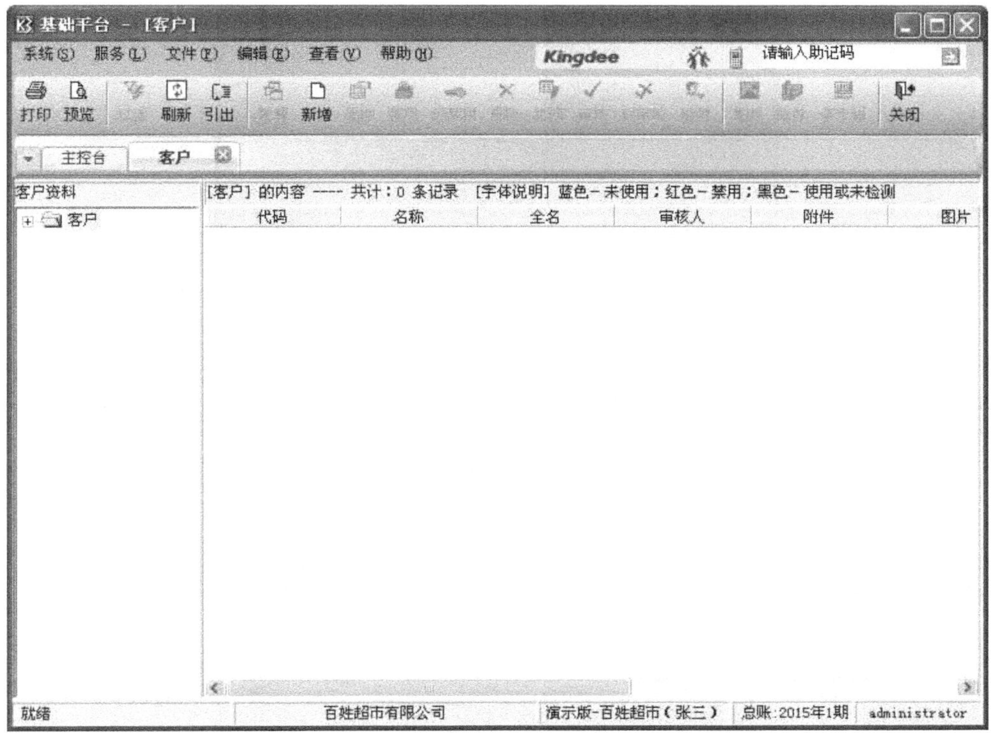

图 2-3-41

2. 单击【新增】按钮，进入“客户新增”界面。

图 2-3-42

3. 单击【上级组】，完成“海曙”上级组的设置。

图 2-3-43

4. 通过【系统设置】→【基础资料】→【公共资料】→【客户】，进入设置，单击【新增】录入具体的客户代码及名称。

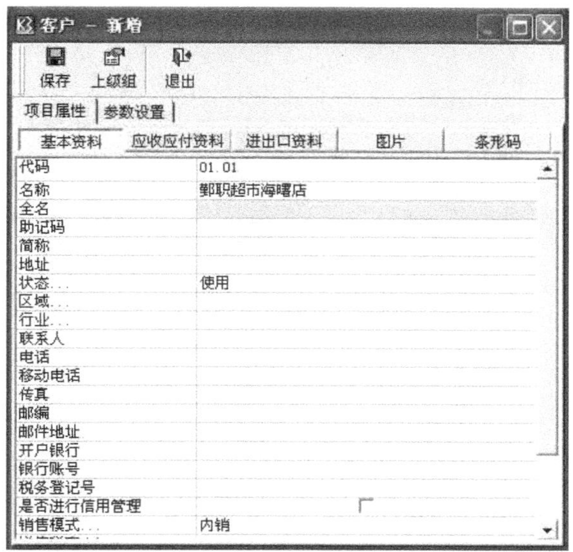

图 2-3-44

○注意事项

数据项	填制要求及说明
代码和名称	此为必输项目,代码由用户自行设定。
状态	此项为必输项目。 选择【使用】,表示该客户正被使用,是当下仍有业务往来的单位。 选择【未使用】或【冻结】,表示该客户现在未使用或已暂停使用。
销售模式	有【外销】和【内销】两种选择。若设定为【外销】,在制作销售订单时是查询不到的。此项为非必输项目。

5. 录入完毕,保存并退出。

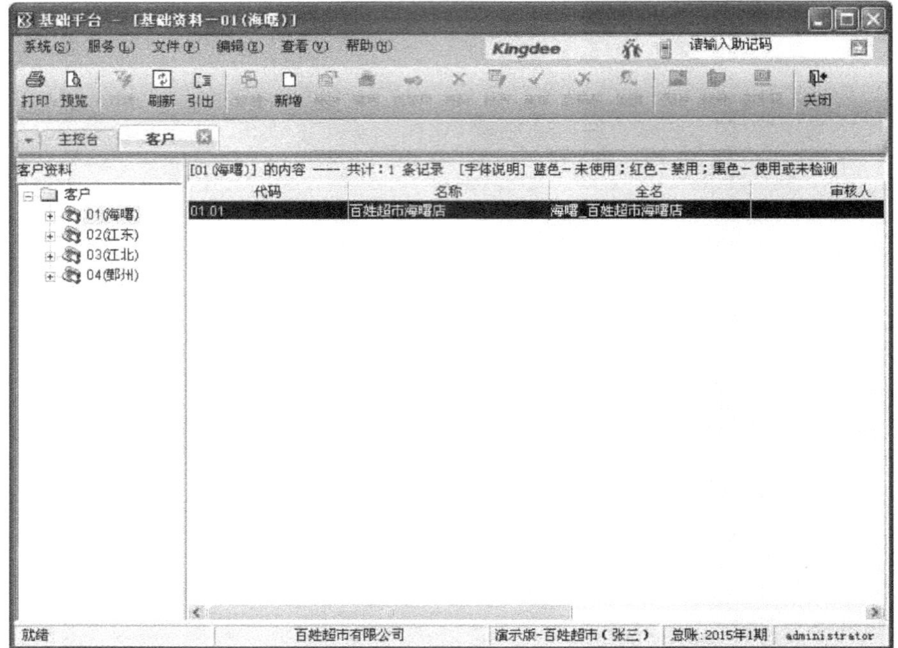

图 2-3-45

【课后作业】

请根据以下要求完成客户的设置。

代码	名　　称
02	江东(上级组)
02.01	百姓超市江东店
02.02	百姓超市宝幢店
03	江北(上级组)
03.01	百姓超市江西店
03.02	百姓超市五乡店
04	鄞州(上级组)
04.01	百姓超市梅墟部
04.02	百姓超市邱隘店

作业要求:

1. 新增表格中的客户信息。

2. 修改客户信息"百姓超市江西店"为"百姓超市江北店";"百姓超市宝幢店"为"百姓超市北仑店"。

3. 删除客户信息"百姓超市五乡店""百姓超市北仑店"。

【考核评价】

基础资料之客户评分表

操作项目	评　分　项　目	分值	得分	备注
新增操作（2分/项）	上级组代码□　上级组名称□	28分		
	上级组代码□　上级组名称□			
	客户代码□　客户名称□			
	客户代码□　客户名称□			
	客户代码□　客户名称□			
	客户代码□　客户名称□			
	客户代码□　客户名称□			
修改操作（5分/项）	客户信息□	10分		
	客户信息□			
删除操作（5分/项）	客户信息□	10分		
	客户信息□			
操作质量总分：		48分		
操作速度总分（正常耗时）：				
本项目总成绩：				

注：操作时间为8分钟。8分钟以内得52分，超出时间以2分/分钟进行扣分。

任务八　仓库与仓位

【实训目标】

学生能够掌握仓库、仓位基础资料设置的操作步骤和注意事项。

【任务说明】

“仓库”和“仓位”的设置类同“客户”设置，先进行“仓库”的设置，再进行“仓位”的设置。完成这两者的设置为账套中各系统用到的仓库信息提供了查询和获取。

【实训内容】

案例：请根据以下表格要求完成仓库的设置

代码	名称	仓库属性	仓库类型
01	自动化立体库	良品	普通仓
02	重型立体库	良品	普通仓
03	货架库	良品	普通仓

【操作步骤】

1. 通过【系统设置】→【基础资料】→【公共资料】→【仓库】，进入“仓库”编辑界面。

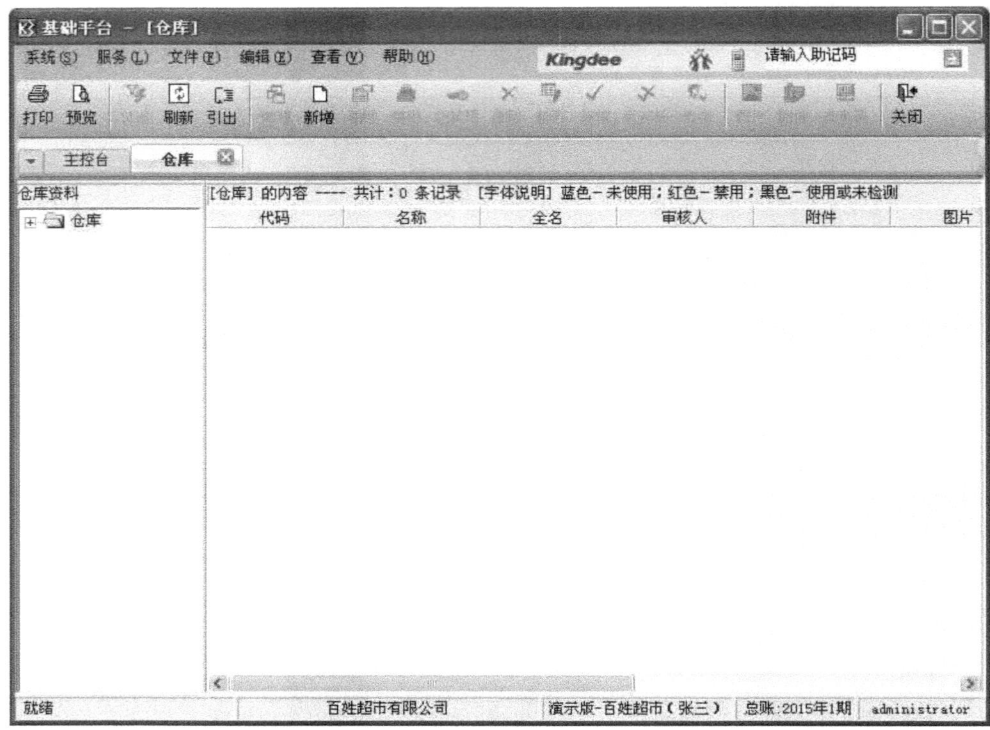

图 2-3-46

2. 单击【新增】按钮，进入“仓库—新增”界面。

图 2-3-47

3. 录入仓库信息，保存并退出。

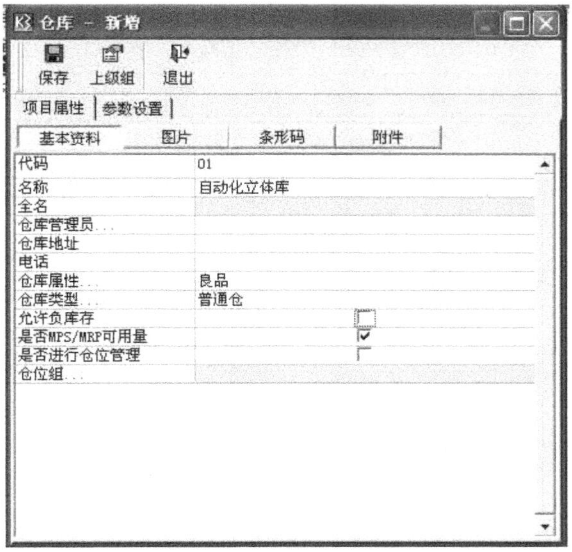

图 2-3-48

【知识链接】

思考题：请根据以下表格要求完成仓位的设置。

仓位组	仓位代码	仓位名称
自动化立体库	01-001-0001-001	01-001-0001-001
	01-001-0001-002	01-001-0001-002
	01-001-0002-001	01-001-0002-001
	01-001-0002-002	01-001-0002-002
	01-001-0003-001	01-001-0003-001
	01-001-0003-002	01-001-0003-002
	01-001-0004-001	01-001-0004-001
	01-001-0004-002	01-001-0004-002
	01-001-0005-001	01-001-0005-001
	01-001-0005-002	01-001-0005-002
	01-001-0006-001	01-001-0006-001
	01-001-0006-002	01-001-0006-002
	01-001-0007-001	01-001-0007-001
	01-001-0007-002	01-001-0007-002
	01-001-0008-001	01-001-0008-001
	01-001-0008-002	01-001-0008-002

续 表

仓位组	仓位代码	仓位名称
自动化立体库	01-001-0009-001	01-001-0009-001
	01-001-0009-002	01-001-0009-002
	01-001-0010-001	01-001-0010-001
	01-001-0010-002	01-001-0010-002
	01-001-0011-001	01-001-0011-001
	01-001-0011-002	01-001-0011-002
	01-001-0012-001	01-001-0012-001
	01-001-0012-002	01-001-0012-002
	01-002-0001-001	01-002-0001-001
	01-002-0001-002	01-002-0001-002
	01-002-0002-001	01-002-0002-001
	01-002-0002-002	01-002-0002-002
	01-002-0003-001	01-002-0003-001
	01-002-0003-002	01-002-0003-002
	01-002-0004-001	01-002-0004-001
	01-002-0004-002	01-002-0004-002
	01-002-0005-001	01-002-0005-001
	01-002-0005-002	01-002-0005-002
	01-002-0006-001	01-002-0006-001
	01-002-0006-002	01-002-0006-002
	01-002-0007-001	01-002-0007-001
	01-002-0007-002	01-002-0007-002
	01-002-0008-001	01-002-0008-001
	01-002-0008-002	01-002-0008-002
	01-002-0009-001	01-002-0009-001
	01-002-0009-002	01-002-0009-002
	01-002-0010-001	01-002-0010-001
	01-002-0010-002	01-002-0010-002
	01-002-0011-001	01-002-0011-001
	01-002-0011-002	01-002-0011-002
	01-002-0012-001	01-002-0012-001
	01-002-0012-002	01-002-0012-002

续　表

仓位组	仓位代码	仓位名称
货架库	010111	01-01-11 仓
	010112	01-01-12 仓
	010113	01-01-13 仓
	010114	01-01-14 仓
	010121	01-01-21 仓
	010122	01-01-22 仓
	010123	01-01-23 仓
	010124	01-01-24 仓
	010131	01-01-31 仓
	010132	01-01-32 仓
	010133	01-01-33 仓
	010134	01-01-34 仓
	010141	01-01-41 仓
	010142	01-01-42 仓
	010143	01-01-43 仓
	010211	01-02-11 仓
	010212	01-02-12 仓
	010213	01-02-13 仓
	010214	01-02-14 仓
	010221	01-02-21 仓
	010222	01-02-22 仓
	010223	01-02-23 仓
	010224	01-02-24 仓
	010231	01-02-31 仓
	010232	01-02-32 仓
	010233	01-02-33 仓
	010234	01-02-34 仓
	010311	01-03-11 仓
	010312	01-03-12 仓
	010313	01-03-13 仓
	010314	01-03-14 仓
	010321	01-03-21 仓

续 表

仓位组	仓位代码	仓位名称
货架库	010322	01-03-22 仓
	010323	01-03-23 仓
	010324	01-03-24 仓
	010331	01-03-31 仓
	010332	01-03-32 仓
	010333	01-03-33 仓
	010334	01-03-34 仓
	020111	02-01-11 仓
	020112	02-01-12 仓
	020113	02-01-13 仓
	020114	02-01-14 仓
	020121	02-01-21 仓
	020122	02-01-22 仓
	020123	02-01-23 仓
	020124	02-01-24 仓
	020131	02-01-31 仓
	020132	02-01-32 仓
	020133	02-01-33 仓
	020134	02-01-34 仓
	020211	02-02-11 仓
	020212	02-02-12 仓
	020213	02-02-13 仓
	020214	02-02-14 仓
	020221	02-02-21 仓
	020222	02-02-22 仓
	020223	02-02-23 仓
	020224	02-02-24 仓
	020231	02-02-31 仓
	020232	02-02-32 仓
	020233	02-02-33 仓
	020234	02-02-34 仓
	020311	02-03-11 仓

续 表

仓位组	仓位代码	仓位名称
货架库	020312	02-03-12 仓
	020313	02-03-13 仓
	020314	02-03-14 仓
	020321	02-03-21 仓
	020322	02-03-22 仓
	020323	02-03-23 仓
	020324	02-03-24 仓
	020331	02-03-31 仓
	020332	02-03-32 仓
	020333	02-03-33 仓
	020334	02-03-34 仓
仓位组	仓位代码	仓位名称
重型立体库	02010101	02010101
	02010102	02010102
	02010103	02010103
	02010104	02010104
	02010201	02010201
	02010202	02010202
	02010203	02010203
	02010204	02010204
	02010303	02010303
	02010304	02010304

任务九 物 料

【实训目标】

学生能够掌握物料基础资料设置的操作步骤和注意事项。

【任务说明】

物料的设置和修改为账套中各系统用到的物料信息提供了查询和获取。物料中上级组的设置参考供应商。物料是供应链系统核算的对象，它的设置关系到收货、发货以及物料的成本结算，用户需要慎重设定。代码是区分物料的唯一标识，在企业中经常存在物料名称相同的现象，因此建议企业将相同名称的物料用不同代码来区分。

【实训内容】

请根据以下表格的要求完成物料的设置。

代码	名　　称
01	生活用品(上级组)
01.01	高露洁草本萃爽牙膏
01.02	黄芩中药高级牙膏
01.03	三笑舒适超净牙刷
01.04	佳洁士草本水晶牙膏
01.05	奥妙净蓝洗衣粉
01.06	佳洁士缤纷彩虹牙刷
01.07	奥妙无磷超效洗衣皂
01.08	雕牌超能皂
01.09	世家刷洗球
02	文具(上级组)
02.01	广博图钉
02.02	得力回形针
02.03	得力液体胶水
02.04	得力文件袋

参数详解：

数据项	填制要求及说明
代码和名称	此项为必输项。代码由用户自行定义,代码必须是唯一的,名称为物料的名称。
物料属性	此项为必输项目。 选择【外购】,指该物料是从外界购买的,一般是采购的原材料。 选择【委外加工】,指物料是经过外协单位加工获得的。 选择【虚拟件】,指该物料为虚拟构成件,在 BOM 搭建中经常用到。 选择【自制】,指该物料是企业自行生产的,一般为自制半成品或产成品。
计量单位	此项为必输项。 根据计量单位资料中的内容选择(智能选择系统默认计量单位)。

续　表

数据项	填制要求及说明
计价方法	此项为必输项。 为存货核算，发出成本和结存成本时采用的计价方法。系统提供了标准的七种法定的计价方法供选择，计价方法一经选定，不得更改。 【加权平均法】：物料的发货单位成本＝（期初总金额＋本期收到物料的总金额）/（期初总数量＋本期收到数量）。 【移动平均法】：物料的发出成本是随着物料的不断购入而变化的，每进一次物料就加权平均一次。 【先进先出法】：存货的发出成本依据先购入先发出的假定原则进行计算，依次类推。 【分批认定法】：存货的发出成本和结存成本依据每次购货时确定的批次为依据分别计算。 【计划成本法】：各种物料在平时的购入、发出时均按照设定的计划成本进行核算，期末需对“材料成本差异”进行分摊，并计算发出实际成本和实际结存成本。
计划单价	如果【计价方法】选择了【计划成本法】则其为必输项目。
单价精度	指各种单价最大能精确到的小数位数。
科目代码	在设置拼争模板时会用到。
是否采用业务批次管理	此项是物料业务批次管理的唯一确定依据。如果选择该项，则表明当前物料将下设批号、处理明细批次的分类管理。除了确定物料的性质之外，用户还需要对批次进行编码管理，以使系统能根据不同情况，按业务运行的规则设置批号，从而使批号具有管理的性质。
是否进行序列号管理	此项是物料序列号管理的唯一确定依据。如果选择该项，则表明当前物料将下设序列号，按每一个物料编号管理。除了确定物料的性质之外，用户还需要对序列号进行编码管理，以使系统能根据不同情况，按业务运行的规则设置序列号，从而使序列号具有管理的性质。
销售单价	指该物料用于销售时以基本计量单位计算的标准销售单价，单位为本位币货币。
存货核算方式选项	系统默认总仓核算。

○注意事项

计价方法一经选定，不得更改。

【操作步骤】

1. 通过【系统设置】→【基础资料】→【公共资料】→【物料】，进入“物料”编辑界面。

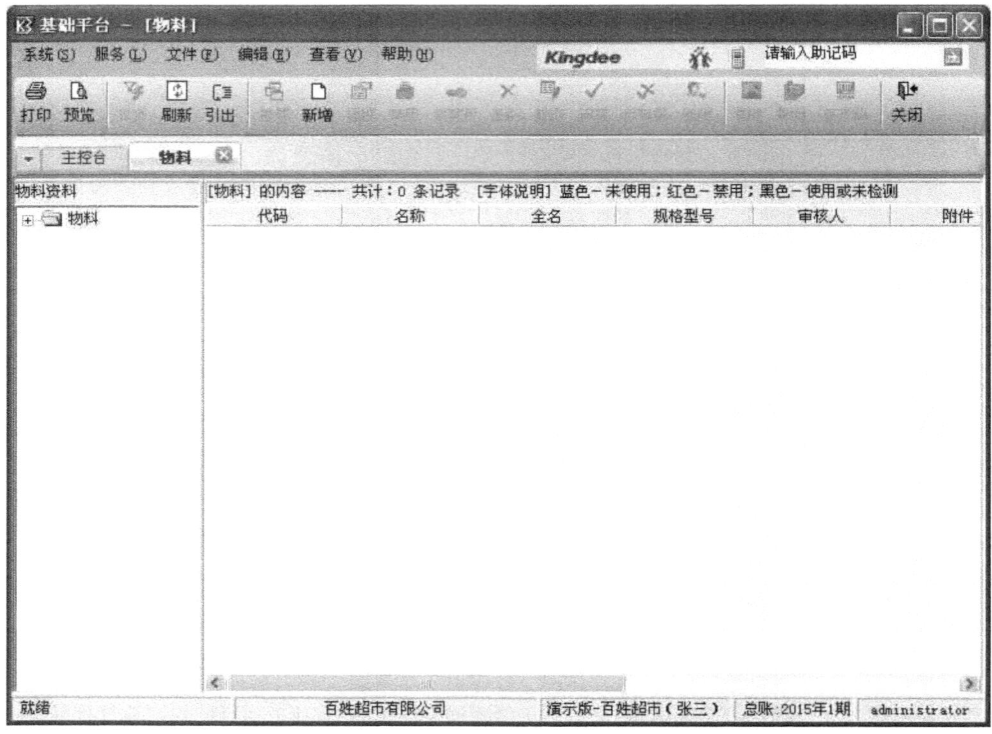

图 2-3-49

2. 单击【新增】按钮，进入“物料新增”界面。

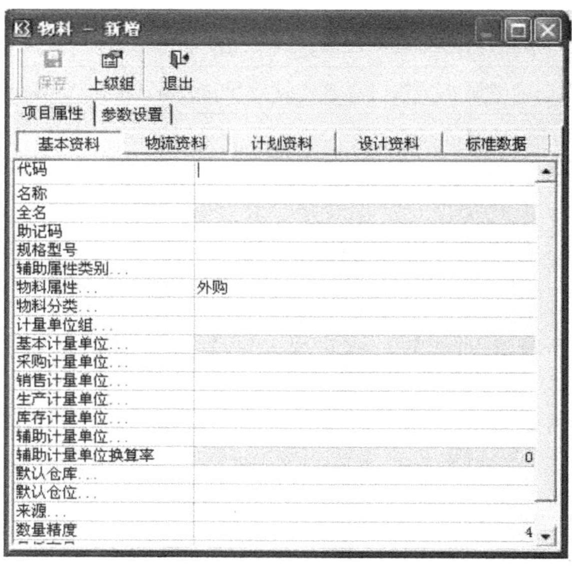

图 2-3-50

3. 单击【上级组】，完成“01，生活用品”“02，文具”上级组的设置。

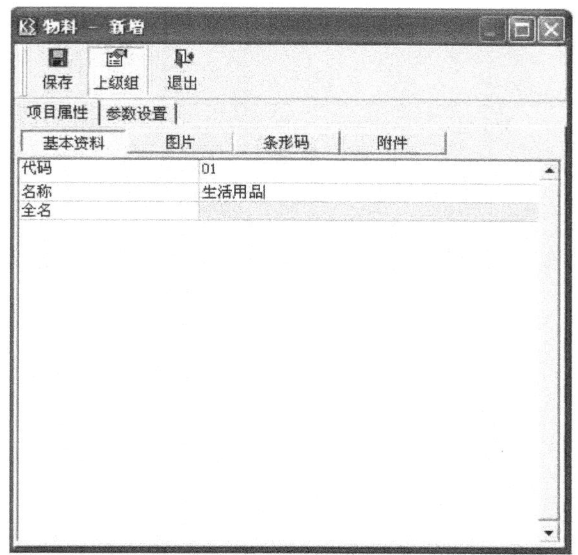

图 2-3-51

4. 通过【系统设置】→【基础资料】→【公共资料】→【物料】，进入设置。单击【新增】，录入具体的物料代码及名称。

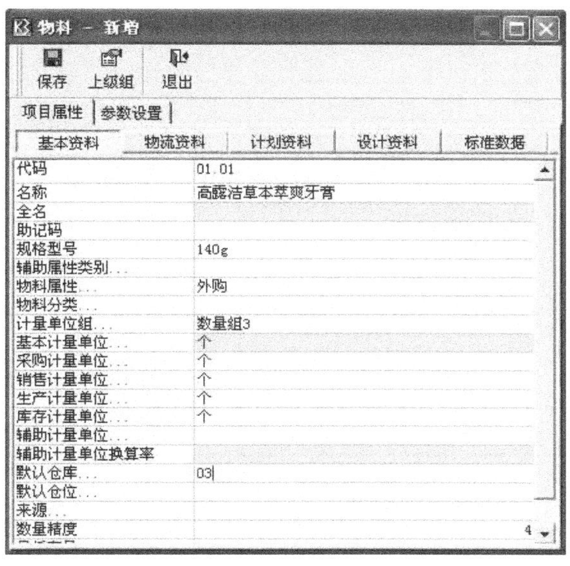

图 2-3-52

5. 录入完毕，保存并退出。

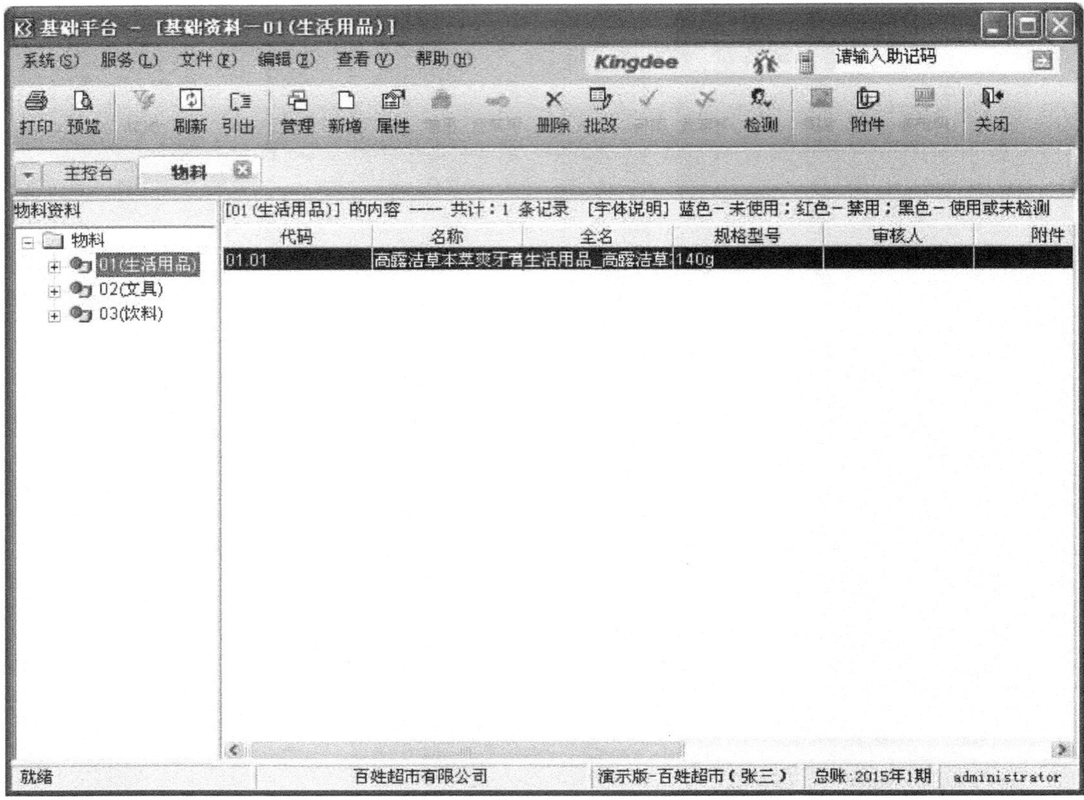

图 2-3-53

【课后作业】

请根据以下表格的要求完成物料的设置。

代码	名　　称	代码	名　　称
01	生活用品(上级组)	03	饮料(上级组)
01.10	心相印卫生纸	03.01	原叶茉莉花茶调味茶饮料
01.11	洁云卷筒式纸巾	03.02	原叶茉莉花茶调味茶饮料
01.12	洁云卷筒式纸巾	03.03	康师傅绿茶
01.13	舒洁抽取式纸巾	03.04	康师傅绿茶
01.14	舒洁抽取式纸巾	03.05	冰露矿泉水
01.15	洁柔蓝精品卷纸卫生纸	03.06	康师傅冰红茶
01.16	泰恩康塑料棉花棒	03.07	农夫山泉饮用天然水
01.17	维达卷筒式纸巾	03.08	太白水
01.18	清风卷筒式纸巾	03.09	石源麦饭石矿泉水
01.19	清风抽取式纸巾	03.10	娃哈哈矿泉水

续　表

代码	名　　称	代码	名　　称
01.20	李字牌蚊香(檀香味)	03.11	娃哈哈矿泉水
01.21	妙洁金属钢丝球		

【考核评价】

基础资料之物料评分表

操作项目	评　分　项　目	分值	得分	备注
新增操作(2分/项)	上级组名称□ 物料信息□　物料信息□　物料信息□ 物料信息□　物料信息□　物料信息□ 物料信息□　物料信息□　物料信息□ 物料信息□　物料信息□　物料信息□ 物料信息□　物料信息□　物料信息□ 物料信息□　物料信息□　物料信息□ 物料信息□　物料信息□　物料信息□ 物料信息□　物料信息□　物料信息□	50分		
操作质量总分:		50分		
操作速度总分(正常耗时):				
本项目总成绩:				

注:操作时间为15分钟。15分钟以内得52分,超出时间以2分/分钟进行扣分。

项目四　期初数据录入

【实训目标】

学生能够掌握供应链期初数据录入的操作步骤和注意事项。

【任务说明】

当企业的各项资料设置完毕后,需要将物料的期初数据准备好并录入系统。本项目主要讲解了存货初始数据如何录入、与总账系统的接口以及未核销单据录入。

初始数据是对本系统启用时仓库物料结存情况的记录。系统设置初始数据分仓库进行录入。录入的资料形式分三种:第一,在实际成本法下,录入物料代码、结存数量及金额;第二,在计划成本法下,需额外录入材料成本差异;第三,若启用的会计期间不是第一期,需额外录入本年累计收入数量及金额、本年累计发出数量及金额。

【实训内容】

案例

代码	名　称	默认仓库	规格型号	本年累计收入数量	本年累计收入金额	本年累计发出数量	本年累计发出金额	期初数量	期初金额
01	生活用品(上级组)								
01.01	高露洁草本萃爽牙膏	货架库	140g	10	50	100	500	100	500
01.02	黄芩中药高级牙膏	货架库	110g	10	50	100	500	100	500
01.03	三笑舒适超净牙刷	货架库	454	10	30	100	300	100	300
01.04	佳洁士草本水晶牙膏	货架库	140g	10	50	100	500	100	500
01.05	奥妙净蓝洗衣粉	货架库	300g	10	100	100	1000	100	1000
01.06	佳洁士缤纷彩虹牙刷	货架库	19342	10	30	100	300	100	300
01.07	奥妙无磷超效洗衣皂	货架库	160g	10	40	100	400	100	400
01.08	雕牌超能皂	货架库	226g	10	40	100	400	100	400
01.09	世家刷洗球	货架库	20g	10	20	100	200	100	200

【操作步骤】

1. 通过【系统设置】→【初始化】→【存货核算】→【初始数据录入】,进入设置。

图 2-4-1

2. 单击【货架库仓】，系统显示了在“物料属性”设置中默认仓库为“货架库”的所有存货项目。

图 2-4-2

3. 录入物料的结存数量及金额，本年累计收入数量及金额、本年累计发出数量及金额。

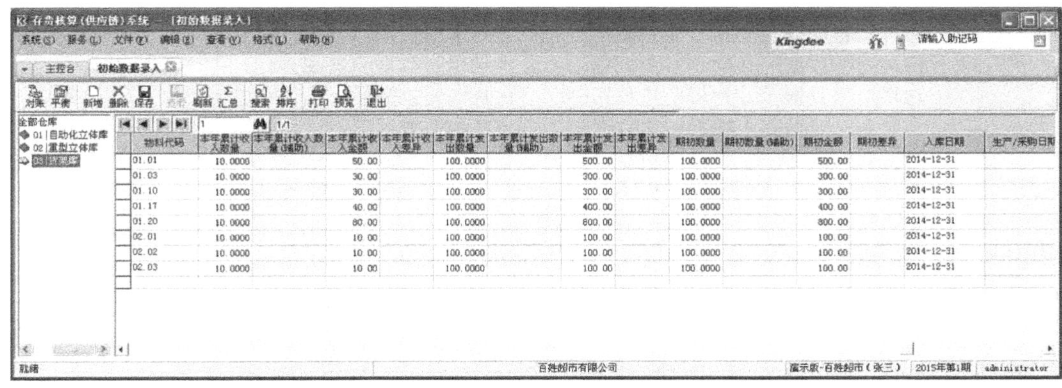

图 2-4-3

4. 录入完物料的初始数据后，单击【退出】按钮，退回到“初始数据录入”的主窗口，一次性录入其他物料初始数据。

5. 录入完所有物料的初始数据，单击【全部仓库】，可以看到所有物料的初始化金额。

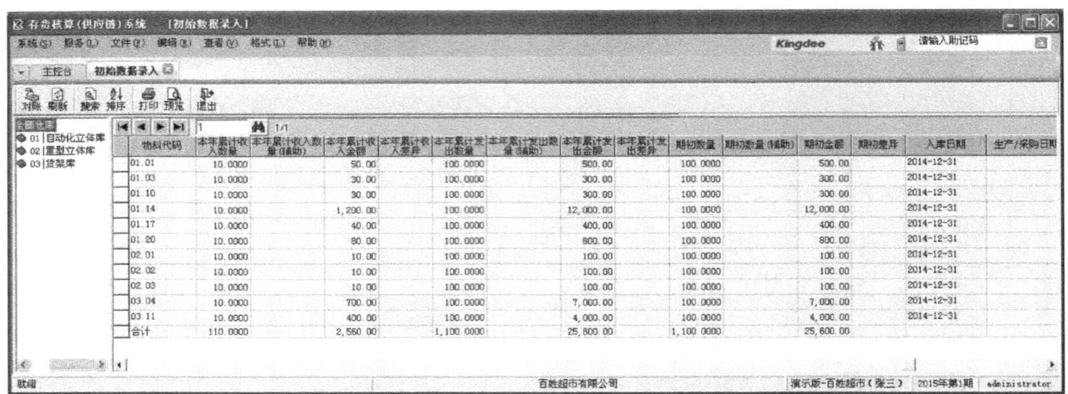

物料代码	本年累计收入数量	本年累计收入数量(辅助)	本年累计收入金额	本年累计收入差异	本年累计发出数量	本年累计发出数量(辅助)	本年累计发出金额	本年累计发出差异	期初数量	期初数量(辅助)	期初金额	期初差异	入库日期	生产/采购日期
01.01	10.0000		50.00		100.0000		500.00		100.0000		500.00		2014-12-31	
01.03	10.0000		30.00		100.0000		300.00		100.0000		300.00		2014-12-31	
01.10	10.0000		30.00		100.0000		300.00		100.0000		300.00		2014-12-31	
01.14	10.0000		1,200.00		100.0000		12,000.00		100.0000		12,000.00		2014-12-31	
01.17	10.0000		40.00		100.0000		400.00		100.0000		400.00		2014-12-31	
01.20	10.0000		80.00		100.0000		800.00		100.0000		800.00		2014-12-31	
02.01	10.0000		10.00		100.0000		100.00		100.0000		100.00		2014-12-31	
02.02	10.0000		10.00		100.0000		100.00		100.0000		100.00		2014-12-31	
02.03	10.0000		10.00		100.0000		100.00		100.0000		100.00		2014-12-31	
03.04	10.0000		700.00		100.0000		7,000.00		100.0000		7,000.00		2014-12-31	
03.11	10.0000		400.00		100.0000		4,000.00		100.0000		4,000.00		2014-12-31	
合计	110.0000		2,560.00		1,100.0000		25,600.00		1,100.0000		25,600.00			

图 2-4-4

○注意事项

供应链的计价方法如采用“先进先出、后进先出、分批认定法”，则在录入数据时必须通过双击“批次/顺序号”进行输入。

【课后作业】

参见第一章案例中的期初数据录入信息，完成余下物料的期初数据录入。

【考核评价】

基础资料之客户评分表

仓库类型	评分项目	分值	得分	备注
重型立体库 (2 分/项)	物料期初数据□ 物料期初数据□ 物料期初数据□ 物料期初数据□ 物料期初数据□	10 分		
货架库 (2 分/项)	物料期初数据□ 物料期初数据□ 物料期初数据□ 物料期初数据□ 物料期初数据□ 物料期初数据□ 物料期初数据□ 物料期初数据□ 物料期初数据□ 物料期初数据□ 物料期初数据□ 物料期初数据□ 物料期初数据□ 物料期初数据□ 物料期初数据□ 物料期初数据□ 物料期初数据□ 物料期初数据□ 物料期初数据□ 物料期初数据□	40 分		
操作质量总分：		50 分		
操作速度总分(正常耗时)：				
本项目总成绩：				

注：操作时间为 15 分钟。15 分钟以内得 50 分，超出时间以 2 分/分钟进行扣分。

项目五　启用供应链系统

【实训目标】

学生能够掌握启用供应链系统的操作步骤和注意事项，并根据案例要求完成系统初始化工作。

【任务说明】

一旦启用供应链系统，初始化中部分参数和数据将不得修改，所以用户在启用前一定要慎重，仔细思考参数和数据的合理性，并且在账套管理中将该账套进行备份，以防由于种种原因造成贸然启用，从而给业务处理带来不便。

【实训内容】

结束初始化设置，启用供应链系统。

【操作步骤】

1. 通过【系统设置】→【初始化】→【存货核算】→【启动业务系统】，系统弹出如下提示框。

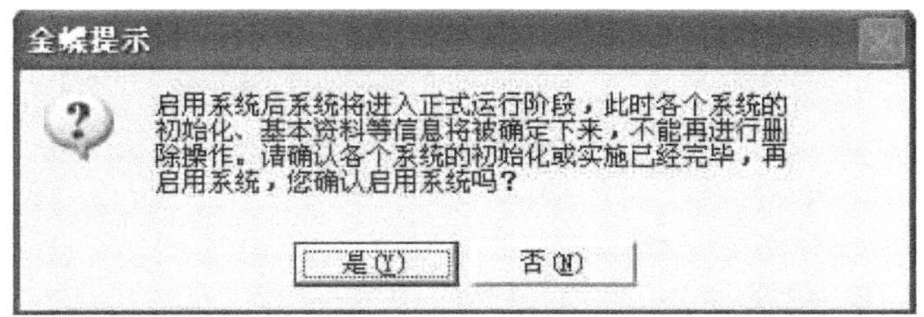

图 2-5-1

2. 点击【是】，完成结束初始化操作，同时系统弹出“重新登录”界面。

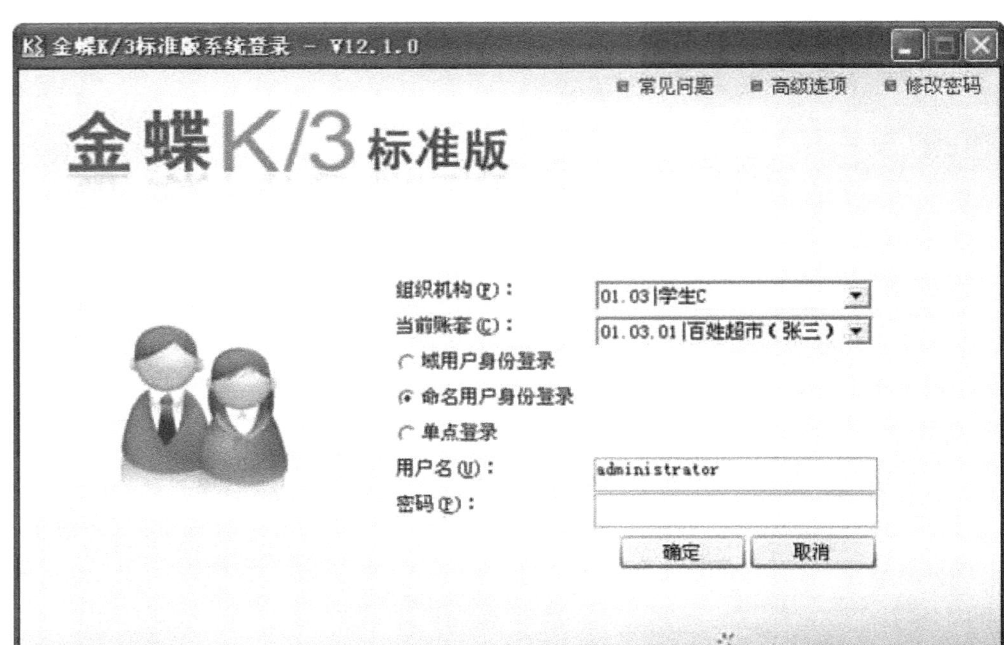

图 2-5-2

【课后作业】

请简述在启动供应链系统之前要注意的点有哪些。

模块三　供应链系统日常业务处理之采购业务

项目一　采购价格设置

【实训目标】

学生能够掌握采购价格的设置及具体在单据中的应用。

【任务说明】

本项目主要讲述采购业务中一些基础资料的设置。这些资料不一定非得设置，但设置后能够有利于企业采购业务的管理和控制，采购价格设置好后，录入采购单据时，单据中的采购价格项可以根据设置好的采购价格自动进行匹配。

【实训内容】

案例

采购价格设置	康师傅控股有限公司宁波分公司对康师傅绿茶订货在200箱以内(包括200箱)，报价为70元;200箱以上，报价为65元。百姓超市为了控制成本，要求康师傅绿茶的最高采购价格不得超过75元/箱。

操作步骤

1. 选择【系统设置】→【基础资料】→【采购管理】→【采购价格管理】，单击进入“采购价格管理”窗口。

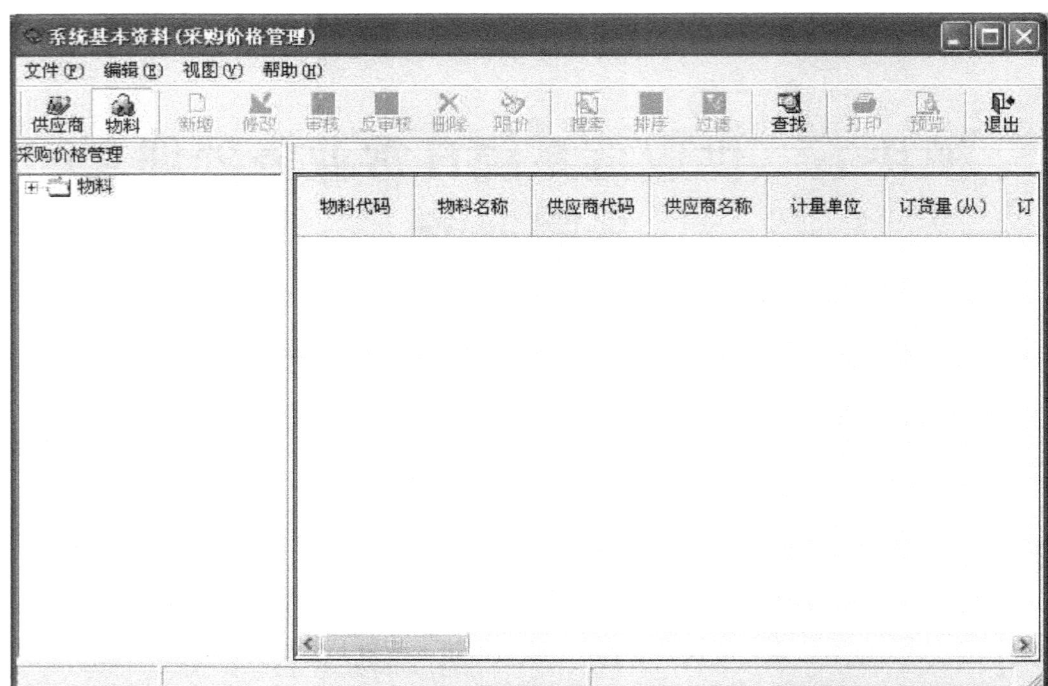

图 3-1-1

2. 单击工具栏中的【供应商】按钮，选中相应的供应商进行对应物料的采购定价设置，案例中为“康师傅控股有限公司宁波分公司”。

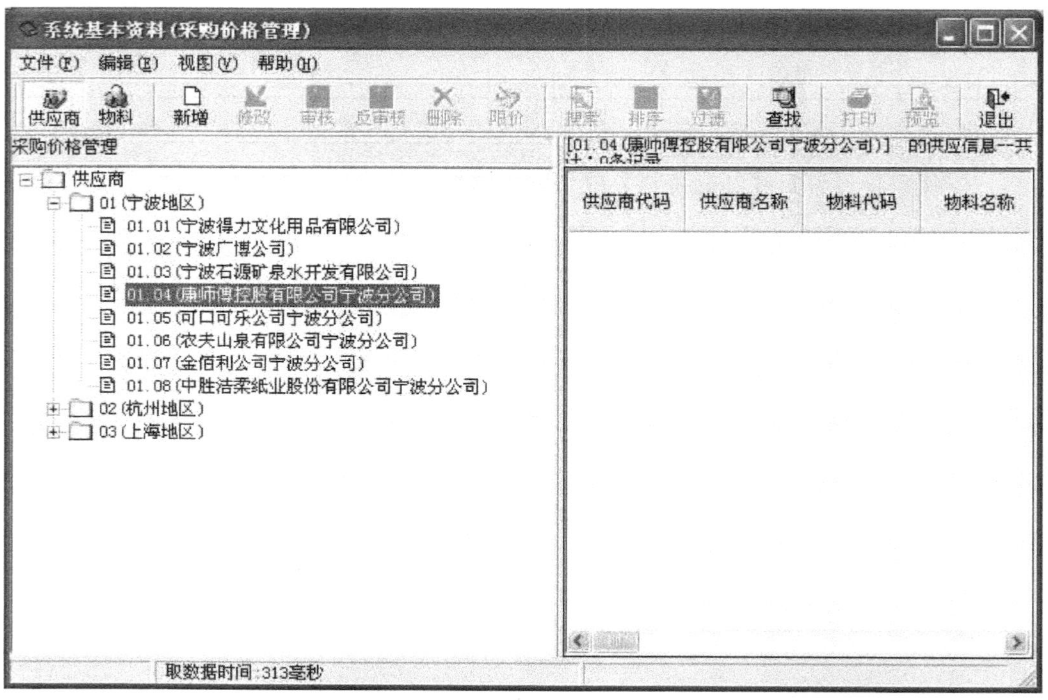

图 3-1-2

3. 单击工具栏中的【新增】按钮，进入“供应商供货信息”窗口，根据案例进行采购200箱以内(含200箱)康师傅绿茶的报价设置。供应商代码：01.04；供应商名称：康师傅控股有限公司宁波分公司；物料代码：03.04；物料名称：康师傅绿茶；单位：箱；订货量(从)：0；订货量(到)：200；报价：70元；币别：人民币；生效日期：设置当天日期；失效日期：2100-01-01。设置完毕后点击【保存】。

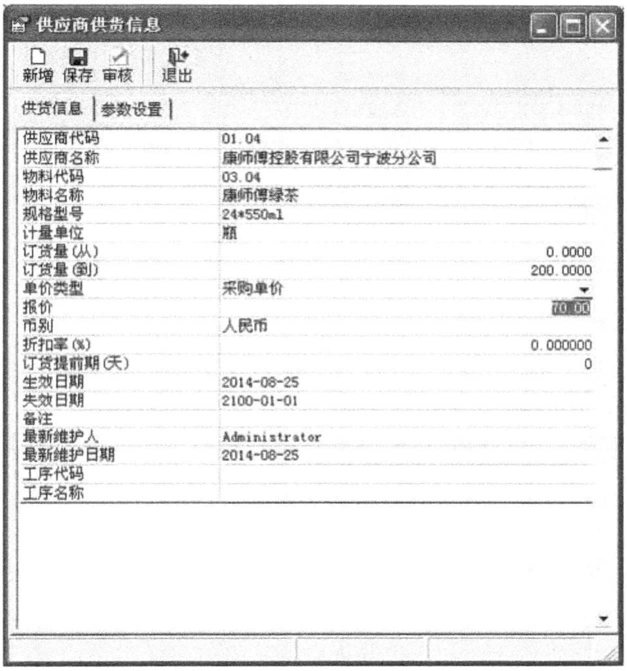

图 3-1-3

4. 再次单击工具栏中的【新增】按钮，进入“供应商供货信息”窗口，根据案例进行采购200箱以上康师傅绿茶的报价设置。供应商代码：01.04；供应商名称：康师傅控股有限公司宁波分公司；物料代码：03.04；物料名称：康师傅绿茶；单位：箱；订货量(从)：201；订货量(到)：1000000；报价：65元；币别：人民币；生效日期：设置当天日期；失效日期：2100-01-01；设置完毕后点击【保存】【退出】。

供应商供货信息

新增 保存 审核 退出

供货信息 | 参数设置

供应商代码	01.04
供应商名称	康师傅控股有限公司宁波分公司
物料代码	03.04
物料名称	康师傅绿茶
规格型号	24*550ml
计量单位	瓶
订货量(从)	201.0000
订货量(到)	1000000.0000
单价类型	采购单价
报价	35.00
币别	人民币
折扣率(%)	0.000000
订货提前期(天)	0
生效日期	2014-08-25
失效日期	2100-01-01
备注	
最新维护人	administrator
最新维护日期	2014-08-25
工序代码	
工序名称	

图 3-1-4

5. 回到"采购价格管理"窗口,对物料的最高采购价格进行限制。选中"01.04 康师傅控股有限公司宁波分公司"的"03.04 康师傅绿茶",单击工具栏中的【限价】按钮,进入供应商供货最高限价窗口,输入最高限价为 75,其余信息默认不变,单击【确定】后返回"采购价格管理"窗口。

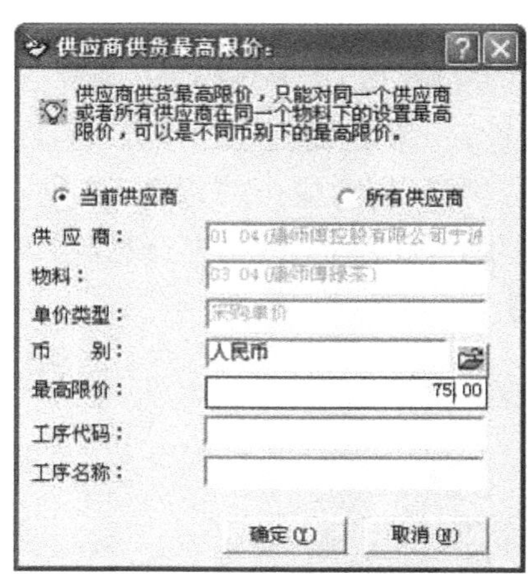

图 3-1-5

◯注意事项

采购最高限价是指在企业进行购货交易时所能接受的最高价格。可以针对每一个供应商对应一个物料设置和一个最高限价。用户在录入采购订单、采购发票,或者直接在供应商供货信息中设置各类采购价格时,若某物料针对某供应商的采购单价超过了系统预设的采购最高限价,系统会报警提示。

6.选中要审核的报价记录,单击工具栏中的【审核】按钮,对采购报价进行审核操作。

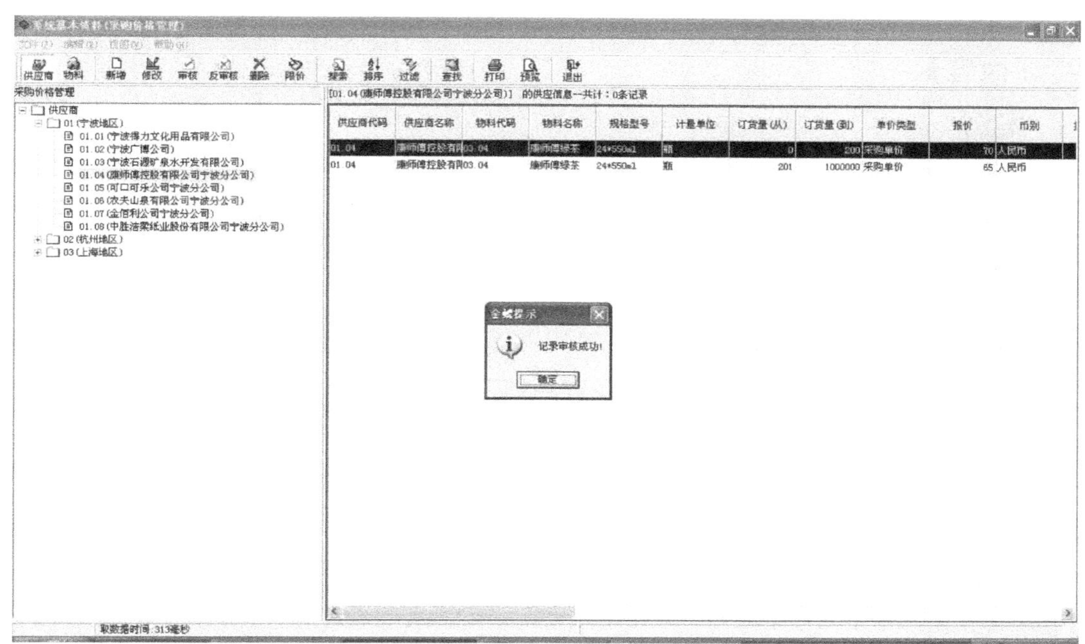

图 3-1-6

【课后作业】

1.简述采购价格设置的作用。

2.阐述采购最高限价的定义及作用。

项目二　采购业务处理

任务一　常用采购流程

【实训目标】

学生能够掌握常用采购业务的基本流程,并完成采购申请单、采购订单、收料通知单、外购入库单、采购发票等单据的填写和处理。

【任务说明】

常用采购业务是企业中最常见的一种采购业务。该业务的特点是货先到，发票后到，最后付款，同时入库单和发票都在同一个期间入账。单据操作流程为【采购申请单】→【采购订单】→【收料通知单】→【外购入库单】→【采购发票】→【付款单】。其中付款单不在采购系统中处理。

【实训内容】

案例

采购部小李	2015 年 1 月 19 日拟采购康师傅绿茶(代码为 03.04)15 箱，拟采购单价为 70 元。 经过几轮询价，2015 年 1 月 19 日和康师傅控股有限公司宁波分公司签订协议，采购康师傅绿茶 15 箱，拟采购单价为 70 元(不含税)，并约定 2015 年 1 月 20 日到货，通知仓管人员准备收货。
仓管部小赵	2015 年 1 月 20 日收到康师傅控股有限公司宁波分公司送来的 15 箱康师傅绿茶，当日入重型立体库。
财务部小张	2015 年 1 月 21 日收到康师傅控股有限公司宁波分公司开来的增值税发票，金额为 1050 元，税额为 178.5 元。

操作步骤

1.采购申请单

采购申请单是企业需要采购物料时向上级提交的申请单据，单据生成后要审核。

操作路径:【供应链】→【采购管理】→【采购申请】→【采购申请单—新增】→【填制单据中的相关内容】→【保存】→【审核】。

单据填制：

数据项	填制要求及说明
使用部门	即申请采购的部门，可以点击 F7 或 F8 选择部门。本案例中选择“采购部”。
源单类型	指关联其他单据生成记录时，被关联单据的类型。采购申请单可以根据销售订单生成。许多企业的投产是根据销售订单来控制的，所以采购申请可以根据销售订单来确定物料及数量。本案例中，百姓超市未根据销售订单确定投产，因此无须填制此项。
选单号	关联单据的单据号。此案例中不存在。
编号	采购申请单的编号，可以自动生成，也可以手工输入修改。
物料代码	点击 F7 或 F8 选择物料。还可以通过 Shift 或者 Ctrl 键进行批量选择。
数量、单位	实际申请的数量及单位。案例中为“15 箱”。
申请人	点击 F7 或 F8 选择所需职员后【确定】。本案例中为“小李”。
审核、审核时间	审核时会自动输入。
制单	在制单时会根据登录人员的身份自动输入。

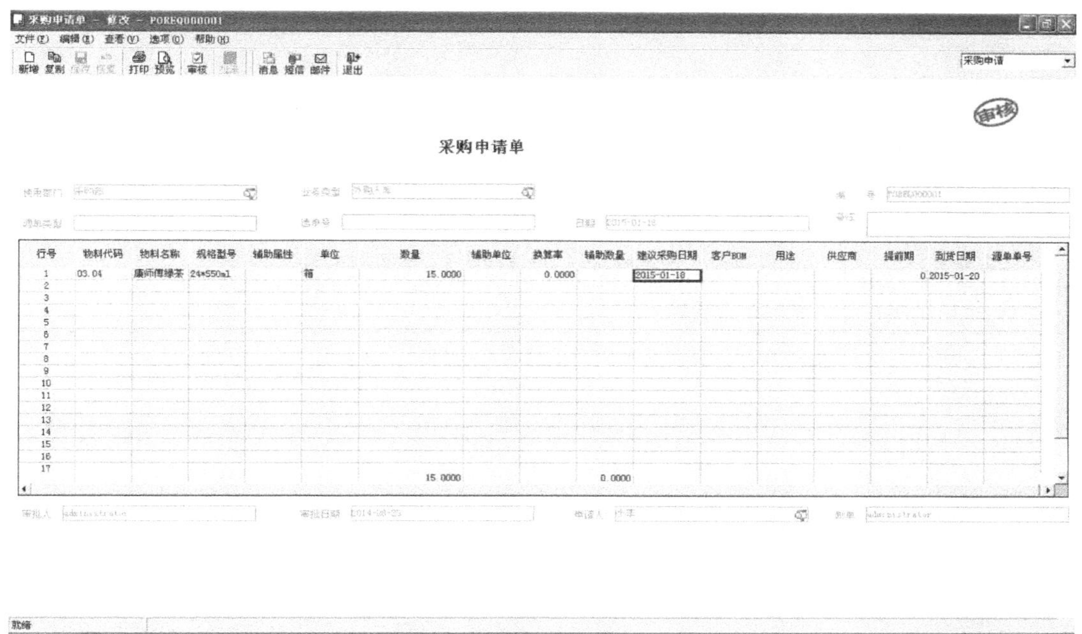

图 3-2-1

2. 采购订单

采购订单是企业采购部门根据各种采购申请单制作并交给供应商作为订货依据的单据。

采购订单的生成有三种方法：一是直接输入保存生成；二是通过采购订单中【源单类型】【采购申请单号】关联相应的采购申请单，引入数据生成；三是通过采购申请单下推生成。

操作路径：【供应链】→【采购管理】→【采购订单】→【采购订单—新增】→【填制单据中的相关内容】→【保存】→【审核】

单据填制：

数据项	填制要求及说明
供应商	点击 F7 或 F8 选择供应商。本案例中选择“康师傅控股有限公司宁波分公司”。
源单类型	采购订单可以根据采购申请单等单据生成。
选单号	关联单据的单据号。
编号	采购订单的编号，可以自动生成，也可以手工输入修改。
结算日期	即采购业务的财务结算日期。本案例中为“2015 年 1 月 21 日”。
日期	即采购订单生成的日期。本案例中为“2015 年 1 月 19 日”。
物料代码	点击 F7 或 F8 选择物料。还可以通过 Shift 或者 Ctrl 键进行批量选择。
数量、单位	实际申请的数量及单位。本案例中为“15 箱”。

续 表

数据项	填制要求及说明
单价	采购单价即企业进行采购业务时，通过某种方式与供应商之间确定的所需采购物品的价格。本案例中为“70 元”。
金额	当输入了数量和单价后，会自动计算显示。公式：金额＝数量×单价。
部门	点击 F7 或 F8 选择所需部门后【确定】。本案例中为“采购部”。
业务员	点击 F7 或 F8 选择所需职员后【确定】。本案例中为“小李”。
审核、审核时间	审核时会自动输入。
制单	在制单时会根据登录人员的身份自动输入。

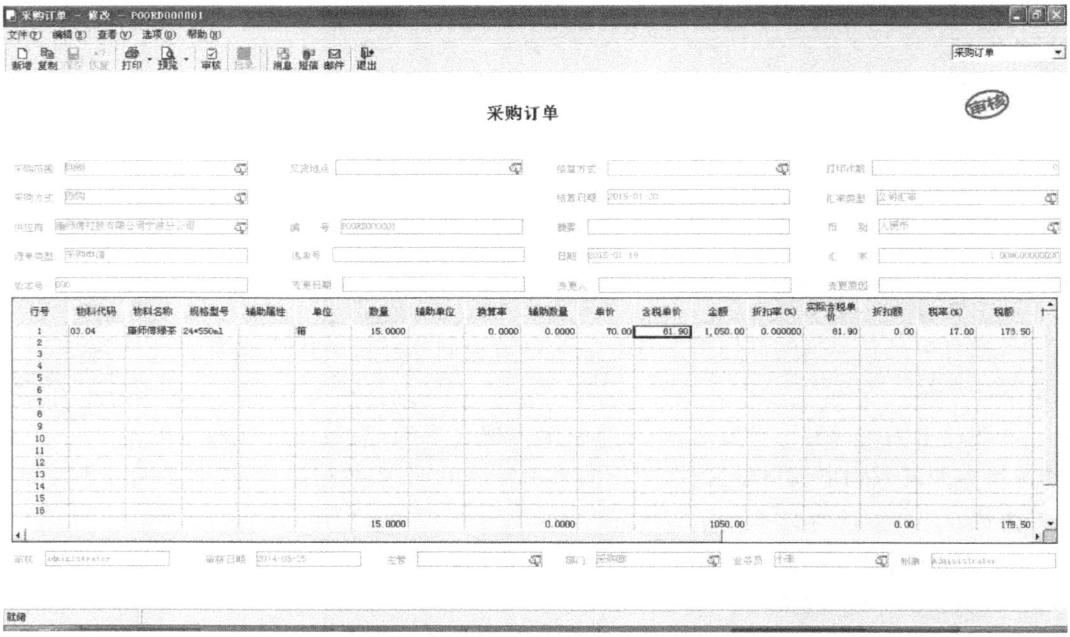

图 3-2-2

3. 收料通知单

收料通知单是采购部门在物料到达企业后登记由谁验收，由哪个仓库入库等情况的详细单据，便于物料的跟踪与查询。单据生成后必须要审核，同样这张单据也可以根据企业需求选择是否使用。

收料通知单的生成有三种方法：一是直接输入保存生成；二是通过收料通知单中【源单类型】【采购订单号】关联相应的采购订单，引入数据生成；三是通过采购订单下推生成。

操作路径：【供应链】→【采购管理】→【收料通知】→【收料通知单—新增】→【填制单据中的相关内容】→【保存】→【审核】

单据填制：

数据项	填制要求及说明
供应商	点击 F7 或 F8 选择供应商。本案例中选择“康师傅控股有限公司宁波分公司”。
源单类型	收料通知单可以根据采购订单等单据生成。
选单号	关联单据的单据号。
编号	收料通知单的编号，可以自动生成，也可以手工输入修改。
收料仓库	是收到物料的仓库。本案例中为“重型立体库”。
日期	即收料通知单生成的日期。本案例中为“2015 年 1 月 19 日”。
物料代码	点击 F7 或 F8 选择物料。还可以通过 Shift 或者 Ctrl 键进行批量选择。
数量、单位	实际申请的数量及单位。本案例中为“15 箱”。
金额	当输入了数量和单价后，会自动计算显示。公式：金额＝数量×单价。
部门	点击 F7 或 F8 选择所需部门后【确定】。本案例中为“采购部”。
业务员	点击 F7 或 F8 选择所需职员后【确定】。本案例中为“小李”。
审核、审核时间	审核时会自动输入。
制单	在制单时会根据登录人员的身份自动输入。

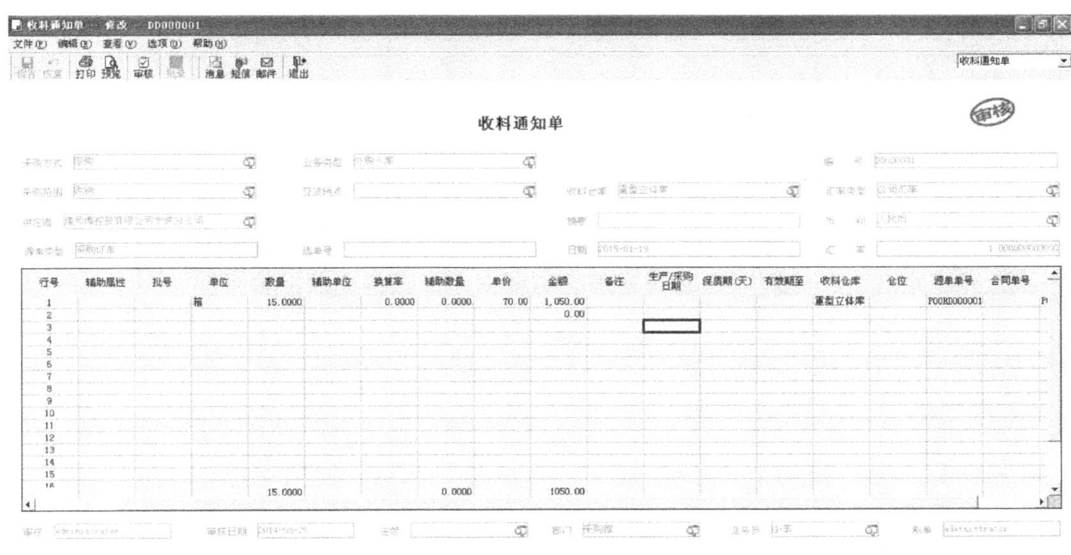

图 3-2-3

4. 外购入库单

外购入库单，又称收货单、验收入库单等，是确认货物入库的书面证明。

外购入库单的生成有三种方法：一是直接输入保存生成；二是通过外购入

库单中【源单类型】【收料通知单号】关联相应的收料通知单，引入数据生成；三是通过收料通知单或采购订单下推生成。

操作路径：【供应链】→【采购管理】→【外购入库】→【外购入库单—新增】→【填制单据中的相关内容】→【保存】→【审核】

单据填制：

数据项	填制要求及说明
供应商	点击 F7 或 F8 选择供应商。本案例中选择“康师傅控股有限公司宁波分公司”。
源单类型	外购入库单可以根据收料通知单、采购订单等单据生成。
选单号	关联单据的单据号。
编号	外购入库单的编号，可以自动生成，也可以手工输入修改。
收料仓库	是收到物料的仓库。本案例中为“重型立体库”。
付款日期	即采购业务的实际付款日期。本案例中为“2015 年 1 月 21 日”。
日期	即外购入库单生成的日期。本案例中为“2015 年 1 月 20 日”。
物料代码	点击 F7 或 F8 选择物料。还可以通过 Shift 或者 Ctrl 键进行批量选择。
数量、单位	实际申请的数量及单位。本案例中为“15 箱”。
金额	当输入了数量和单价后，会自动计算显示。公式：金额＝数量×单价。
部门	点击 F7 或 F8 选择所需部门后【确定】。本案例中为“仓管部”。
保管、验收、业务员	点击 F7 或 F8 选择所需职员后【确定】。本案例中均为“小赵”。
审核、审核时间	审核时会自动输入。
制单	在制单时会根据登录人员的身份自动输入。

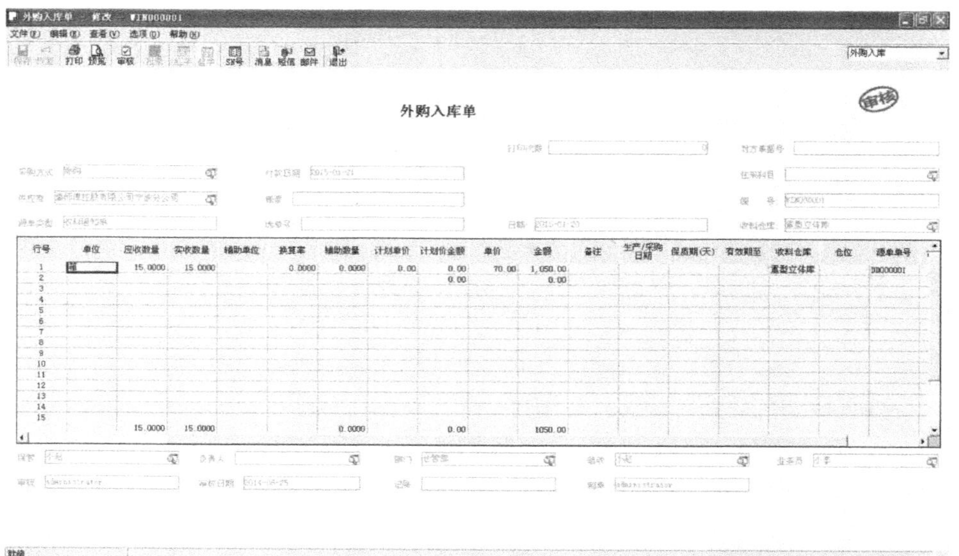

图 3-2-4

5.采购发票

采购发票是供应商开给购货单位，据以付款、记账、纳税的依据。采购发票具有业务和财务双重性质，是K/3供应链系统的核心单据之一。

【知识链接】

采购发票在形式上分为专用和普通两种。它们的区别在于专用发票涉及增值税，而普通发票不涉及。普通发票在格式上只比专用发票少了几个与增值税有关的项目，其他操作相同。

采购发票生成方式分为蓝字发票和红字发票，蓝字发票是真正的采购发票，而红字采购发票则是指退货发票。

操作路径：【供应链】→【采购管理】→【采购发票】→【采购发票—新增】→【填制单据中的相关内容】→【保存】→【审核】

单据填制：

数据项	填制要求及说明
发票号码	采购发票的编号，如果用户要求发票号码和实际收到的采购发票号码保持一致，则【单据设置】中应选择"允许手工录入"，否则用户不能修改该编号。
源单类型	采购发票可以根据外购入库单等单据生成。
选单号	关联单据的单据号。
供应商	点击F7或F8选择供应商。本案例中选择"康师傅控股有限公司宁波分公司"。
付款日期	即采购业务的实际付款日期。本案例中为"2015年1月21日"。
日期	即采购发票生成的日期。本案例中为"2015年1月21日"。
物料代码	点击F7或F8选择物料。还可以通过Shift或者Ctrl键进行批量选择。
数量	录入的是实际购买的物料数量，用户的物料入库数量要与之相符。本案例中为"15箱"。
单价	录入的单价是购买物料的实际不含税单价。
含税单价	系统会根据公式"含税单价＝单价＋单价×常用税率"自动计算。
金额	当输入了数量和单价后，系统会自动计算显示。这里显示的金额是不含税金额。
税率	可以按实际输入，一般系统会自动显示，显示的是常用税率。
税额	指专用发票中的增值税税额，系统根据公式：数量×含税单价×(1－折扣率)/(1＋税率)×税率计算得出，用户可以修改。
应计成本费用	是指在采购过程中发生的并可以计入物料成本的费用，按实际情况输入，在将来确定入库成本时会用到。
不计成本费用	是指在采购过程中发生的不可以计入物料成本的费用，按实际情况输入，凭证制作时一般直接挂往来款或付现。
部门	点击F7或F8选择所需部门后【确定】。本案例中为"财务部"。
业务员	点击F7或F8选择所需职员后【确定】。本案例中为"小张"。
审核、审核时间	审核时会自动输入。
制单	在制单时会根据登录人员的身份自动输入。

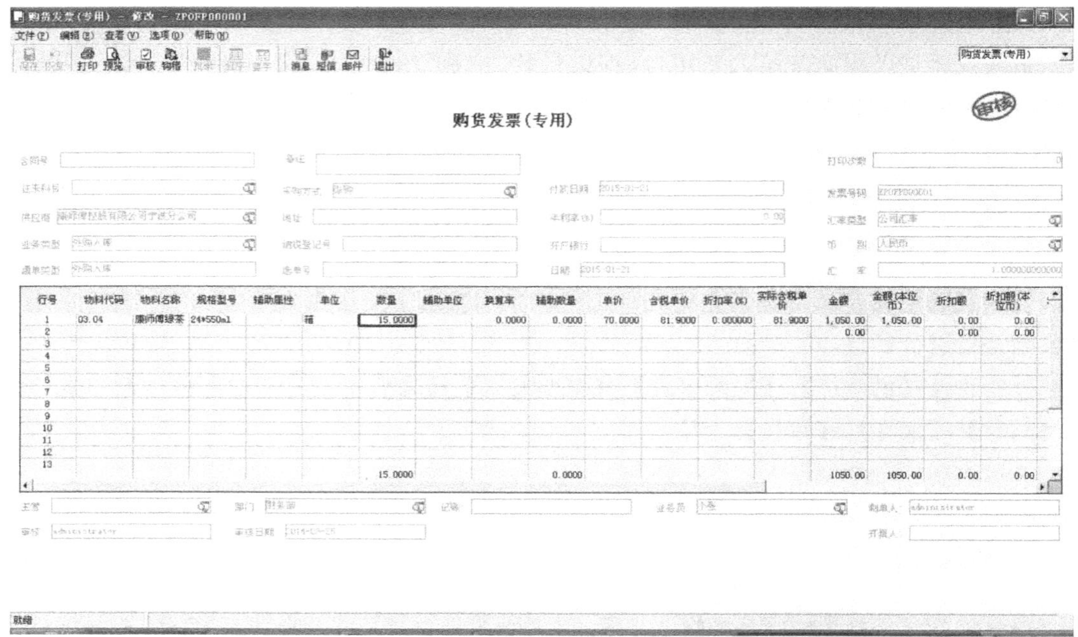

图 3-2-5

6. 采购发票钩稽

采购发票的钩稽具有特殊性，其实际意义是采购发票和外购入库单的核对，钩稽的主要作用是进行实际成本的匹配确认，最后通过外购入库核算后，使外购入库单的成本与采购发票保持一致。无论是本期或以前期间的发票，钩稽后都作为钩稽当期发票来计算成本。

【操作步骤】

1. 通过【供应链】→【采购管理】→【采购发票】→【采购发票—维护】，单击进入采购发票过滤窗口。

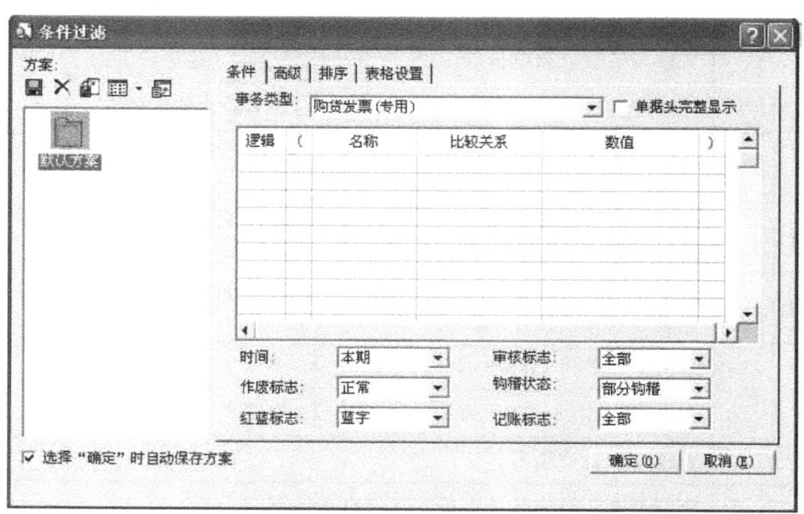

图 3-2-6

2.在过滤窗口中选择全部发票,单击【确定】,进入【采购发票序时簿】。

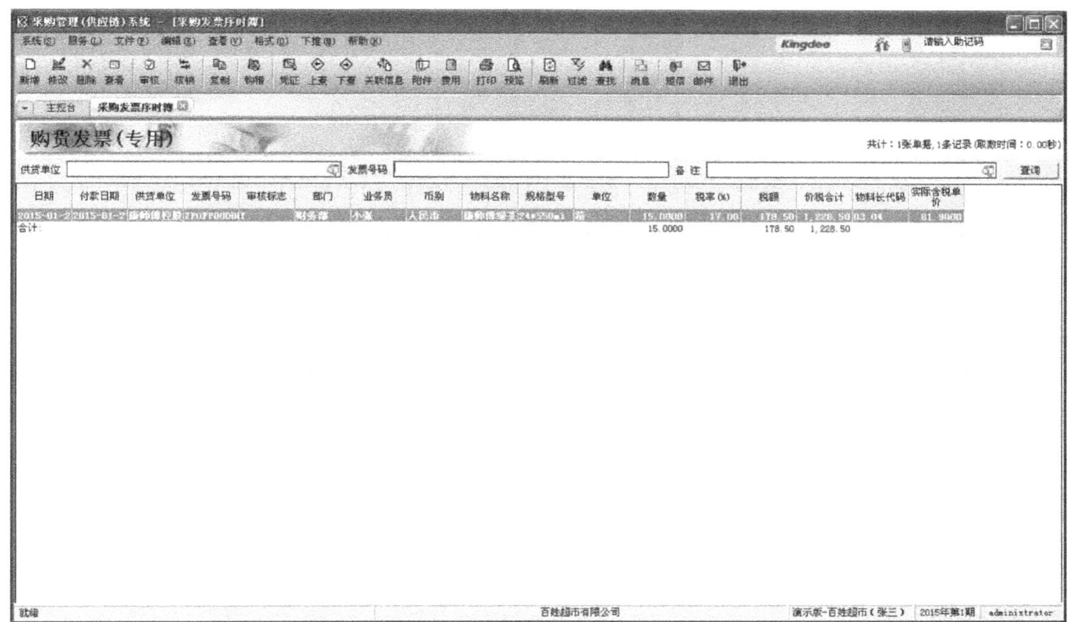

图 3-2-7

3.在【采购发票序时簿】中选择一张需要钩稽的发票,单击【钩稽】,进入“采购发票钩稽”窗口。

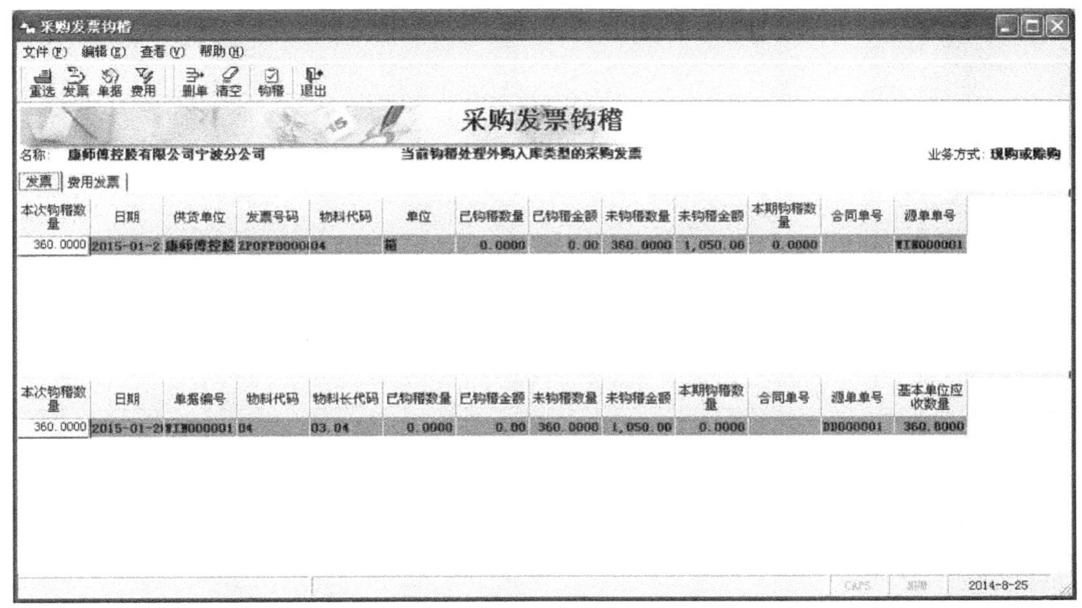

图 3-2-8

4.在“采购发票钩稽”窗口中选择对应钩稽的采购发票和外购入库单,单击【钩稽】,系统提示成功。

图 3-2-9

5. 所有单据钩稽完毕后，可以通过【供应链】→【采购管理】→【采购发票】→【采购发票—钩稽日志】查看钩稽信息。

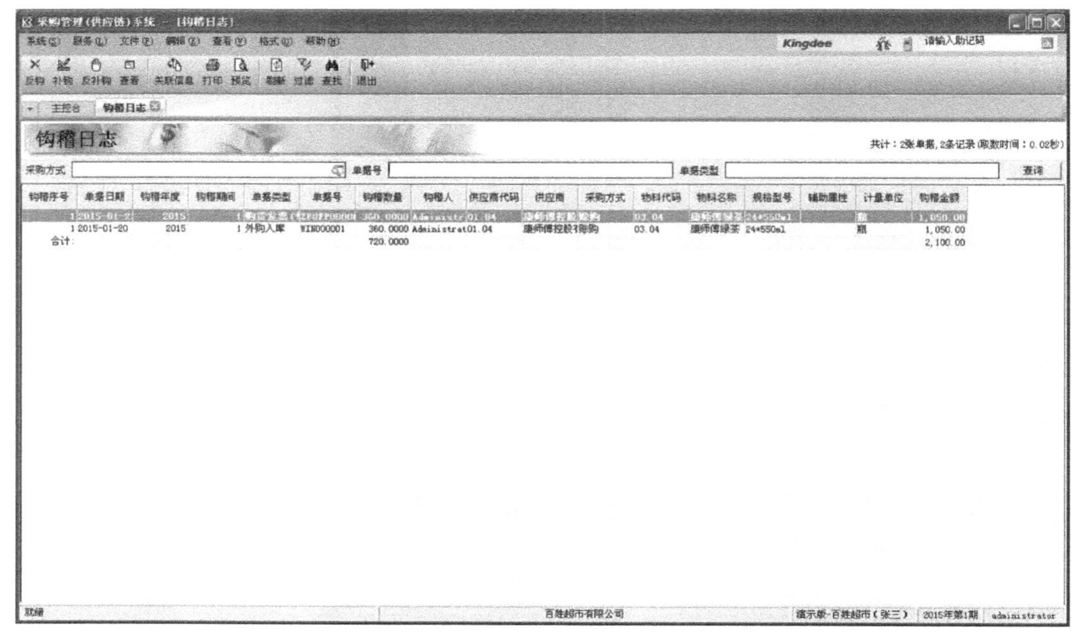

图 3-2-10

【随堂考核】

案例

采购部小李	2015 年 1 月 15 日百姓超市向宁波得力文化用品有限公司购买得力回形针 500 盒，拟采购单价为 1 元(不含税)，并约定 2015 年 1 月 18 日到货，通知仓管人员准备收货。
仓管部小赵	1 月 18 日收到宁波得力文化用品有限公司送来的 500 盒得力回形针，当日入货架库。
财务部小张	1 月 20 日收到宁波得力文化用品有限公司开来的增值税发票，金额为 500 元，税额为 85 元。

【考核评价】

常用采购业务评分表

流程	评　分　项　目	分值	得分	备注
采购申请单	使用部门□　源单类型□　物料代码□ 数量□　单位□　申请人□	6 分		
采购订单	供应商□　源单类型□　结算日期□ 日期□　物料代码□　数量□ 单位□　单价□　部门□ 业务员□	10 分		
收料通知单	供应商□　源单类型□　收料仓库□ 日期□　物料代码□　数量□ 单位□　单价□　部门□ 业务员□	10 分		
外购入库单	供应商□　源单类型□　收料仓库□ 付款日期□　日期□　物料代码□ 数量□　单位□　部门□ 保管□　验收□　业务员□	12 分		
采购发票	发票号码□　源单类型□　供应商□ 付款日期□　日期□　物料代码□ 数量□　单价□　部门□ 业务员□	10 分		
采购发票钩稽	钩稽□	2 分		
操作质量总分：		50 分		
操作速度总分(正常耗时)：				
本项目总成绩：				

注：操作时间为 20 分钟。20 分钟以内得 50 分，超出时间以 2 分/分钟进行扣分。

【课后作业】

1. 阐述常用采购业务的特点及操作流程。
2. 简述采购订单的定义及生成方式。
3. 采购发票从形式上可分为哪两种，两者有何区别？

任务二　单先到货后到采购业务

【实训目标】

学生能够掌握单先到货后到采购业务的基本流程，并完成采购申请单、采购订单、收料通知单、外购入库单、采购发票等单据的填写和处理，以及发票钩稽的含义和操作。

【任务说明】

单先到货后到采购业务也是企业中常见的一种采购业务。其业务的特点为单先到货后到，一般企业在货物不到时是不付款的，此时企业可以将该发票暂放，等货到后一起处理。单据操作流程为【采购申请单】→【采购订单】→【采购发票】→【收料通知单】→【外购入库单】。其中采购申请单和采购订单，用户单位如果没有这些程序，则可以不操作。

【实训内容】

案例

采购部小李	2015 年 1 月 22 日百姓超市向高露洁棕榄(中国)有限公司上海分公司采购高露洁草本萃爽牙膏(代码为 01.01)300 支，拟采购单价为 5 元(不含税)。双方约定 2015 年 1 月 25 日到货，通知仓管人员准备收货。
财务部小张	2015 年 1 月 23 日收到高露洁棕榄(中国)有限公司上海分公司开来的增值税发票，金额为 1500 元，税额为 255 元。
仓管部小赵	2015 年 1 月 25 日货到，当日采购部通知仓管部入货架库。

【操作步骤】

1. 采购申请单

操作路径：【供应链】→【采购管理】→【采购申请】→【采购申请单—新增】→【填制单据中的相关内容】→【保存】→【审核】

单据填制：

数据项	填制要求及说明
使用部门	即申请采购的部门，可以点击 F7 或 F8 选择部门。本案例中选择“采购部”。
源单类型	指关联其他单据生成记录时，被关联单据的类型。采购申请单可以根据销售订单生成。许多企业的投产是根据销售订单来控制的，所以采购申请可以根据销售订单来确定物料及数量。本案例中，百姓超市未根据销售订单确定投产，因此无须填制此项。
选单号	关联单据的单据号。此案例中不存在。
编号	采购申请单的编号，可以自动生成，也可以手工输入修改。
日期	即采购申请单生成的日期。本案例中为“2015 年 1 月 22 日”。
物料代码	点击 F7 或 F8 选择物料。还可以通过 Shift 或者 Ctrl 键进行批量选择。
数量、单位	实际申请的数量及单位。案例中为“300 支”。
申请人	点击 F7 或 F8 选择所需职员后【确定】。本案例中为“小李”。
审核、审核时间	审核时会自动输入。
制单	在制单时会根据登录人员的身份自动输入。

图 3-2-11

2. 采购订单

操作路径:【供应链】→【采购管理】→【采购订单】→【采购订单—新增】→【填制单据中的相关内容】→【保存】→【审核】

单据填制:

数据项	填制要求及说明
供应商	点击 F7 或 F8 选择供应商。本案例中选择“高露洁棕榄(中国)有限公司上海分公司”。
源单类型	采购订单可以根据采购申请单等单据生成。
选单号	关联单据的单据号。
编号	采购订单的编号,可以自动生成,也可以手工输入修改。
结算日期	即采购业务的财务结算日期。本案例中为“2015 年 1 月 25 日”。
日期	即采购订单生成的日期。本案例中为“2015 年 1 月 22 日”。
物料代码	点击 F7 或 F8 选择物料。还可以通过 Shift 或者 Ctrl 键进行批量选择。
数量、单位	实际申请的数量及单位。案例中为“300 支”。
单价	采购单价即企业进行采购业务时,通过某种方式与供应商之间确定的所需采购物品的价格。本案例中为“5 元”。
金额	当输入了数量和单价后,会自动计算显示。公式:金额=数量×单价。
部门	点击 F7 或 F8 选择所需部门后【确定】。本案例中为“采购部”。
业务员	点击 F7 或 F8 选择所需职员后【确定】。本案例中为“小李”。

续 表

数据项	填制要求及说明
审核、审核时间	审核时会自动输入。
制单	在制单时会根据登录人员的身份自动输入。

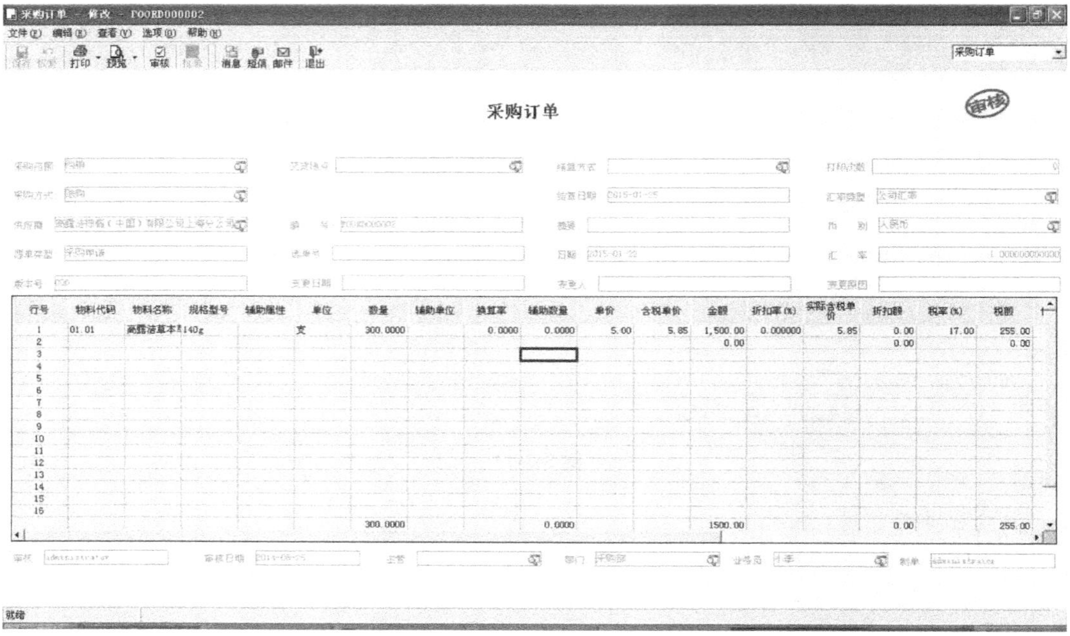

图 3-2-12

3. 采购发票

操作路径:【供应链】→【采购管理】→【采购发票】→【采购发票—新增】→【填制单据中的相关内容】→【保存】→【审核】

单据填制:

数据项	填制要求及说明
发票号码	采购发票的编号,如果用户要求发票号码和实际收到的采购发票号码保持一致,则【单据设置】中应选择"允许手工录入",否则用户不能修改该编号。
源单类型	采购发票可以根据外购入库单等单据生成。
选单号	关联单据的单据号。
供应商	点击 F7 或 F8 选择供应商。本案例中选择"高露洁棕榄(中国)有限公司上海分公司"。
付款日期	即采购业务的实际付款日期。本案例中为"2015 年 1 月 25 日"。
日期	即采购发票生成的日期。本案例中为"2015 年 1 月 23 日"。
物料代码	点击 F7 或 F8 选择物料。还可以通过 Shift 或者 Ctrl 键进行批量选择。

续　表

数据项	填制要求及说明
数量	录入的是实际购买的物料数量，用户的物料入库数量要与之相符。本案例中为“300 支”。
单价	录入的单价是购买物料的实际不含税单价。本案例中为“5 元”。
含税单价	系统会根据公式“含税单价＝单价＋单价×常用税率”自动计算。
金额	当输入了数量和单价后，系统会自动计算显示。这里显示的金额是不含税金额。
税率	可以按实际输入，一般系统会自动显示，显示的是常用税率。
税额	指专用发票中的增值税税额，系统根据公式：数量×含税单价×(1－折扣率)/(1＋税率)×税率计算得出，用户可以修改。
应计成本费用	是指在采购过程中发生的并可以计入物料成本的费用，按实际情况输入，在将来确定入库成本时会用到。
不计成本费用	是指在采购过程中发生的不可以计入物料成本的费用，按实际情况输入，凭证制作时一般直接挂往来款或付现。
部门	点击 F7 或 F8 选择所需部门后【确定】。本案例中为“财务部”。
业务员	点击 F7 或 F8 选择所需职员后【确定】。本案例中为“小张”。
审核、审核时间	审核时会自动输入。
制单	在制单时会根据登录人员的身份自动输入。

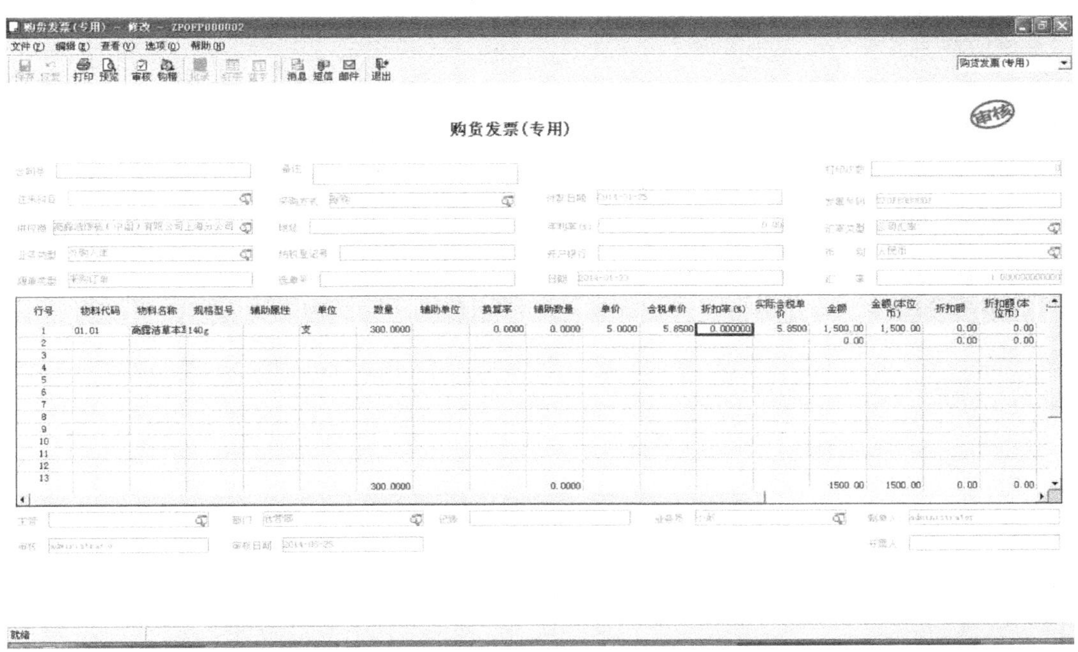

图 3-2-13

4. 收料通知单

操作路径：【供应链】→【采购管理】→【收料通知】→【收料通知单—新增】→【填制单据中的相关内容】→【保存】→【审核】

单据填制：

数据项	填制要求及说明
供应商	点击 F7 或 F8 选择供应商。本案例中选择“高露洁棕榄(中国)有限公司上海分公司”。
源单类型	收料通知单可以根据采购订单等单据生成。
选单号	关联单据的单据号。
编号	收料通知单的编号，可以自动生成，也可以手工输入修改。
收料仓库	是收到物料的仓库。本案例中为“货架库”。
日期	即收料通知单生成的日期。本案例中为“2015 年 1 月 25 日”。
物料代码	点击 F7 或 F8 选择物料。还可以通过 Shift 或者 Ctrl 键进行批量选择。
数量、单位	实际申请的数量及单位。本案例中为“300 支”。
金额	当输入了数量和单价后，会自动计算显示。公式：金额＝数量×单价。
部门	点击 F7 或 F8 选择所需部门后【确定】。本案例中为“采购部”。
业务员	点击 F7 或 F8 选择所需职员后【确定】。本案例中为“小李”。
审核、审核时间	审核时会自动输入。
制单	在制单时会根据登录人员的身份自动输入。

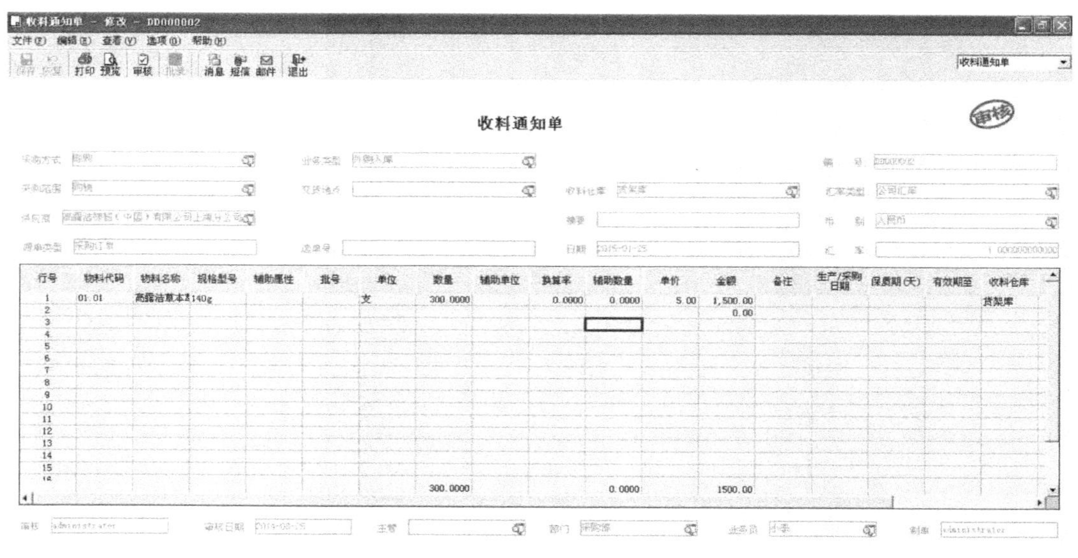

图 3-2-14

5. 外购入库单

操作路径：【供应链】→【采购管理】→【外购入库】→【外购入库单—新增】→【填制单据中的相关内容】→【保存】→【审核】

单据填制：

数据项	填制要求及说明
供应商	点击 F7 或 F8 选择供应商。本案例中选择“高露洁棕榄(中国)有限公司上海分公司”。
源单类型	外购入库单可以根据收料通知单、采购订单等单据生成。
选单号	关联单据的单据号。
编号	外购入库单的编号，可以自动生成，也可以手工输入修改。
收料仓库	是收到物料的仓库。本案例中为“货架库”。
付款日期	即采购业务的实际付款日期。本案例中为“2015 年 1 月 25 日”。
日期	即外购入库单生成的日期。本案例中为“2015 年 1 月 25 日”。
物料代码	点击 F7 或 F8 选择物料。还可以通过 Shift 或者 Ctrl 键进行批量选择。
数量、单位	实际申请的数量及单位。本案例中为“300 支”。
金额	当输入了数量和单价后，会自动计算显示。公式：金额＝数量×单价。
部门	点击 F7 或 F8 选择所需部门后【确定】。本案例中为“仓管部”。
保管、验收、业务员	点击 F7 或 F8 选择所需职员后【确定】。本案例中均为“小赵”。
审核、审核时间	审核时会自动输入
制单	在制单时会根据登录人员的身份自动输入

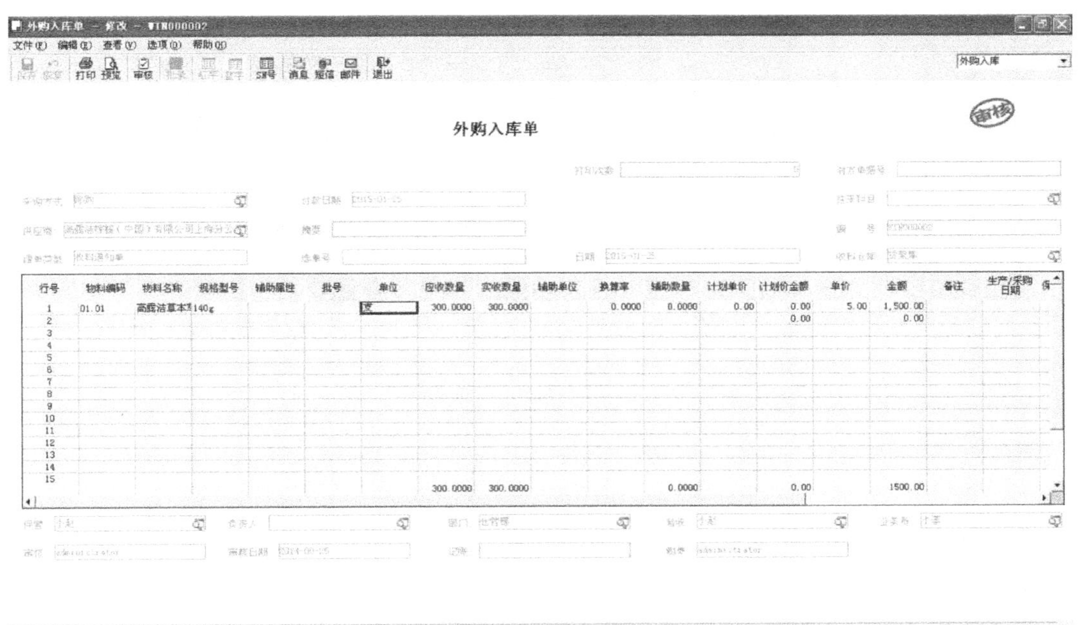

图 3-2-15

6. 钩稽外购入库单和采购发票

操作路径：【供应链】→【采购管理】→【采购发票】→【采购发票—维护】→【选择需要钩稽

的发票】→【点击“钩稽”键进入】→【选择对应的发票和入库单】→【再次点击“钩稽”键】。

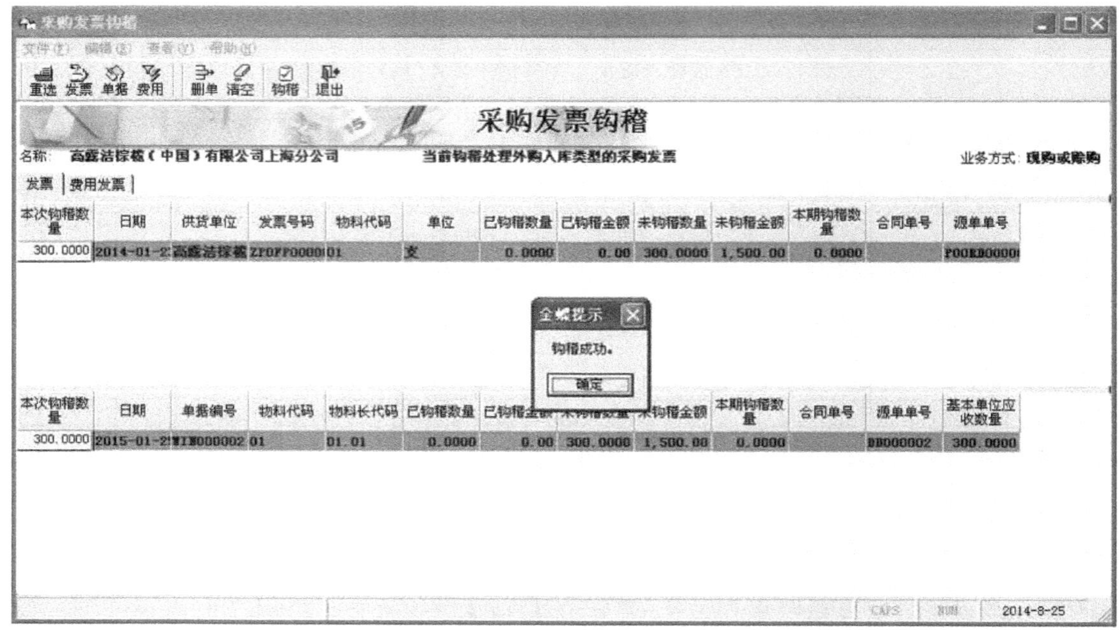

图 3-2-16

单据钩稽完毕后，可以通过【供应链】→【采购管理】→【采购发票】→【采购发票—钩稽日志】查看钩稽信息。

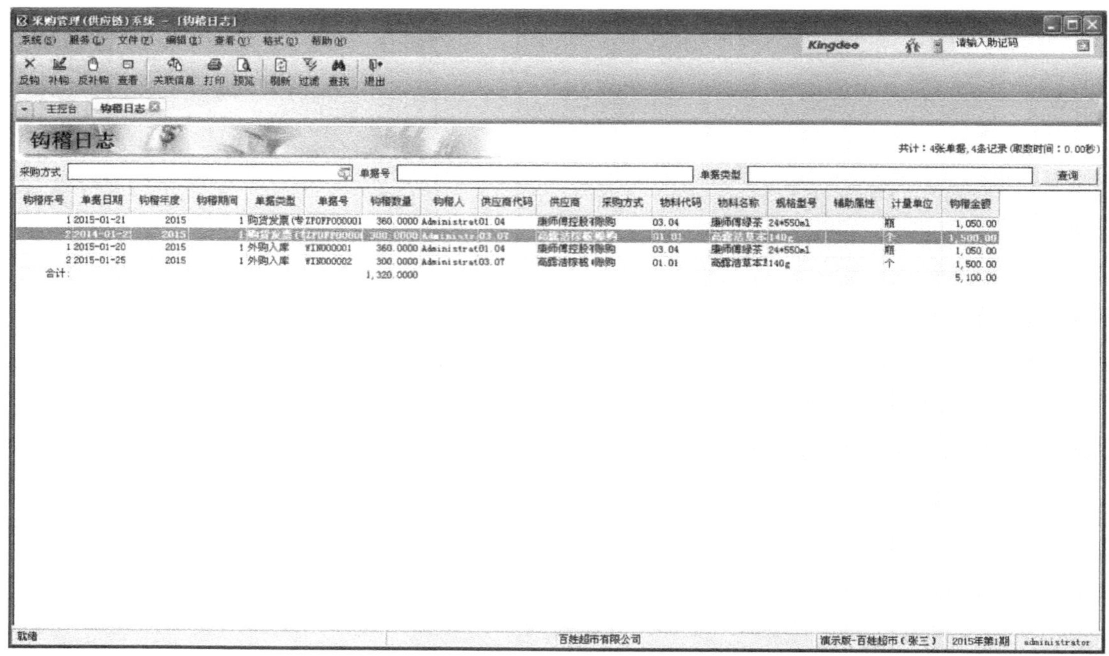

图 3-2-17

【随堂考核】

案例

采购部小李	2015年1月23日百姓超市向宁波广博公司采购广博图钉600盒，拟采购单价为1元(不含税)。双方约定2015年1月26日到货，通知仓管人员准备收货。
财务部小张	2015年1月24日收到宁波广博公司开来的增值税发票，金额为600元，税额为102元。
仓管部小赵	2015年1月26日货到，当日采购部通知仓管部入货架库。

【考核评价】

常用采购业务评分表

流程	评分项目	分值	得分	备注
采购申请单	使用部门□　源单类型□　物料代码□ 数量□　单位□　申请人□	6分		
采购订单	供应商□　源单类型□　结算日期□ 日期□　物料代码□　数量□ 单位□　单价□　部门□ 业务员□	10分		
采购发票	发票号码□　源单类型□　供应商□ 付款日期□　日期□　物料代码□ 数量□　单价□　部门□ 业务员□	10分		
收料通知单	供应商□　源单类型□　收料仓库□ 日期□　物料代码□　数量□ 单位□　单价□　部门□ 业务员□	10分		
外购入库单	供应商□　源单类型□　收料仓库□ 付款日期□　日期□　物料代码□ 数量□　单位□　部门□ 保管□　验收□　业务员□	12分		
采购发票钩稽	钩稽□	2分		
操作质量总分：		50分		
操作速度总分(正常耗时)：				
本项目总成绩：				

注：操作时间为20分钟。20分钟以内得50分，超出时间以2分/分钟进行扣分。

【课后作业】

1. 请简述采购发票钩稽的意义和作用。
2. 请简述单先到货后到采购业务的特点及操作流程。

任务三　暂估入库采购业务

【实训目标】

学生能够掌握暂估入库采购业务的基本流程,并完成采购申请单、采购订单、收料通知单、外购入库单等单据的填写和处理。

【任务说明】

暂估入库采购业务的特点是货先到采购发票后到。仓库先收到了货物,仓库先入库;后收到发票,财务才入账。所以在发票到达前实际的仓库账与财务账是有差异的。单据操作流程为【采购申请单】→【采购订单】→【收料通知单】→【外购入库单】→【采购发票(下月做)】。采购发票在当月无法到达,发票单据和货物的处理不在同一个会计期间内。因此暂估入库采购业务的发票当月不予处理。

【实训内容】

案例

采购部小李	2015 年 1 月 25 日百姓超市向杭州娃哈哈有限公司购买娃哈哈矿泉水(代码为 03.11)100 箱,拟采购单价为 40 元(不含税)。双方约定 2015 年 1 月 28 日到货,由采购部通知仓管部准备收货。
仓管部小赵	2015 年 1 月 28 日收到杭州娃哈哈有限公司送来的 100 箱娃哈哈矿泉水,当日入重型立体库。
财务部小张	2015 年 2 月初收到杭州娃哈哈有限公司开来的增值税发票。

【操作步骤】

1. 采购申请单

操作路径:【供应链】→【采购管理】→【采购申请】→【采购申请单—新增】→【填制单据中的相关内容】→【保存】→【审核】

单据填制:

数据项	填制要求及说明
使用部门	即申请采购的部门,可以点击 F7 或 F8 选择部门。本案例中选择"采购部"。
源单类型	指关联其他单据生成记录时,被关联单据的类型。采购申请单可以根据销售订单生成。许多企业的投产是根据销售订单来控制的,所以采购申请可以根据销售订单来确定物料及数量。本案例中,百姓超市未根据销售订单确定投产,因此无须填制此项。
选单号	关联单据的单据号。此案例中不存在。
编号	采购申请单的编号,可以自动生成,也可以手工输入修改。
物料代码	点击 F7 或 F8 选择物料。还可以通过 Shift 或者 Ctrl 键进行批量选择。

续　表

数据项	填制要求及说明
数量、单位	实际申请的数量及单位。本案例中为“100 箱”。
申请人	点击 F7 或 F8 选择所需职员后【确定】。本案例中为“小李”。
审核、审核时间	审核时会自动输入。
制单	在制单时会根据登录人员的身份自动输入。

图 3-2-18

2. 采购订单

操作路径:【供应链】→【采购管理】→【采购订单】→【采购订单—新增】→【填制单据中的相关内容】→【保存】→【审核】

单据填制：

数据项	填制要求及说明
供应商	点击 F7 或 F8 选择供应商。本案例中选择“杭州娃哈哈有限公司”。
源单类型	采购订单可以根据采购申请单等单据生成。
选单号	关联单据的单据号。
编号	采购订单的编号,可以自动生成,也可以手工输入修改。
结算日期	即采购业务的财务结算日期。本案例中为“2015 年 1 月 28 日”。
日期	即采购订单生成的日期。本案例中为“2015 年 1 月 25 日”。
物料代码	点击 F7 或 F8 选择物料。还可以通过 Shift 或者 Ctrl 键进行批量选择。

续 表

数据项	填制要求及说明
数量、单位	实际申请的数量及单位。本案例中为“100 箱”。
单价	采购单价即企业进行采购业务时，通过某种方式向供应商确定的所需采购物品的价格。本案例中为“40 元”。
金额	当输入了数量和单价后，会自动计算显示。公式：金额＝数量×单价。
部门	点击 F7 或 F8 选择所需部门后【确定】。本案例中为“采购部”。
业务员	点击 F7 或 F8 选择所需职员后【确定】。本案例中为“小李”。
审核、审核时间	审核时会自动输入。
制单	在制单时会根据登录人员的身份自动输入。

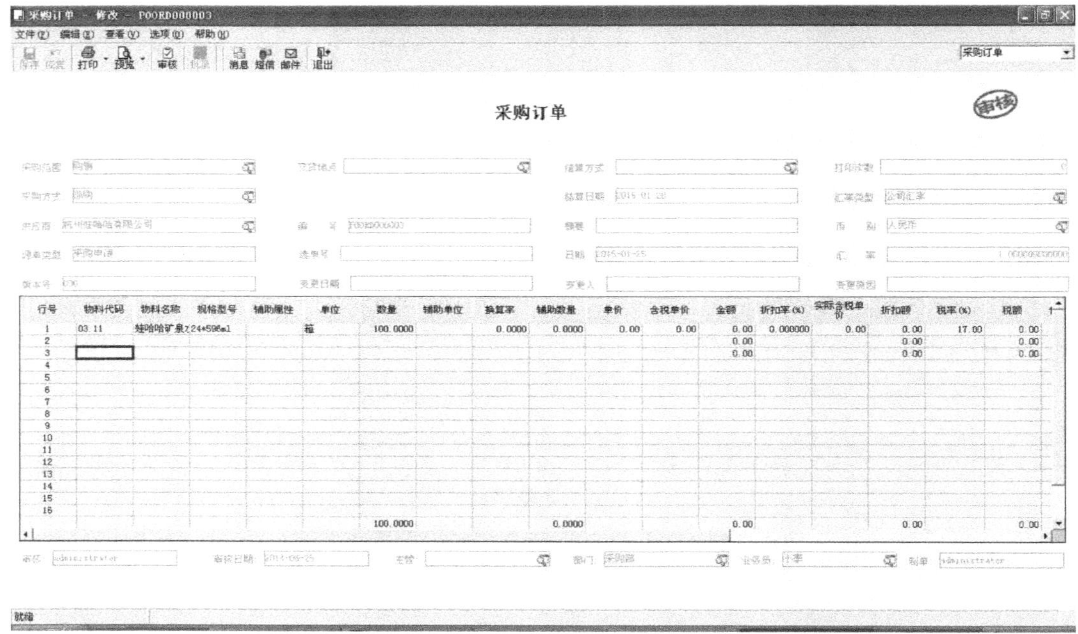

图 3-2-19

3. 收料通知单

操作路径：【供应链】→【采购管理】→【收料通知】→【收料通知单—新增】→【填制单据中的相关内容】→【保存】→【审核】

单据填制：

数据项	填制要求及说明
供应商	点击 F7 或 F8 选择供应商。本案例中选择“杭州娃哈哈有限公司”。
源单类型	收料通知单可以根据采购订单等单据生成。
选单号	关联单据的单据号。

续　表

数据项	填制要求及说明
编号	收料通知单的编号，可以自动生成，也可以手工输入修改。
收料仓库	是收到物料的仓库。本案例中为“重型立体库”。
日期	即收料通知单生成的日期。本案例中为“2015 年 1 月 28 日”。
物料代码	点击 F7 或 F8 选择物料。还可以通过 Shift 或者 Ctrl 键进行批量选择。
数量、单位	实际申请的数量及单位。本案例中为“100 箱”。
金额	当输入了数量和单价后，会自动计算显示。公式：金额＝数量×单价。
部门	点击 F7 或 F8 选择所需部门后【确定】。本案例中为“采购部”。
业务员	点击 F7 或 F8 选择所需职员后【确定】。本案例中为“小李”。
审核、审核时间	审核时会自动输入。
制单	在制单时会根据登录人员的身份自动输入。

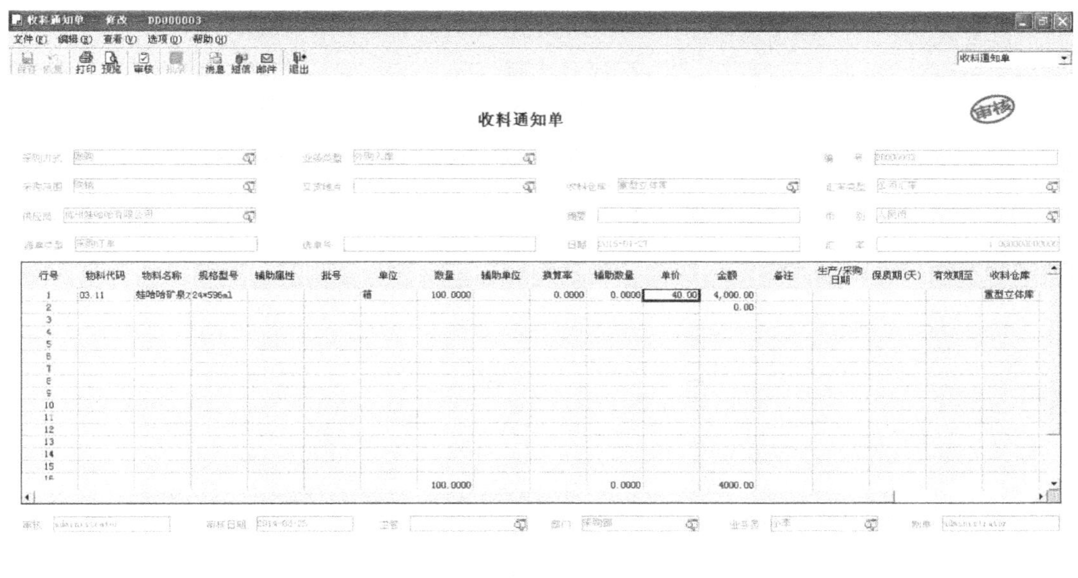

图 3-2-20

4. 外购入库单

操作路径：【供应链】→【采购管理】→【外购入库】→【外购入库单—新增】→【填制单据中的相关内容】→【保存】→【审核】

单据填制：

数据项	填制要求及说明
供应商	点击 F7 或 F8 选择供应商。本案例中选择“杭州娃哈哈有限公司”。

续 表

数据项	填制要求及说明
源单类型	外购入库单可以根据收料通知单、采购订单等单据生成。
选单号	关联单据的单据号。
编号	外购入库单的编号,可以自动生成,也可以手工输入修改。
收料仓库	是收到物料的仓库。本案例中为“重型立体库”。
付款日期	即采购业务的实际付款日期。本案例中为“2015 年 1 月 28 日”。
日期	即外购入库单生成的日期。本案例中为“2015 年 1 月 28 日”。
物料代码	点击 F7 或 F8 选择物料。还可以通过 Shift 或者 Ctrl 键进行批量选择。
数量、单位	实际申请的数量及单位。本案例中为“100 箱”。
金额	当输入了数量和单价后,会自动计算显示。公式:金额＝数量×单价。
部门	点击 F7 或 F8 选择所需部门后【确定】。本案例中为“仓管部”。
保管、验收、业务员	点击 F7 或 F8 选择所需职员后【确定】。本案例中均为“小赵”。
审核、审核时间	审核时会自动输入。
制单	在制单时会根据登录人员的身份自动输入。

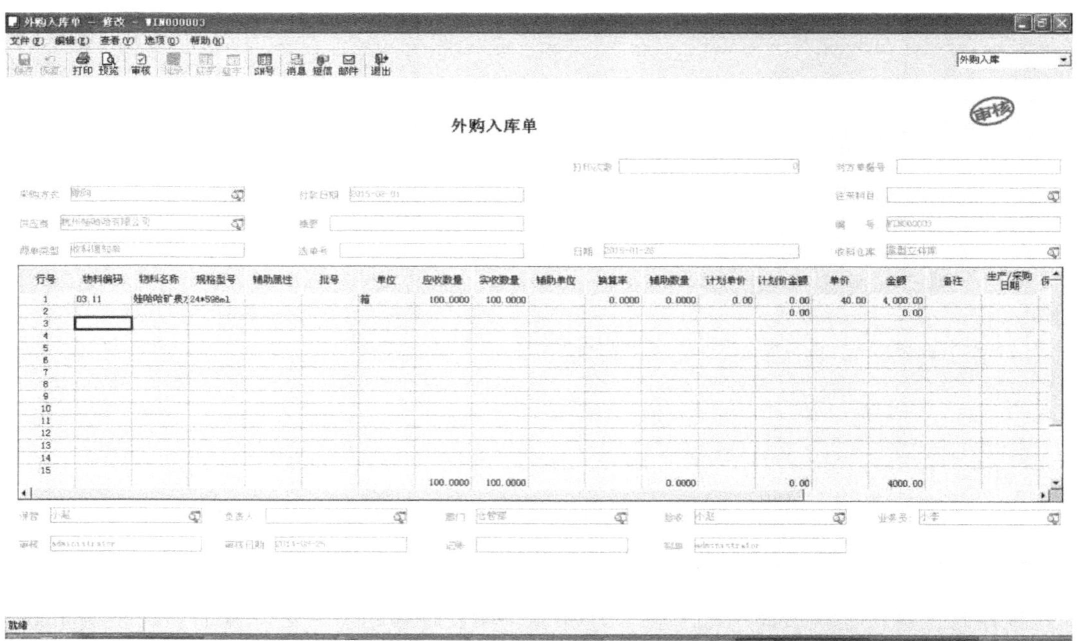

图 3-2-21

【随堂考核】

案例

采购部小李	2015 年 1 月 26 日百姓超市向纳爱斯集团杭州分公司购买李字牌蚊香(檀香味)300 盒，拟采购单价为 2 元(不含税)。双方约定 2015 年 1 月 29 日到货，由采购部通知仓管部准备收货。
仓管部小赵	2015 年 1 月 29 日收到纳爱斯集团杭州分公司送来的 300 盒李字牌蚊香(檀香味)，当日入货架库。
财务部小张	2015 年 2 月初才收到纳爱斯集团杭州分公司开来的增值税发票。

【考核评价】

常用采购业务评分表

流程	评分项目	分值	得分	备注
采购申请单	使用部门□　源单类型□　物料代码□ 数量□　单位□　申请人□	12 分		
采购订单	供应商□　源单类型□　结算日期□ 日期□　物料代码□　数量□ 单位□　单价□　部门□ 业务员□	12 分		
收料通知单	供应商□　源单类型□　收料仓库□ 日期□　物料代码□　数量□ 单位□　单价□　部门□ 业务员□	13 分		
外购入库单	供应商□　源单类型□　收料仓库□ 付款日期□　日期□　物料代码□ 数量□　单位□　部门□ 保管□　验收□　业务员□	13 分		
操作质量总分：		50 分		
操作速度总分(正常耗时)：				
本项目总成绩：				

注：操作时间为 20 分钟。20 分钟以内得 50 分，超出时间以 2 分/分钟进行扣分。

【课后作业】

1. 请简述暂估入库采购业务的特点及操作流程。
2. 请简述收料通知单的定义及生成方式。
3. 请简述外购入库单的定义及生成方式。

任务四　退货业务

【实训目标】

学生能够掌握退货采购业务的基本流程，并完成退料通知单、红字外购入库单、红字采购发票、退货单等单据的填写和处理。

【任务说明】

退货采购业务是企业中常见的一种业务。特点一般是先退货，然后供应商再开发票。单据操作流程为【退料通知单】→【红字外购入库单】→【红字采购发票】→【退款单】。退款单不在采购系统中处理。

【实训内容】

案例

仓管部小赵	2015 年 1 月 25 日发现 19 日向康师傅控股有限公司宁波分公司采购的 15 箱单价为 70 元的康师傅绿茶中有 2 箱存在质量问题，当即决定从重型立体库退货。
财务部小张	1 月 26 日收到康师傅控股有限公司宁波分公司开来的红字增值税发票。

【操作步骤】

1. 退料通知单

退料通知单是处理由于质量不合格、价格不正确等因素或与采购订单或合同的相关条款不相符等原因，需要退回给供货单位做退货处理的业务单据，是收料通知单的反向操作单据。

操作路径：【供应链】→【采购管理】→【退料通知】→【退料通知单—新增】→【填制单据中的相关内容】→【保存】→【审核】

单据填制：

数据项	填制要求及说明
供应商	点击 F7 或 F8 选择供应商。本案例中选择“康师傅控股有限公司宁波分公司”。
源单类型	指关联其他单据生成记录时，被关联单据的类型。采购申请单可以根据销售订单生成。许多企业的投产是根据销售订单来控制的，所以采购申请可以根据销售订单来确定物料及数量。本案例中，百姓超市未根据销售订单确定投产，因此无须填制此项。
选单号	关联单据的单据号。此案例中不存在。
编号	采购申请单的编号，可以自动生成，也可以手工输入修改。
退料原因	即货物退回的原因。此案例中为“有质量问题”。
退料仓库	即货物退回的仓库。此案例中为“重型立体库”。
日期	即货物退回的日期。此案例中为“2015 年 1 月 25 日”。

续　表

数据项	填制要求及说明
物料代码	点击 F7 或 F8 选择物料。还可以通过 Shift 或者 Ctrl 键进行批量选择。
数量、单位	实际申请的数量及单位。本案例中为"2 箱"。
部门	点击 F7 或 F8 选择所需部门后【确定】。本案例中为"仓管部"。
业务员	点击 F7 或 F8 选择所需职员后【确定】。本案例中为"小赵"。
审核、审核时间	审核时会自动输入。
制单	在制单时会根据登录人员的身份自动输入。

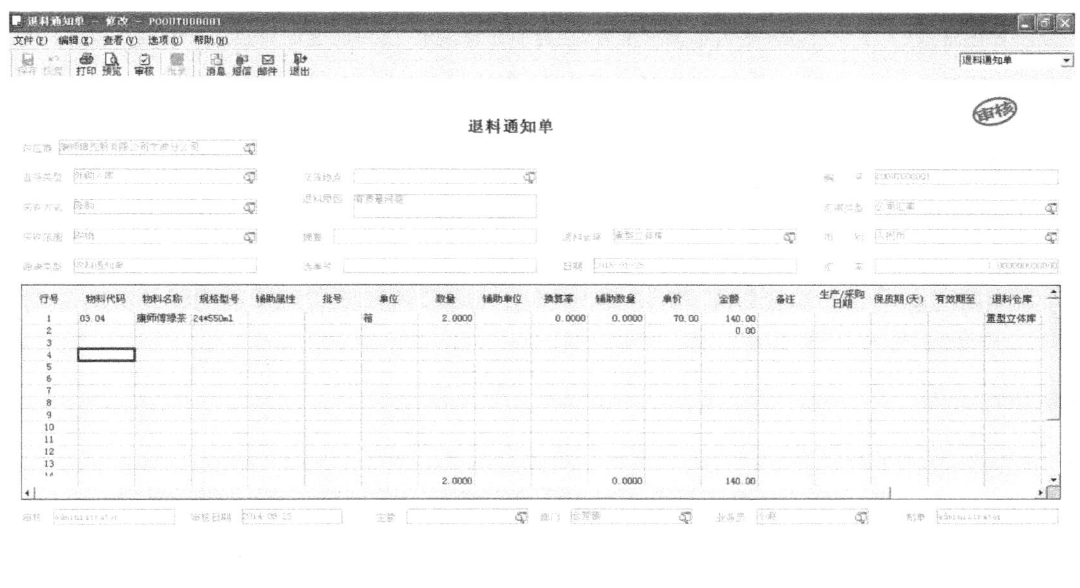

图 3-2-22

【知识链接】

退料通知单除上述方法外，还可以通过关联原收料通知单获取，但注意要更改退料数量。

2. 红字外购入库单

操作路径：【供应链】→【采购管理】→【外购入库】→【外购入库单—新增】→【点击"红字"按钮】→【填制单据中的相关内容】→【保存】→【审核】

单据填制：

数据项	填制要求及说明
供应商	点击 F7 或 F8 选择供应商。本案例中选择"康师傅控股有限公司宁波分公司"。
源单类型	红字外购入库单可以根据原收料通知单生成。

续　表

数据项	填制要求及说明
选单号	关联单据的单据号。
编号	外购入库单的编号,可以自动生成,也可以手工输入修改。
收料仓库	是收到物料的仓库。本案例中为“重型立体库”。
付款日期	即采购业务的实际付款日期。本案例中为“2015 年 1 月 26 日”。
日期	即外购入库单生成的日期。本案例中为“2015 年 1 月 25 日”。
物料代码	点击 F7 或 F8 选择物料。还可以通过 Shift 或者 Ctrl 键进行批量选择。
数量、单位	实际申请的数量及单位。本案例中为“2 箱”。
金额	当输入了数量和单价后,会自动计算显示。公式:金额＝数量×单价。
部门	点击 F7 或 F8 选择所需部门后【确定】。本案例中为“仓管部”。
保管、验收、业务员	点击 F7 或 F8 选择所需职员后【确定】。本案例中均为“小赵”。
审核、审核时间	审核时会自动输入。
制单	在制单时会根据登录人员的身份自动输入。

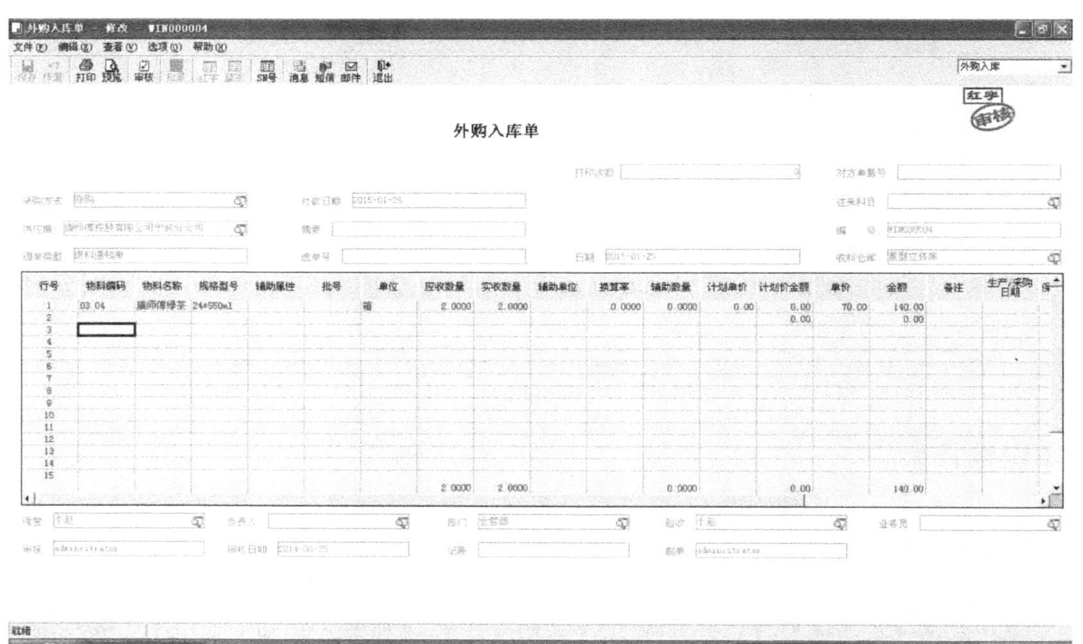

图 3-2-23

〇小贴士

红字外购入库单可以直接录入或从退货通知单中获取,还可以从原外购入库单中获取,但注意要更改退料数量。

3.红字采购发票及钩稽

操作路径:【供应链】→【采购管理】→【采购发票】→【采购发票—新增】→【点击“红字”按钮】→【填制单据中的相关内容】→【保存】→【审核】→【点击“查看”菜单中的“钩稽”选项完成钩稽】

数据项	填制要求及说明
发票号码	采购发票的编号,如果用户要求发票号码和实际收到的采购发票号码保持一致,则【单据设置】中应选择“允许手工录入”,否则用户不能修改该编号。
源单类型	红字采购发票可以根据红字外购入库单等单据生成。
选单号	关联单据的单据号。
供应商	点击 F7 或 F8 选择供应商。本案例中选择“康师傅控股有限公司宁波分公司”。
付款日期	即采购业务的实际付款日期。本案例中为“2015 年 1 月 26 日”。
日期	即采购发票生成的日期。本案例中为“2015 年 1 月 26 日”。
物料代码	点击 F7 或 F8 选择物料。还可以通过 Shift 或者 Ctrl 键进行批量选择。
数量	录入的是实际购买的物料数量,用户的物料入库数量要与之相符。本案例中为“2 箱”。
单价	录入的单价是购买物料的实际不含税单价。
含税单价	系统会根据公式“含税单价＝单价＋单价×常用税率”自动计算。
金额	当输入了数量和单价后,系统会自动计算显示。这里显示的金额是不含税金额。
税率	可以按实际输入,一般系统会自动显示,显示的是常用税率。
税额	指专用发票中的增值税税额,系统根据公式:数量×含税单价×(1－折扣率)/(1＋税率)×税率计算得出,用户可以修改。
应计成本费用	是指在采购过程中发生的并可以计入物料成本的费用,按实际情况输入,在将来确定入库成本时会用到。
不计成本费用	是指在采购过程中发生的不可以计入物料成本的费用,按实际情况输入,凭证制作时一般直接挂往来款或付现。
部门	点击 F7 或 F8 选择所需部门后【确定】。本案例中为“财务部”。
业务员	点击 F7 或 F8 选择所需职员后【确定】。本案例中为“小张”。
审核、审核时间	审核时会自动输入。
制单	在制单时会根据登录人员的身份自动输入。

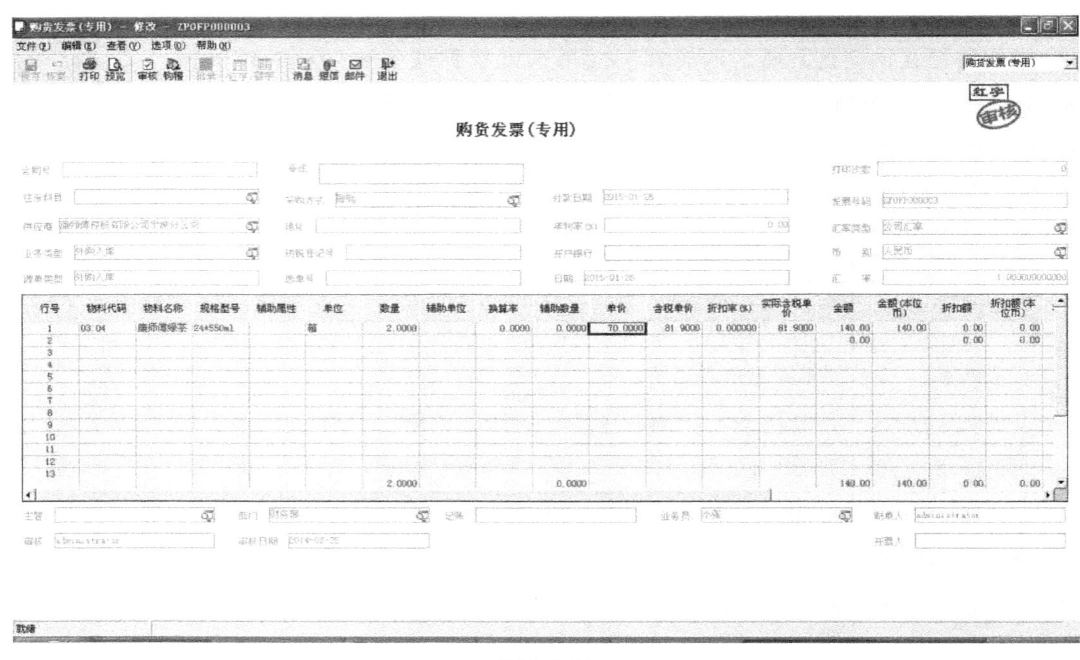

图 3-2-24

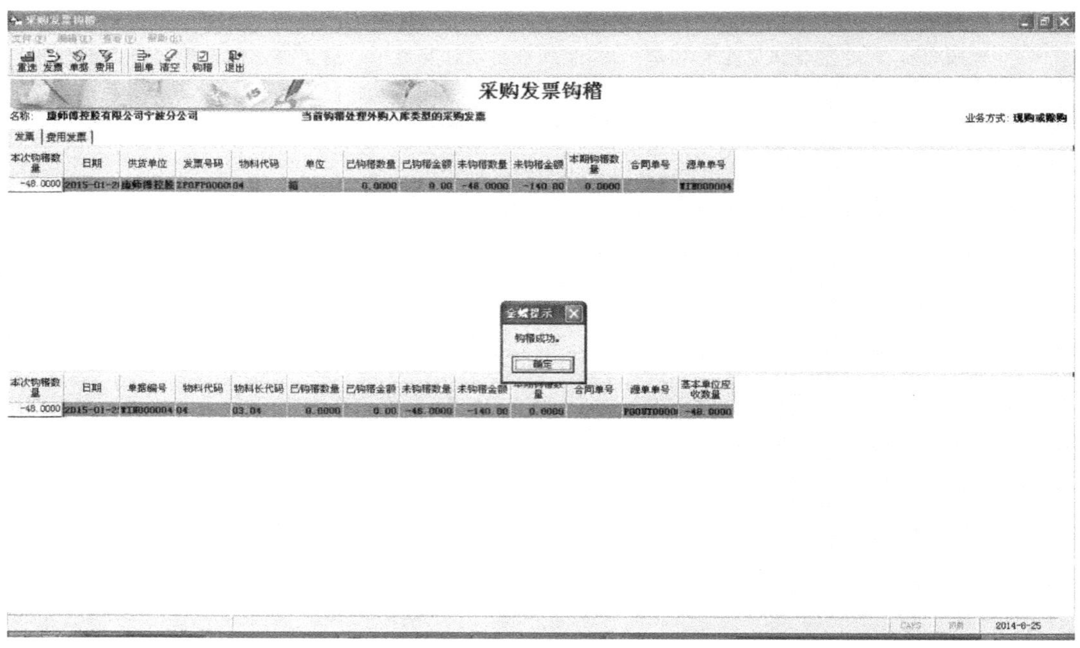

图 3-2-25

【随堂考核】

案例

仓管部小赵	2015 年 1 月 23 日发现 15 日向宁波得力文化用品有限公司采购的 500 盒单价为 1 元的得力回形针中有 17 盒存在质量问题，当即决定从货架库退货。
财务部小张	1 月 24 日收到宁波得力文化用品有限公司开来的红字增值税发票。

【考核评价】

常用采购业务评分表

流程	评分项目	分值	得分	备注
退料通知单	供应商□　源单类型□　收料仓库□ 日期□　物料代码□　数量□ 单位□　单价□　部门□ 业务员□　退料原因□	16 分		
红字外购入库单	供应商□　源单类型□　收料仓库□ 付款日期□　日期□　物料代码□ 数量□　单位□　部门□ 保管□　验收□　业务员□ 红字□	16 分		
红字采购发票	发票号码□　源单类型□　供应商□ 付款日期□　日期□　物料代码□ 数量□　单价□　部门□ 业务员□　红字□	16 分		
红字采购发票钩稽	钩稽□	2 分		
操作质量总分：		50 分		
操作速度总分(正常耗时)：				
本项目总成绩：				

注：操作时间为 20 分钟。20 分钟以内得 50 分，超出时间以 2 分/分钟进行扣分。

【课后作业】

1. 请简述退货业务的特点及操作流程。
2. 什么是退货通知单？
3. 请分别写出红字外购入库单和红字采购发票的操作路径。

模块四　供应链系统日常业务处理之销售业务

项目一　销售价格设置

【实训目标】

学生能够掌握销售价格的设置及具体在单据中的应用。

【任务说明】

在进行销售日常业务操作之前，先要进行销售价格政策设置。销售价格管理是为了响应销售价格随实际情况实时变化的需要，同时，也是为了满足最低销售限价的控制，从而使企业的销售收入最大化。销售价格设置好后，销售单据录入时，单据中的销售价格项可以根据设置好的销售价格自动进行匹配。

【实训内容】

案例

销售价格设置	客户在百姓超市梅墟部(代码 04.01)订购舒洁抽取式纸巾(代码为 01.14)200 箱以内(包括 200 箱)，报价为 120 元/箱，订购 200 箱以上，报价为 115 元/箱，但最低价格不得低于 110 元。

【操作步骤】

1. 选择【系统设置】→【基础资料】→【销售管理】→【价格政策维护】，点击进入“过滤条件”窗口，单击【确定】，进入销售价格方案序时簿。(如图 4-1-1、4-1-2 所示)

图 4-1-1

销售管理(供应链)系统 - [价格方案序时簿]

系统(S) 服务(L) 文件(F) 编辑(E) 查看(V) 格式(O) 帮助(H)

Kingdee　请输入助记码

新增 查看 修改 删除 预览 打印 关联信息 刷新 过滤 查找 计算器 退出

主控台　价格方案序时簿

价格方案　共计:1条记录(取数时间:0.53秒)

价格政策编号　价格政策名称　价格组合　查询

价格政策编号	价格政策名称	优先级	价格组合
BasePrice	BasePrice	99999	客户组+

就绪　百姓超市有限公司　演示版-百姓超市(张三)　2015年第1期　administrator

图 4-1-2

2.单击工具栏中的【新增】按钮，进入“价格方案维护”窗口，录入价格政策编号：2015年，价格政策名称：销售价格政策，单击保存后退出。（如图 4-1-3 所示）

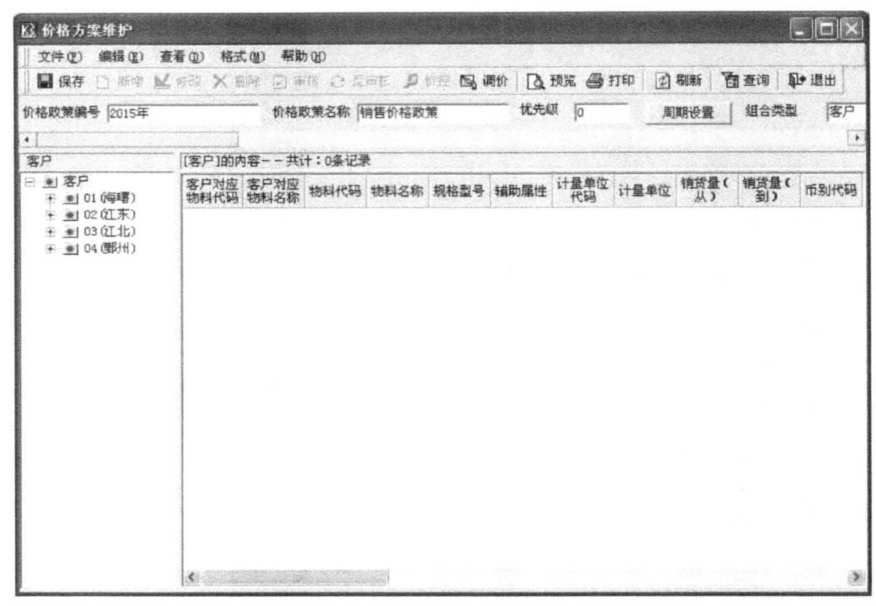

图 4-1-3

3.在价格方案序时簿界面双击编号为 2015 年的价格方案进入“价格方案维护”窗口，在窗口左边的客户栏中选中相应的客户：百姓超市梅墟部，单击工具栏中的【新增】按钮，进入价格明细维护新增窗口，输入客户代码：04.01，客户名称：百姓超市梅墟部，根据案例进行订购舒洁抽取式纸巾的报价设置，设置完毕点击【保存】【退出】。（如图 4-1-4、4-1-5 所示）

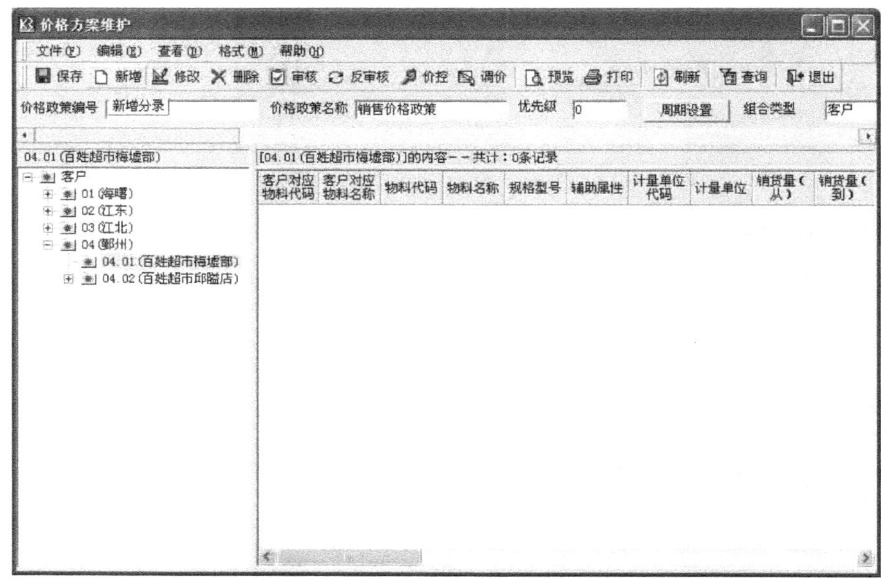

图 4-1-4

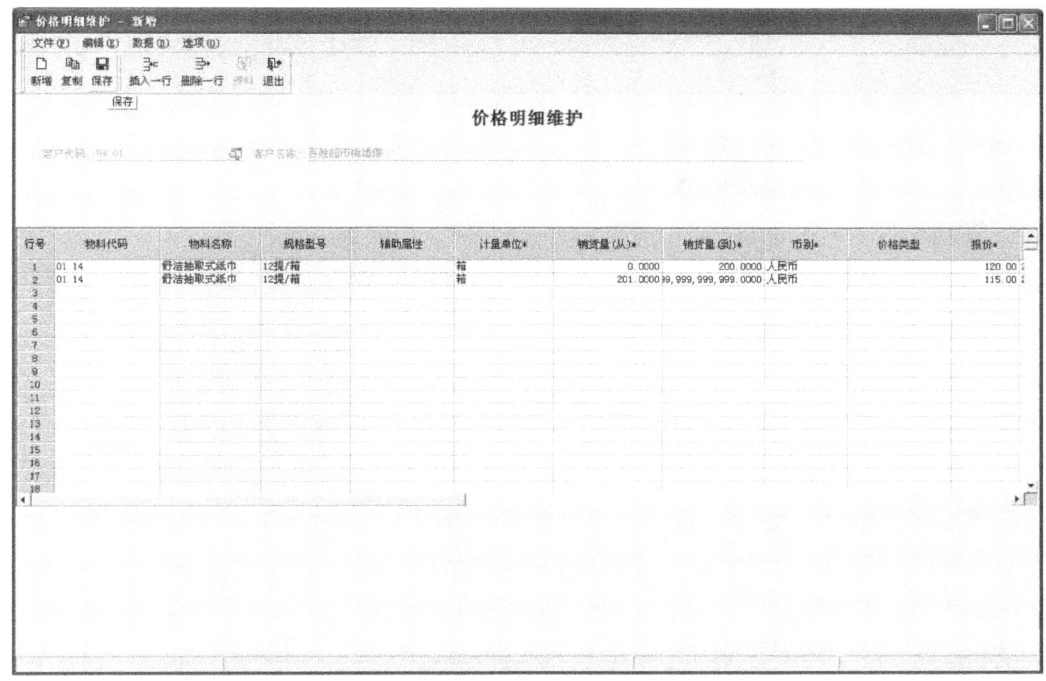

图 4-1-5

4. 返回至“价格方案维护”窗口，对物料的最低销售价格进行限制。选中“百姓超市梅墟部”的“舒洁抽取式纸巾”，单击工具栏中的【价控】按钮，进入价格控制设置界面，输入针对百姓超市梅墟部的销售最低限价为 110，在最低价格控制栏打钩，单击【保存】后返回采购价格管理窗口。（如图 4-1-6、4-1-7 所示）

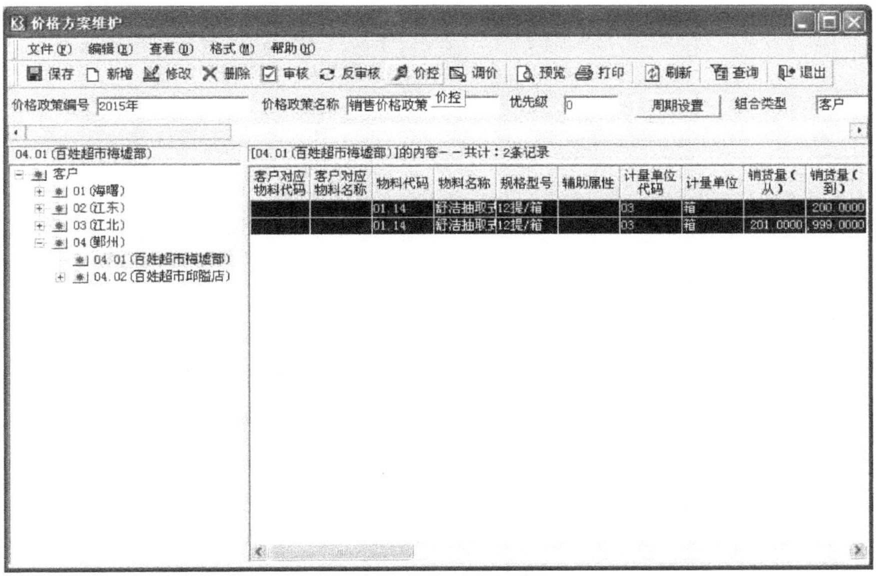

图 4-1-6

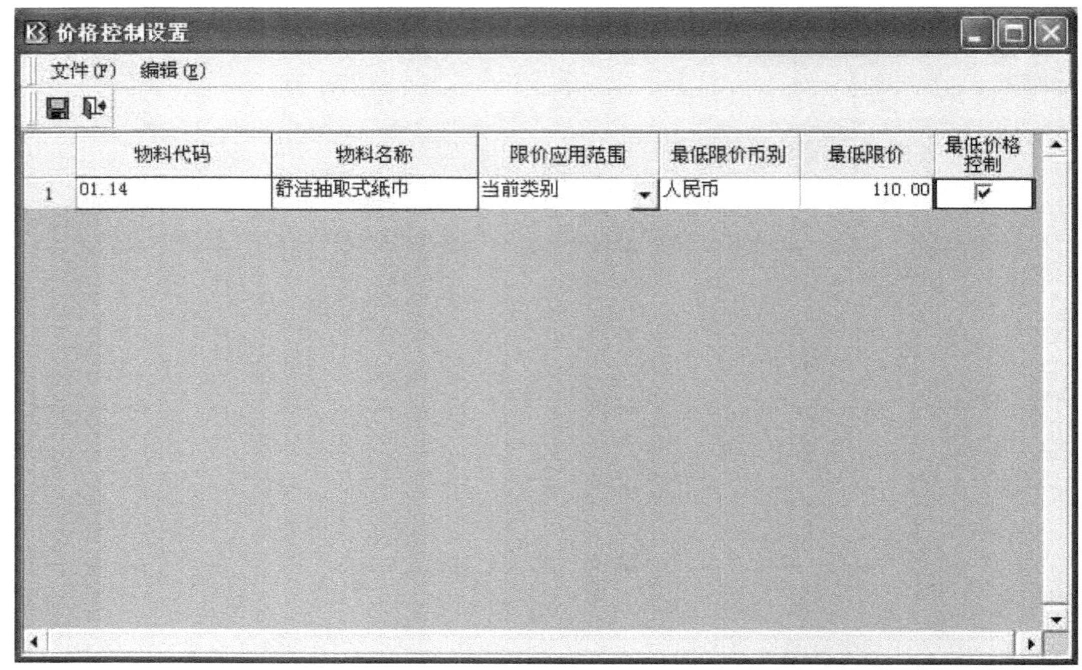

图 4-1-7

5. 选中要审核的报价记录，单击工具栏中的【审核】按钮，对销售报价进行审核操作。（如图 4-1-8 所示）

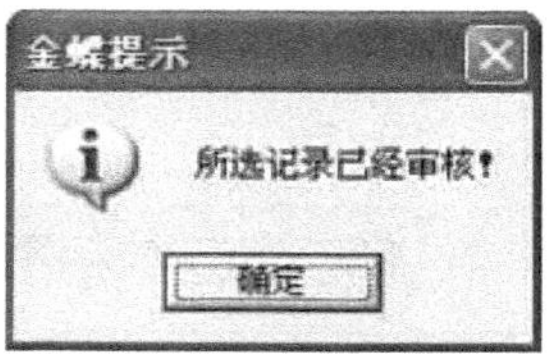

图 4-1-8

【知识链接】

销售价格政策编号没有规定的格式，实际企业中一般按年份进行编号，例：2008 年，因为销售报价会根据市场经济而调整变动，用年份进行销售价格政策编号，以方便企业进行销售价格数据的查找和维护。

【课后作业】

1. 简述销售价格设置的目的。

2. 企业一般将什么作为销售价格政策编号，这有何便利之处？

项目二 销售业务处理

任务一 常用销售业务流程

【实训目标】

1. 学生能够叙述常用销售业务基本流程和操作步骤。
2. 学生能够根据常用销售业务的基本流程完成相应销售业务的单据处理。

【任务说明】

常用销售业务是企业中最常见的一种销售业务。其业务特点是货先发，发票后开，最后收款，同时出库单和发票都在同一个期间入账。

单据操作流程为【销售报价单】→【销售订单】→【发货通知单】→【销售出库单】→【销售发票】→【收款单】。

【实训内容】

案例

销售部小胡	2015 年 2 月 1 日，百姓超市梅墟部订购舒洁抽取式纸巾（代码 01.14）20 箱，销售单价 120 元（不含税）。2 月 2 日，通知仓管部发货。
仓管部小赵	2 月 2 日，仓管部重型立体库发出 20 箱舒洁抽取式纸巾。
财务部小张	2 月 3 日向百姓超市梅墟部开出增值税发票，金额为 2400 元，税额为 408 元。

【知识链接】

销售订单、销售出库单、销售发票是销售系统中最基本的业务流程，销售报价单、发货通知单可以根据企业需要选择是否使用。收款单不在销售系统中处理。

【操作步骤】

1. 销售报价单

销售报价单是销售部门根据企业销售政策、产品成本、目标利润率、以往价格资料等，向客户提出的产品报价。

操作路径:【供应链】→【销售管理】→【销售报价】→【销售报价单—新增】→【填制单据中的相关内容】→【保存】→【审核】

单据填制：

数据项	填制要求及说明
单据编号	销售报价单的编号可以自动生成，也可以手工输入修改。
购货单位	是指销售报价指向的客户名称，可以直接输入客户代码或点击 F7 或 F8 选择。本案例中为“百姓超市梅墟部”。
源单类型	单据关联时源单单据的单据类型。销售报价单无关联单据，因此无须填制此项。
选单号	关联单据的单据号。销售报价单无关联单据，因此无须填制此项。
收款条件	是指报价单对应的收款条件。此案例中无要求，因此无须填制此项。
日期	销售报价单的填制日期。此案例为“2015 年 2 月 1 日”。
汇率类型	是指单据币别汇率的来源。此案例无要求，因此默认取销售系统参数设置中设定的默认汇率类型“公司汇率”。
币别	指价格采用哪种货币。系统默认为本位币，用户可以修改。此案例为“人民币”。
物料代码	点击 F7 或 F8 选择物料。还可以通过 Shift 或者 Ctrl 键进行批量选择。此案例中为“01.14 舒洁抽取式纸巾”。
数量、单位	客户订购的数量及单位。本案例中为“20 箱”。
单价	销售单价即企业进行销售业务时，向客户提供的所需采购物品的价格。本案例中为“120 元”。
金额	当输入了数量和单价后，会自动计算显示。公式：金额＝数量×单价。
部门	点击 F7 或 F8 选择所需部门后【确定】。本案例中为“销售部”。
业务员	点击 F7 或 F8 选择所需职员后【确定】。本案例中为“小胡”。
审核、审核时间	审核时会自动输入。
制单	在制单时会根据登录人员的身份自动输入。

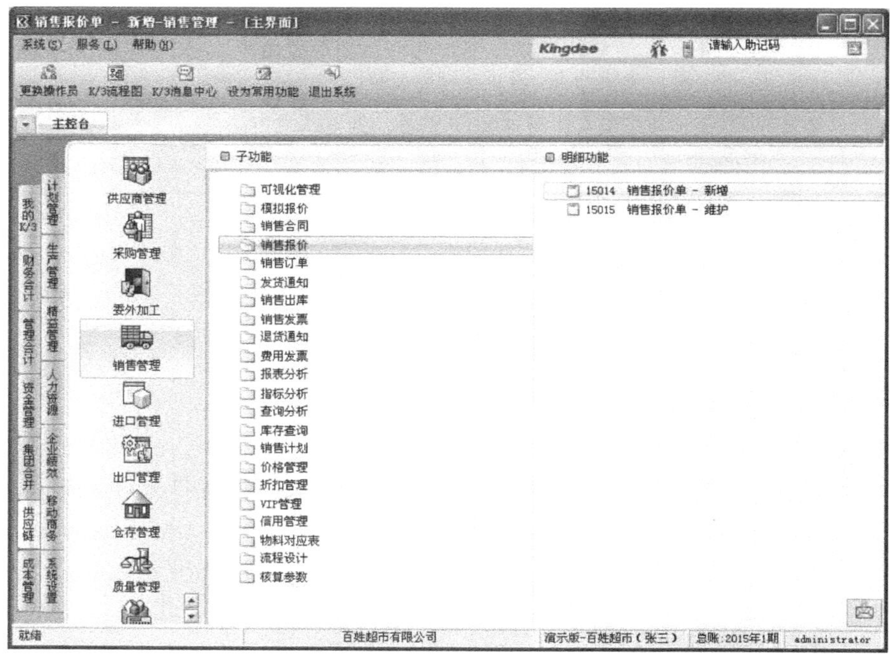

图 4-2-1

图 4-2-2

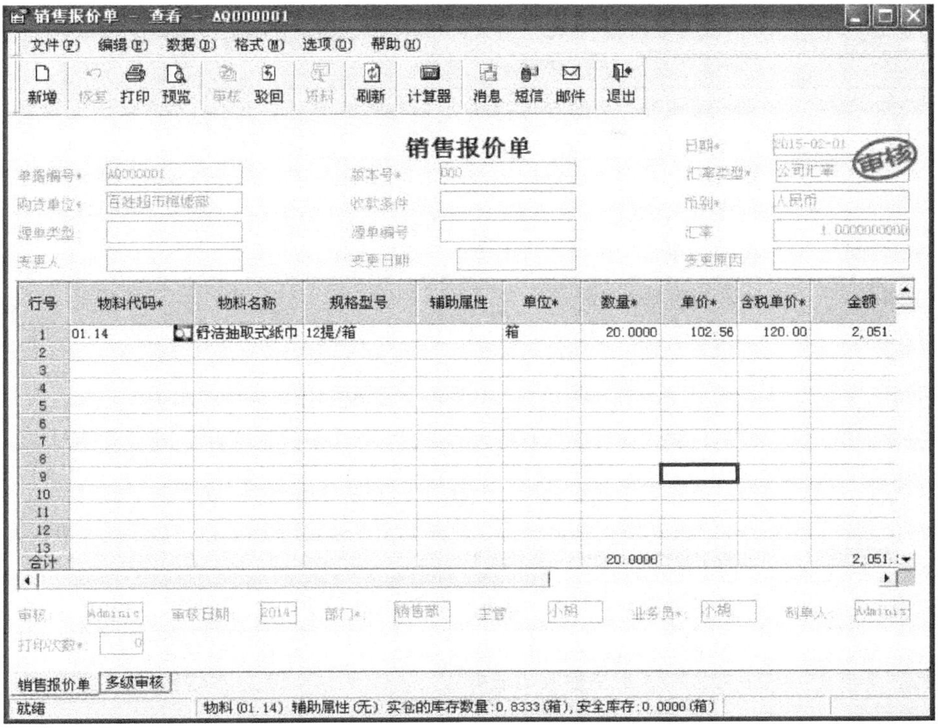

图 4-2-3

2. 销售订单

销售订单是客户资料根据销售报价单制订并提交给销售部门的订货单。它是购销双方共同签署的、以确认购销活动的标志，其重要性不仅表现在其所反映的业务资料是企业正式确认的、具有经济合法地位的文件，通过它可以直接向客户销货并可查询销售订单的发货情况和订单执行状况，是销售业务中非常重要的管理方式，从而在销售系统中处于核心地位；同时在整个供需链系统中也处于非常重要的地位。

一般来说，销售订单可以通过手工录入、合同确认、销售报价单关联、购货分支机构的采购订单转换(分销管理业务)等多途径生成。

操作路径：【供应链】→【销售管理】→【销售订单】→【销售订单—新增】→【填制单据中的相关内容】→【保存】→【审核】

单据填制：

数据项	填制要求及说明
购货单位	是指销售报价指向的客户名称，可以直接输入客户代码或点击 F7 或 F8 选择。本案例中为“百姓超市梅墟部”。
销售范围	用于区分“购销”和“调拨”两种业务。当上下游机构都是独立核算单位，两者之间是购销关系，则选择购销；当下游机构是上游机构的一个办事处，是非独立核算单位，两者之间是调拨关系，则选择调拨。此案例中鄞职百货与百姓超市梅墟部是两个独立的核算单位，因此选择“购销”。
销售方式	即采用哪种销售业务的处理方式，系统目前提供现销、赊销、分期收款销售、委托代销、直运销售、受托代销销售六种方式，用户根据需要选择。本案例中是先发货后收款，因此选择“赊销”。
交货方式	即该笔业务交货的方式，用户根据实际情况手工录入。本案例中无要求，因此无须填制此项。
交货地点	即该笔业务交货的地点，用户根据实际情况手工录入。本案例中无要求，因此无须填制此项。
源单类型	销售订单可以根据销售报价单等单据生成。
选单号	关联单据的单据号。
结算日期	即销售业务的实际付款日期。本案例中为“2015 年 2 月 3 日”。
结算方式	即销售业务的付款方式。本案例中无说明，因此无须填制。
运输提前期	即向该客户交货所需要提前的天数。本案例中无说明，因此无须填制。
日期	即销售订单生成的日期。本案例中为“2015 年 2 月 1 日”。
汇率类型	是指单据币别汇率的来源。此案例无要求，因此默认取销售系统参数设置中设定的默认汇率类型“公司汇率”。
币别	指价格采用哪种货币。系统默认为本位币，用户可以修改。此案例为“人民币”。
产品代码	点击 F7 或 F8 选择物料。还可以通过 Shift 或者 Ctrl 键进行批量选择。此案例中为“01.14 舒洁抽取式纸巾”。
数量、单位	实际申请的数量及单位。本案例中为“20 箱”。

续　表

数据项	填制要求及说明
单价	销售单价即企业进行销售业务时，向客户提供的所需采购物品的价格。本案例中为“120 元”。
金额	当输入了数量和单价后，会自动计算显示。公式：金额＝数量×单价。
部门	点击 F7 或 F8 选择所需部门后【确定】。本案例中为“销售部”。
业务员	点击 F7 或 F8 选择所需职员后【确定】。本案例中为“小胡”。
审核、审核时间	审核时会自动输入。
制单	在制单时会根据登录人员的身份自动输入。

图 4-2-4

销售管理(供应链)系统 - [销售报价单序时簿]
系统(S) 服务(L) 文件(F) 编辑(E) 查看(V) 下推(P) 格式(O) 帮助(H)
Kingdee
请输入助记码
新增 查看 修改 删除 预览 打印 审核 驳回 更新价格 上查 下查 关联信息 刷新 过滤 查找 附件 计算器 消息 短信 邮件 退出
主控台 销售报价单序时簿
销售报价单
共计:1条记录(取数时间:0.72秒)
单据编号 购货单位 日期 查询
审核标志 日期 单据编号 购货单位 币别 部门 业务员 物料代码 物料名称 规格型号 单位 数量 单价 金额 实际含税单价 含税单价 价税合计 主管
合计
就绪 百姓超市有限公司 演示版-百姓超市(张三) 2015年第1期 administrator

图 4-2-5

销售订单 - 修改 - SEORD000001
文件(F) 编辑(E) 查看(V) 选项(O) 帮助(H)
保存 恢复 打印 预览 审核 批录 删除 添加 查看 特性 消息 短信 邮件 退出
销售订单
购货单位 百姓超市福雄店
结算日期 2015-02-03
打印次数 0
销售范围 购销
结算方式
编号 SEORD000001
销售方式 赊销
运输提前期 0
汇率类型 公司汇率
交货方式
交货地点
摘要
币别 人民币
源单类型 销售报价单
选单号
日期 2015-02-01
汇率 1.0000000000000
版本号 000
变更日期
变更人
变更原因
行号 辅助单位关联数量 辅助单位出库数量 出库数量 客户BOM 成本对象 建议交货日期 源单单号 合同单号 开票数量
2015-02-01 AQ000001
0.0000 0.0000 0.0000 0.0000
审核 审核日期 部门 销售部 业务员 小胡 主管 小胡 制单 administrator
就绪

图 4-2-6

图 4-2-7

3. 发货通知单

发货通知单是销售部门在确定销售订货成立后向仓管部门发出的发货通知，从而方便物料的跟踪与查询。它是销售系统与仓存系统连接的关键接口。

发货通知单的生成有三种方法：一种是直接输入保存生成，一种则是通过发货通知单中【销售订单号】的接口引入数据生成，另一种是从发货通知单中【销售发票号】的接口引入数据生成。本案例可采用前两种方法。

操作路径：【供应链】→【销售管理】→【发货通知】→【发货通知单—新增】→【填制单据中的相关内容】→【保存】→【审核】

单据填制：

数据项	填制要求及说明
交货地点	即该笔业务交货的地点，用户根据实际情况手工录入。本案例中无要求，因此无须填制此项。
销售范围	用于区分“购销”和“调拨”两种业务。当上下游机构都是独立核算单位，两者之间是购销关系，则选择购销；当下游机构是上游机构的一个办事处，是非独立核算单位，两者之间是调拨关系，则选择调拨。此案例中鄞职百货与百姓超市梅墟部是两个独立的核算单位，因此选择“购销”。

续 表

数据项	填制要求及说明
销售方式	即采用哪种销售业务的处理方式，系统目前提供现销、赊销、分期收款销售、委托代销、直运销售、受托代销销售六种方式，用户根据需要选择。本案例中是先发货后收款，因此选择“赊销”。
购货单位	是指销售报价指向的客户名称，可以直接输入客户代码或点击 F7 或 F8 选择。本案例中为“百姓超市梅墟部”。
仓库	指客户订购物料所在仓库。本案例中由销售部填制此单通知仓管部发货，销售部在不知道物料所属仓库的前提下无须填制此项。
源单类型	发货通知单可以根据销售订单等单据生成。
选单号	关联单据的单据号。
结算方式	即销售业务的付款方式。本案例中无说明，因此无须填制。
日期	即发货通知单生成的日期。本案例中为“2015 年 2 月 2 日”。
汇率类型	是指单据币别汇率的来源。此案例无要求，因此默认取销售系统参数设置中设定的默认汇率类型“公司汇率”。
币别	指价格采用哪种货币。系统默认为本位币，用户可以修改。此案例为“人民币”。
产品代码	点击 F7 或 F8 选择物料。还可以通过 Shift 或者 Ctrl 键进行批量选择。此案例中为“01.14 舒洁抽取式纸巾”。
数量、单位	实际申请的数量及单位。案例中为“20 箱”。
单价	销售单价即企业进行销售业务时，向客户提供的所需采购物品的价格。本案例中为“120 元”。
金额	当输入了数量和单价后，会自动计算显示。公式：金额＝数量×单价。
部门	点击 F7 或 F8 选择所需部门后【确定】。本案例中为“销售部”。
业务员	点击 F7 或 F8 选择所需职员后【确定】。本案例中为“小胡”。
审核、审核时间	审核时会自动输入。
制单	在制单时会根据登录人员的身份自动输入。

【知识链接】

单价在通知单中可以不用输入。

图 4-2-8

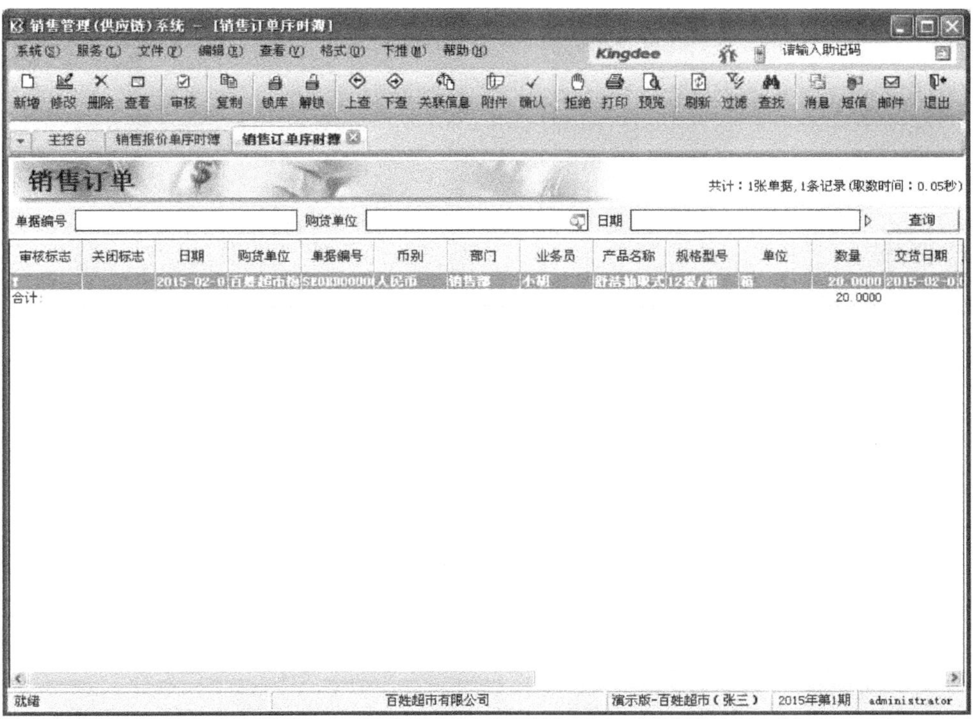

图 4-2-9

子功能
可视化管理
模拟报价
销售合同
销售报价
销售订单
发货通知
拣货单
销售出库
销售发票
退货通知
退货单
费用发票
报表分析
库存查询
销售计划
查询分析
价格管理
折扣管理
指标分析
流程设计
信用管理
物料对应表
核算参数
明细功能
15016 销售订单 - 新增
15017 销售订单 - 维护
15018 销售订单统计表
15019 销售订单执行情况汇总表
15020 销售订单执行情况明细表
15021 虚拟物料订单统计表
15022 订单批次跟踪表
15023 订单预评估表
15024 销售订单全程跟踪
15073 订单锁库情况表
供应商管理
采购管理
委外加工
销售管理
进口管理
出口管理
仓存管理
质量管理
存货核算
分销管理
门店管理
客户关系管理
供应商协同管理

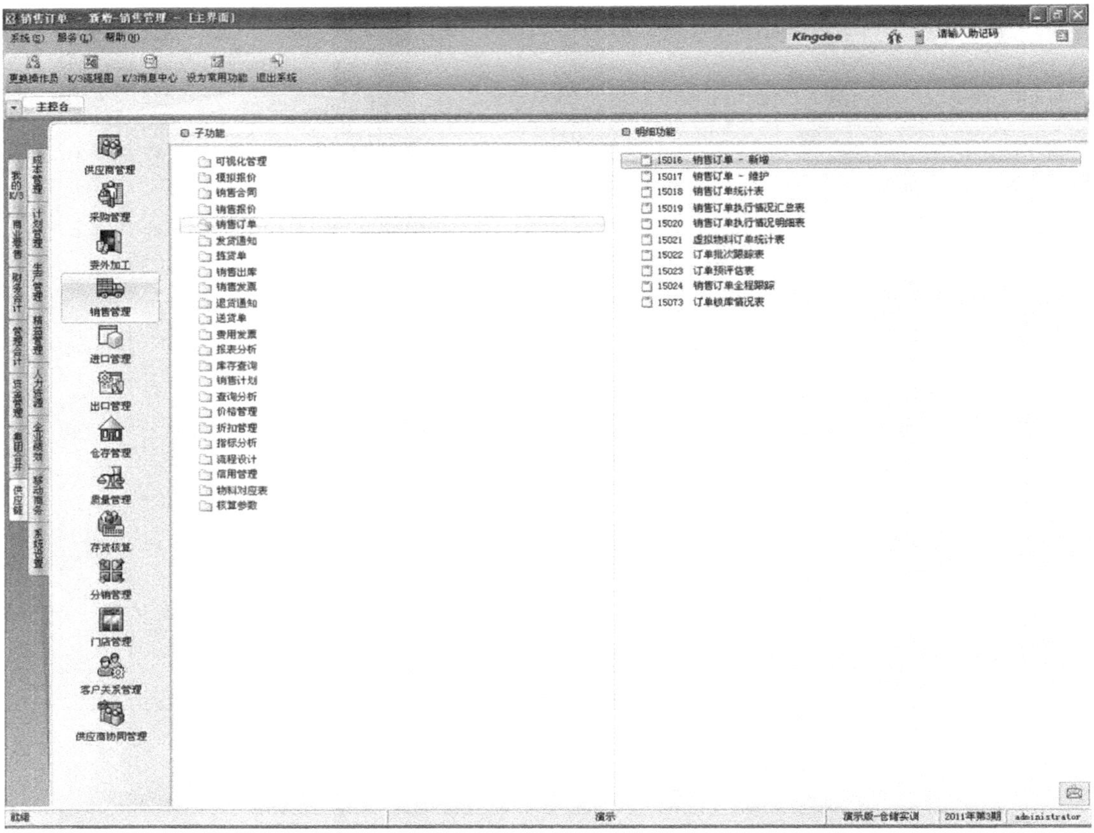

图 4-2-10

发货通知单 - 修改 - SEOUT000001

文件(F)　编辑(E)　查看(V)　选项(O)　帮助(H)

保存　恢复　打印　预览　审核　批录　消息　短信　邮件　退出　发货通知

发货通知单

审核

交货地点：　编号：SEOUT000001

销售范围：购销　销售方式：赊销　结算方式：　汇率类型：公司汇率

购货单位：百姓超市梅墟部　仓库：　摘要：　币别：人民币

源单类型：销售订单　选单号：　日期：2015-02-02　汇率：1.0000000000000

行号	换算率	辅助数量	单价	金额	备注	源单单号	合同单号	订单单号	交货日期	仓库
1	0.0000	0.0000	120.00	2,400.00		SEORD000001		SEORD000001	2015-02-02	重型立体库
2				0.00						
3										
4										
5										
6										
7										
8										
9										
10										
11										
		0.0000		2400.00						

审核：administrator　审核日期：2014-08-27　主管：　部门：销售部　业务员：小胡　制单：administra

就绪　物料(01.14)批次(无)辅助属性(无)实仓(重型立体库)的库存数量为:0.8333(箱)

图 4-2-11

4. 销售出库单

销售出库单，又称发货库单，是确认产品出库的书面证明，是处理包括日常销售、委托代销、分期收款等各种形式的销售出库业务的单据。

销售出库单的生成有三种方法：一是直接输入保存生成；二是通过外销售出库单中【源单类型】【发货通知单号】关联相应的发货通知单，引入数据生成；三是通过发货通知单或采销售订单下推生成。

操作路径：【供应链】→【销售管理】→【销售出库】→【销售出库单—新增】→【填制单据中的相关内容】→【保存】→【审核】

单据填制：

数据项	填制要求及说明
销售业务类型	包括销售出库类型和受托出库类型，销售出库类型处理以上六种销售方式的出库，受托出库主要用于处理受托加工产品出库，即受托加工产品在完工入库后发货到委托方。此案例中为“销售出库类型”。
购货单位	是指销售报价指向的客户名称，可以直接输入客户代码或点击 F7 或 F8 选择。本案例中为“百姓超市梅墟部”。
收款日期	即销售业务的实际收款日期。本案例中为“2015 年 2 月 3 日”。

续 表

数据项	填制要求及说明
销售方式	即采用哪种销售业务的处理方式，系统目前提供现销、赊销、分期收款销售、委托代销、直运销售、受托代销销售六种方式，用户根据需要选择。本案例中是先发货后收款，因此选择“赊销”。
源单类型	销售出库单可以根据发货通知单等单据生成。
选单号	关联单据的单据号。
交货地点	即该笔业务交货的地点，用户根据实际情况手工录入。案例中无要求，因此无须填制此项。
日期	即销售出库单生成的日期。本案例中为“2015 年 2 月 2 日”。
发货仓库	指客户订购物料所在仓库。本案例中为“重型立体库”。
产品代码	点击 F7 或 F8 选择物料。还可以通过 Shift 或者 Ctrl 键进行批量选择。此案例中为“01.14 舒洁抽取式纸巾”。
数量、单位	实际申请的数量及单位。案例中为“20 箱”。
单价	销售单价即企业进行销售业务时，向客户提供的所需采购物品的价格。本案例中为“120 元”。
金额	当输入了数量和单价后，会自动计算显示。公式：金额＝数量×单价。
部门	点击 F7 或 F8 选择所需部门后【确定】。本案例中为“仓管部”。
业务员	点击 F7 或 F8 选择所需职员后【确定】。本案例中为“小赵”。
发货、保管	点击 F7 或 F8 选择所需职员后【确定】。本案例中均为“小赵”。
审核、审核时间	审核时会自动输入。
制单	在制单时会根据登录人员的身份自动输入。

图 4-2-12

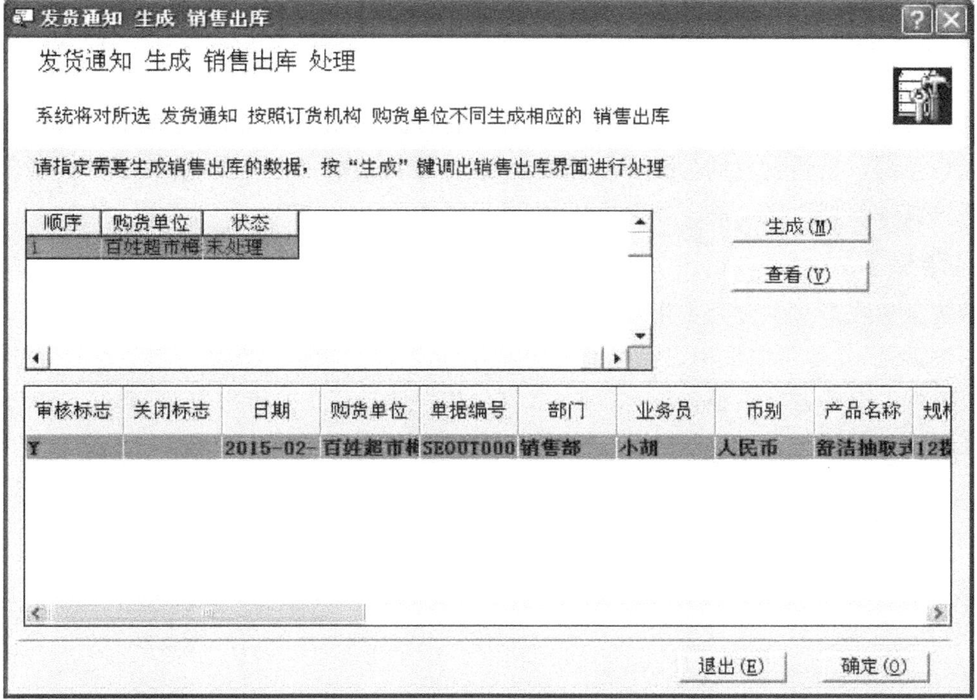

图 4-2-13

图 4-2-14

5. 销售发票

销售发票是企业销售产品时销售部门开具的发票，是财务上非常重要的一种原始单据。销售发票的生成有两种方法：一种是直接输入保存生成，另一种则通过其他数据关联生成。发票生成、审核后要钩稽。

【知识链接】

销售发票在形式上分为专用和普通两种。它们的区别在于专用发票涉及增值税，而普通发票不涉及，具体可以按用户实际情况选择，课堂上以专用销售发票为例讲解。销售发票从生成方式上分为蓝字发票和红字发票，蓝字销售发票是真正的销售发票，而红字销售发票则是指退货发票。

操作路径：【供应链】→【销售管理】→【销售发票】→【销售发票—新增】→【填制单据中的相关内容】→【保存】→【审核】

单据填制：

数据项	填制要求及说明
销售方式	即采用哪种销售业务的处理方式，系统目前提供现销、赊销、分期收款销售、委托代销、直运销售、受托代销销售六种方式，用户根据需要选择。本案例中是先发货后收款，因此选择“赊销”。
购货单位	是指销售报价指向的客户名称，可以直接输入客户代码或点击 F7 或 F8 选择。本案例中为“百姓超市梅墟部”。
收款日期	即销售业务的实际收款日期。本案例中为“2015 年 2 月 3 日”。
源单类型	销售发票可以根据销售出库单等单据生成。
选单号	关联单据的单据号。
结算方式	即销售业务的付款方式。本案例中无说明，因此无须填制。
日期	即销售发票生成的日期。本案例中为“2015 年 2 月 2 日”。
汇率类型	是指单据币别汇率的来源。此案例无要求，因此默认取销售系统参数设置中设定的默认汇率类型“公司汇率”。
币别	指价格采用哪种货币。系统默认为本位币，用户可以修改。此案例为“人民币”。
产品代码	点击 F7 或 F8 选择物料。还可以通过 Shift 或者 Ctrl 键进行批量选择。此案例中为“01.14 舒洁抽取式纸巾”。
数量、单位	实际申请的数量及单位。本案例中为“20 箱”。
单价	销售单价即企业进行销售业务时，向客户提供的所需采购物品的价格。本案例中为“120 元”。
金额	当输入了数量和单价后，会自动计算显示。公式：金额＝数量×单价。
部门	点击 F7 或 F8 选择所需部门后【确定】。本案例中为“财务部”。
业务员	点击 F7 或 F8 选择所需职员后【确定】。本案例中为“小张”。
审核、审核时间	审核时会自动输入。
制单	在制单时会根据登录人员的身份自动输入。

图 4-2-15

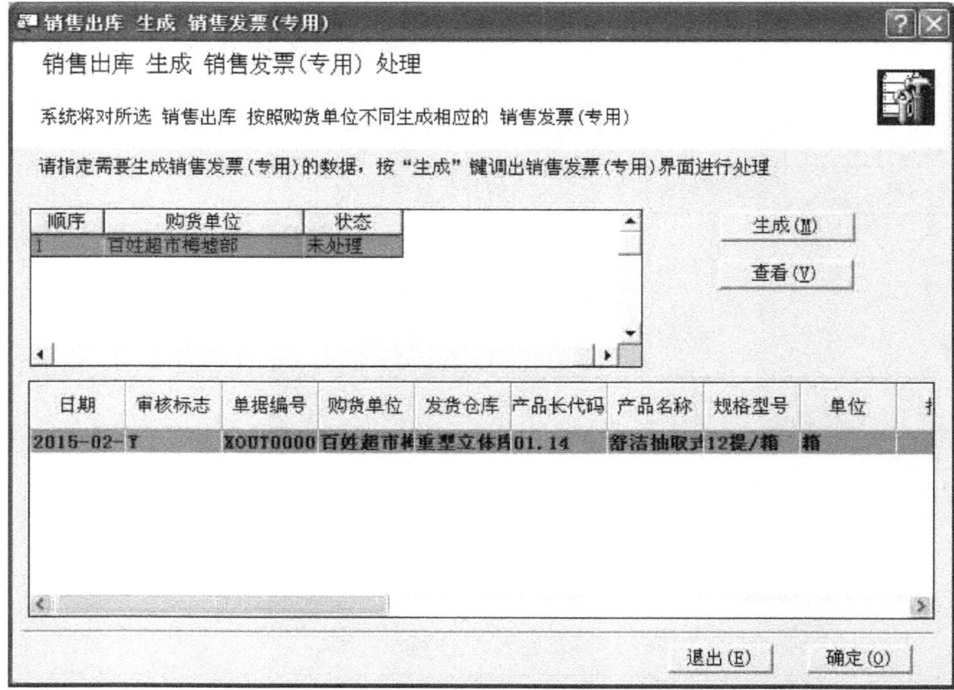

图 4-2-16

销售发票(专用) － 修改 － ZSEFP000001

文件(F)　编辑(E)　查看(V)　选项(O)　帮助(H)

保存　恢复　打印　预览　审核　钩稽　批录　红字　蓝字　消息　短信　邮件　退出　销售发票(专用)

审核

销售发票(专用)

打印次数 0

合同号　　发票号码 ZSEFP000001

销售方式 赊销　收款日期 2015-02-03　纳税登记号　汇率类型 公司汇率

购货单位 百姓超市烟酒部　开户银行　地址　年利率(%) 0.00

源单类型 销售出库　选单号　往来科目　币别 人民币

结算方式　日期 2014-08-27　摘要　汇率 1.0000000000000

行号	产品名称	规格型号	辅助属性	单位	数量	辅助单位	换算率	辅助数量	单价	含税单价	折扣率(%)
1	舒洁抽取式纟	12提/箱		箱	20.0000		0.0000	0.0000	102.5641	120.0000	0.00000
2											
3											
4											
5											
6											
7											
8											
9											
					20.0000			0.0000			

主管 小张　部门 财务部　业务员 小张　记账　开票人 administrator

审核 administrator　审核日期 2014-08-27

就绪

图 4-2-17

6. 销售发票钩稽

销售发票的钩稽主要是指发票与销售出库单的钩稽。对于分期收款和委托代销销售方式的销售发票只有钩稽后才允许生成凭证，且无论是本期还是以前期间的发票，钩稽后都作为钩稽当期发票来计算收入；对于现销和赊销发票，钩稽的主要作用就是进行收入和成本的匹配确认，对于记账没有什么影响。

【操作步骤】

1. 通过【供应链】→【销售管理】→【销售发票】→【销售发票—维护】，单击进入销售发票过滤窗口。

图 4-2-18

2. 在过滤窗口中选择全部发票，单击【确定】，进入“销售发票序时簿”。

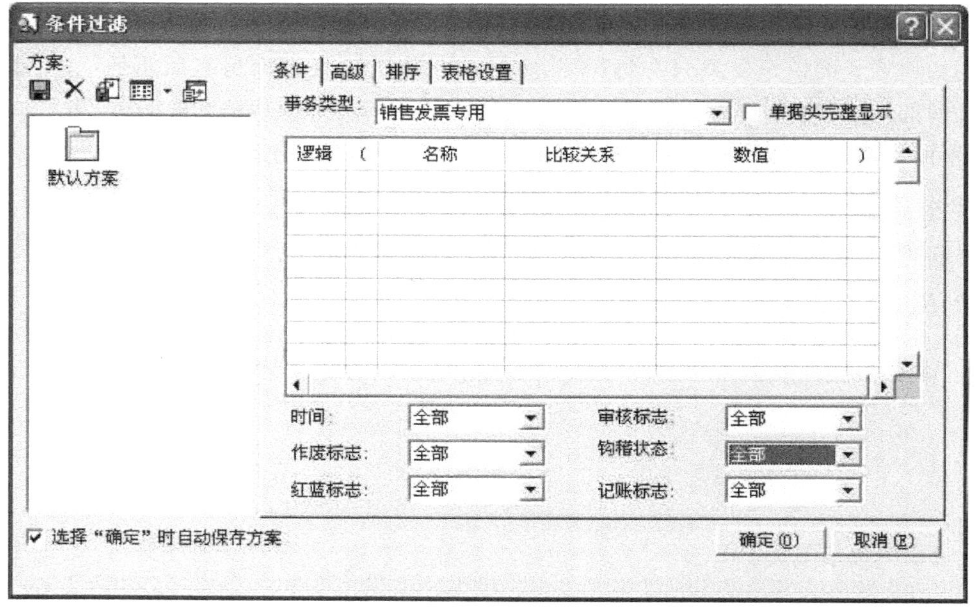

图 4-2-19

3. 在销售发票序时簿中选择一张需要钩稽的发票，单击【钩稽】，进入“销售发票钩稽”窗口。

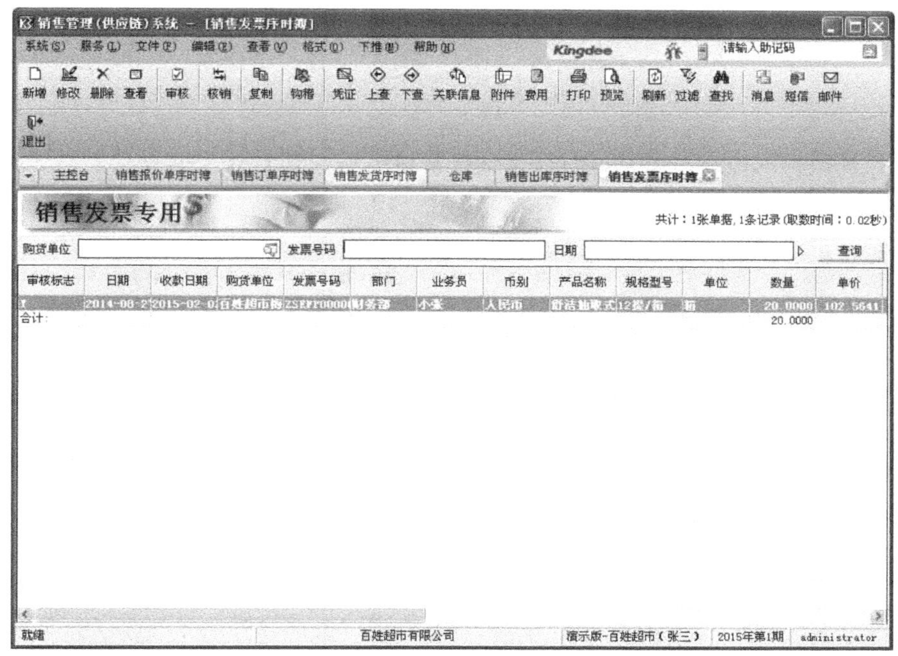

图 4-2-20

4. 在销售发票钩稽窗口中选择对应钩稽的销售发票和销售出库单，单击【钩稽】，系统提示成功。

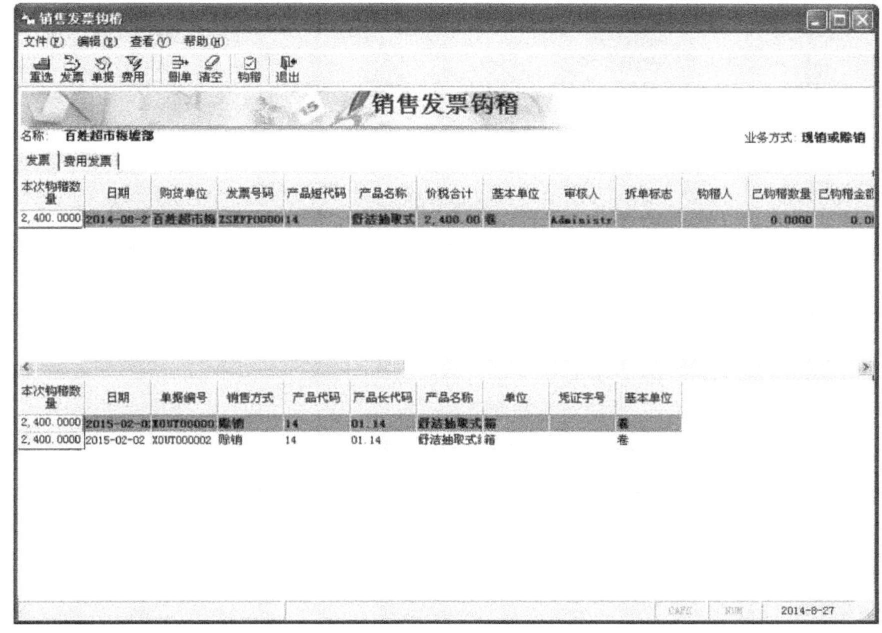

图 4-2-21

图 4-2-22

5.所有单据钩稽完毕后，可以通过【供应链】→【采购管理】→【采购发票】→【采购发票—钩稽日志】查看钩稽信息。

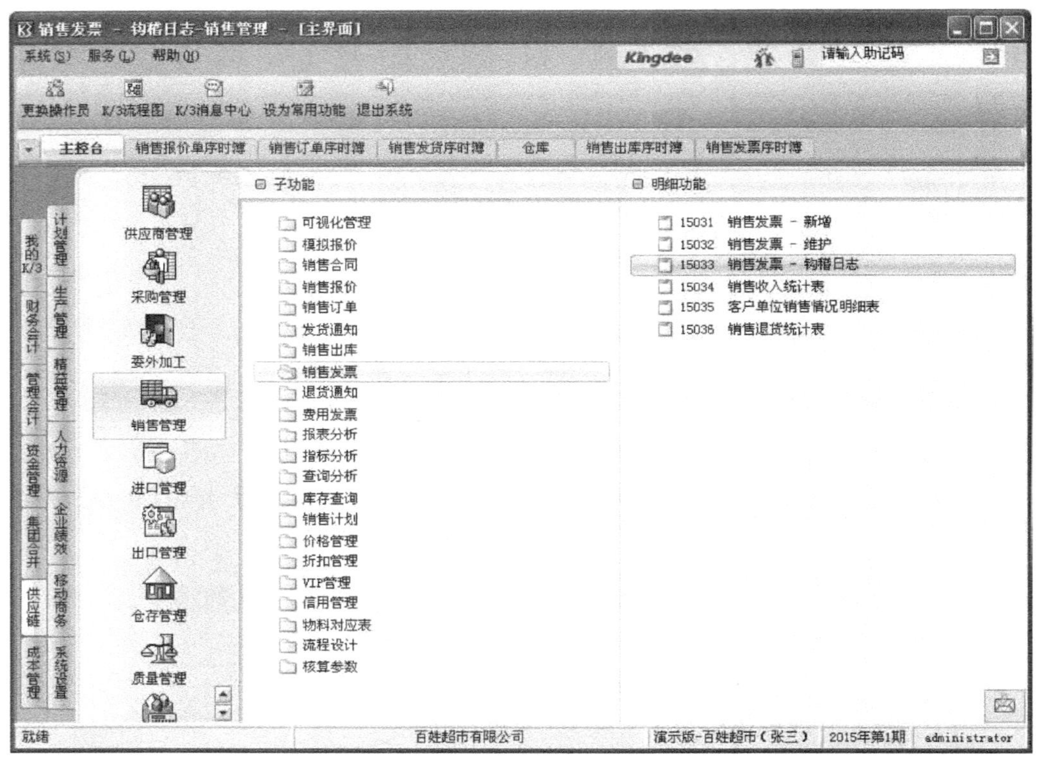

图 4-2-23

【随堂考核】

案例

销售部小胡	2015 年 2 月 4 日，百姓超市江东店订购雕牌超能皂(代码 01.08)30 块，销售单价 4 元(不含税)。2 月 4 日，通知仓管部发货。
仓管部小赵	2 月 5 日，仓管部货架库发出 30 块雕牌超能皂。
财务部小张	2 月 6 日向百姓超市江东店开出增值税发票，金额为 120 元，税额为 20.4 元。

教学组织

1.案例操作

一人一机，根据案例内容独立完成业务操作。

2. 考核评分

全班学生分成A、B两大组。A、B两组对应学号学生互换上机座位，参考采购业务评分表完成对对方采购业务的评分。

【考核评价】

常用采购业务评分表

<table>
<tr><th>流程</th><th>评　分　项　目</th><th>分值</th><th>得分</th><th>备注</th></tr>
<tr><td>销售报价单</td><td>购货单位□　源单类型□　日期□
汇率类型□　币别□　物料代码□
数量□　单位□　单价□
部门□　业务员□</td><td>11分</td><td></td><td></td></tr>
<tr><td>销售订单</td><td>购货单位□　销售范围□　销售方式□
交货方式□　交货地点□　源单类型□
结算日期□　日期□　汇率类型□
币别□　产品代码□　数量□
单位□　单价□　部门□
业务员□</td><td>16分</td><td></td><td></td></tr>
<tr><td>发货通知单</td><td>交货地点□　销售范围□　销售方式□
购货单位□　仓库□　源单类型□
日期□　汇率类型□　币别□
产品代码□　数量□　单位□
单价□　部门□　业务员□</td><td>15分</td><td></td><td></td></tr>
<tr><td>销售出库单</td><td>销售业务类型□　购货单位□　收款日期□
销售方式□　源单类型□　交货地点□
日期□　发货仓库□　产品代码□
数量□　单位□　单价□
部门□　保管□　验收□
业务员□</td><td>16分</td><td></td><td></td></tr>
<tr><td>销售发票</td><td>销售方式□　购货单位□　收款日期□
源单类型□　结算方式□　日期□
汇率类型□　币别□　产品代码□
数量□　单位□　单价□
部门□　业务员□</td><td>14分</td><td></td><td></td></tr>
<tr><td>销售发票钩稽</td><td>钩稽□</td><td>3分</td><td></td><td></td></tr>
<tr><td colspan="2">操作质量总分：</td><td>75分</td><td colspan="2"></td></tr>
<tr><td colspan="2">操作速度总分(正常耗时)：</td><td colspan="3"></td></tr>
<tr><td colspan="5">本项目总成绩：</td></tr>
</table>

注：操作时间为20分钟。20分钟以内得50分，超出时间以2分/分钟进行扣分。

【课后作业】

1. 简述常用销售业务的特点及操作流程。

2. 简述销售报价单的定义。

3. 简述销售订单的定义及重要性。
4. 简述发货通知单的定义及生成方式。
5. 简述销售出库单的定义及生成方式。
6. 简述销售发票的定义及生成方式。
7. 销售发票从形式上可分为哪两种，两者有何区别？
8. 销售发票从生成方式上可分为哪两种，两者有何区别？
9. 简述销售发票钩稽的定义及作用。

任务二　先开票后发货销售业务流程

【实训目标】

1. 学生能够叙述先开票后发货销售业务基本流程和操作步骤。

2. 学生能够根据先开票后发货销售业务的基本流程完成相应销售业务的单据处理。

【任务说明】

先开票后发货销售业务中财务的监控一般比较严格，仓库商品的出库必须是财务人员已经开具了销售发票才可。该流程还能方便财务人员进行应收账款的控制，避免销售人员为了完成业绩指标而带来的负面效应。

单据操作流程为【销售报价单】→【销售订单】→【销售发票】→【发货通知单】→【销售出库单】。

【实训内容】

案例

销售部小胡	2015 年 2 月 7 日，百姓超市海曙店订购三笑舒适超净牙刷(代码 01.03)40 支，销售单价 3 元(不含税)。
财务部小张	2 月 8 日，向百姓超市海曙店开出增值税发票，金额为 120 元，税额为 20.4 元。
仓管部小赵	2 月 9 日，仓管部接到销售部发来的发货通知单，同日，仓管部货架库发出 40 支三笑舒适超净牙刷。

【操作步骤】

1. 销售报价单

操作路径：【供应链】→【销售管理】→【销售报价】→【销售报价单—新增】→【填制单据中的相关内容】→【保存】→【审核】

单据填制：

数据项	填制要求及说明
单据编号	销售报价单的编号可以自动生成，也可以手工输入修改。
购货单位	是指销售报价指向的客户名称，可以直接输入客户代码或点击 F7 或 F8 选择。本案例中为“百姓超市海曙店”。

续　表

数据项	填制要求及说明
源单类型	单据关联时源单单据的单据类型。销售报价单无关联单据,因此无须填制此项。
选单号	关联单据的单据号。销售报价单无关联单据,因此无须填制此项。
收款条件	是指报价单对应的收款条件。此案例中无要求,因此无须填制此项。
日期	销售报价单的填制日期。此案例为“2015 年 2 月 7 日”。
汇率类型	是指单据币别汇率的来源。此案例无要求,因此默认取销售系统参数设置中设定的默认汇率类型“公司汇率”。
币别	指价格采用哪种货币。系统默认为本位币,用户可以修改。此案例为“人民币”。
物料代码	点击 F7 或 F8 选择物料。还可以通过 Shift 或者 Ctrl 键进行批量选择。此案例中为“01.03 三笑舒适超净牙刷”。
数量、单位	客户订购的数量及单位。本案例中为“40 支”。
单价	销售单价即企业进行销售业务时,向客户提供的所需采购物品的价格。本案例中为“3 元”。
金额	当输入了数量和单价后,会自动计算显示。公式:金额=数量×单价。
部门	点击 F7 或 F8 选择所需部门后【确定】。本案例中为“销售部”。
业务员	点击 F7 或 F8 选择所需职员后【确定】。本案例中为“小胡”。
审核、审核时间	审核时会自动输入。
制单	在制单时会根据登录人员的身份自动输入。

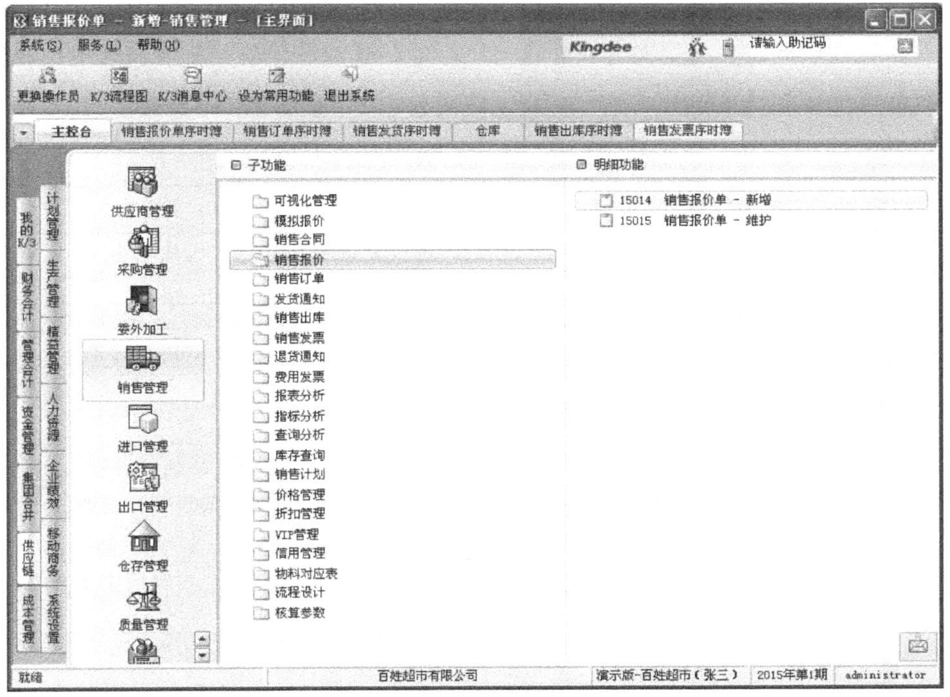

图 4-2-24

图 4-2-25

2. 销售订单

操作路径:【供应链】→【销售管理】→【销售订单】→【销售订单—新增】→【填制单据中的相关内容】→【保存】→【审核】

单据填制:

数据项	填制要求及说明
购货单位	是指销售报价指向的客户名称,可以直接输入客户代码或点击 F7 或 F8 选择。本案例中为"百姓超市海曙店"。
销售范围	用于区分"购销"和"调拨"两种业务。当上下游机构都是独立核算单位,两者之间是购销关系,则选择购销;当下游机构是上游机构的一个办事处,是非独立核算单位,两者之间是调拨关系,则选择调拨。此案例中鄞职百货与百姓超市海曙店是两个独立的核算单位,因此选择"购销"。
销售方式	即采用哪种销售业务的处理方式,系统目前提供现销、赊销、分期收款销售、委托代销、直运销售、受托代销销售六种方式,用户根据需要选择。本案例中选择"赊销"。
交货方式	即该笔业务交货的方式,用户根据实际情况手工录入。本案例中无要求,因此无须填制此项。
交货地点	即该笔业务交货的地点,用户根据实际情况手工录入。本案例中无要求,因此无须填制此项。

续　表

数据项	填制要求及说明
源单类型	销售订单可以根据销售报价单等单据生成。
选单号	关联单据的单据号。
结算日期	即销售业务的实际付款日期。本案例中为“2015 年 2 月 9 日”。
结算方式	即销售业务的付款方式。本案例中无说明，因此无须填制。
运输提前期	即向该客户交货所需要提前的天数。本案例中无说明，因此无须填制。
日期	即销售订单生成的日期。本案例中为“2015 年 2 月 7 日”。
汇率类型	是指单据币别汇率的来源。此案例无要求，因此默认取销售系统参数设置中设定的默认汇率类型“公司汇率”。
币别	指价格采用哪种货币。系统默认为本位币，用户可以修改。此案例为“人民币”。
产品代码	点击 F7 或 F8 选择物料。还可以通过 Shift 或者 Ctrl 键进行批量选择。此案例中为“01.03 三笑舒适超净牙刷”。
数量、单位	实际申请的数量及单位。本案例中为“40 支”。
单价	销售单价即企业进行销售业务时，向客户提供的所需采购物品的价格。本案例中为“3 元”。
金额	当输入了数量和单价后，会自动计算显示。公式：金额＝数量×单价。
部门	点击 F7 或 F8 选择所需部门后【确定】。本案例中为“销售部”。
业务员	点击 F7 或 F8 选择所需职员后【确定】。本案例中为“小胡”。
审核、审核时间	审核时会自动输入。
制单	在制单时会根据登录人员的身份自动输入。

图 4-2-26

销售管理（供应链）系统 - [销售报价单序时簿]
销售报价单
共计:2条记录（取数时间:0.41秒）
百姓超市有限公司
演示版-百姓超市（张三）
2015年第1期
administrator

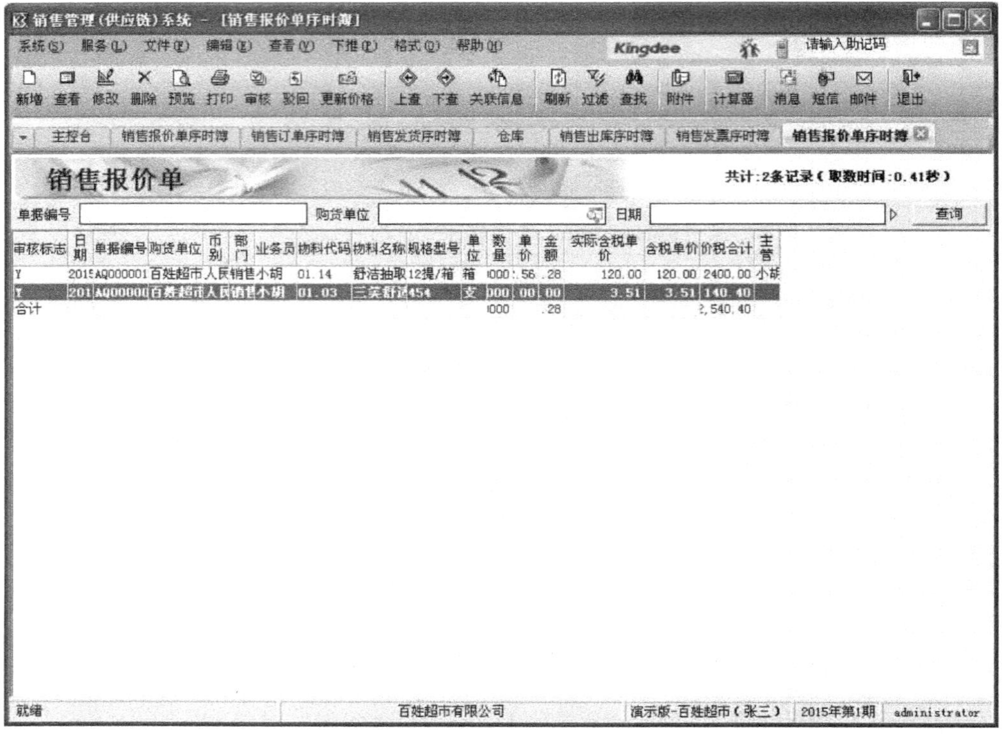

图 4-2-27

图 4-2-28

3. 销售发票

操作路径:【供应链】→【销售管理】→【销售发票】→【销售发票—新增】→【填制单据中的相关内容】→【保存】→【审核】

单据填制:

数据项	填制要求及说明
销售方式	即采用哪种销售业务的处理方式,系统目前提供现销、赊销、分期收款销售、委托代销、直运销售、受托代销销售六种方式,用户根据需要选择。本案例中选择"赊销"。
购货单位	是指销售报价指向的客户名称,可以直接输入客户代码或点击 F7 或 F8 选择。本案例中为"百姓超市海曙店"。
收款日期	即销售业务的实际收款日期。本案例中为"2015 年 2 月 9 日"。
源单类型	销售发票可以根据销售订单等单据生成。
选单号	关联单据的单据号。
结算方式	即销售业务的付款方式。本案例中无说明,因此无须填制。
日期	即销售发票生成的日期。本案例中为"2015 年 2 月 8 日"。
汇率类型	是指单据币别汇率的来源。本案例无要求,因此默认取销售系统参数设置中设定的默认汇率类型"公司汇率"。
币别	指价格采用哪种货币。系统默认为本位币,用户可以修改。本案例为"人民币"。
产品代码	点击 F7 或 F8 选择物料。还可以通过 Shift 或者 Ctrl 键进行批量选择。此案例中为"01.03 三笑舒适超净牙刷"。
数量、单位	实际申请的数量及单位。本案例中为"40 支"。
单价	销售单价即企业进行销售业务时,向客户提供的所需采购物品的价格。本案例中为"3 元"。
金额	当输入了数量和单价后,会自动计算显示。公式:金额＝数量×单价。
部门	点击 F7 或 F8 选择所需部门后【确定】。本案例中为"财务部"。
业务员	点击 F7 或 F8 选择所需职员后【确定】。本案例中为"小张"。
审核、审核时间	审核时会自动输入。
制单	在制单时会根据登录人员的身份自动输入。

图 4-2-29

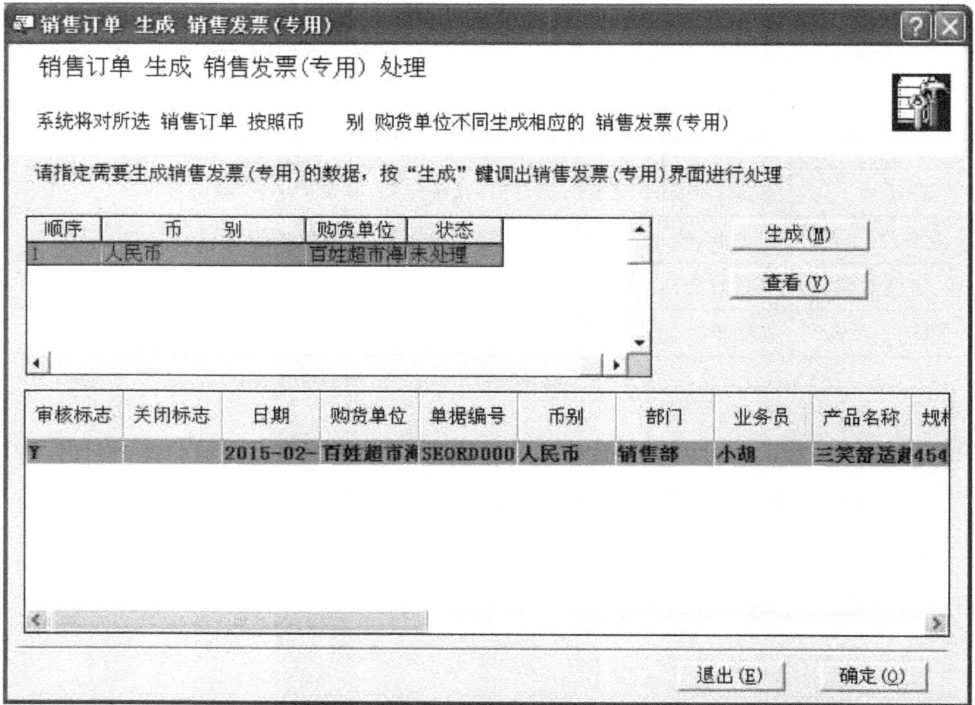

图 4-2-30

图 4-2-31

4. 发货通知单

操作路径:【供应链】→【销售管理】→【发货通知】→【发货通知单—新增】→【填制单据中的相关内容】→【保存】→【审核】

单据填制:

数据项	填制要求及说明
交货地点	即该笔业务交货的地点,用户根据实际情况手工录入。本案例中无要求,因此无须填制此项。
销售范围	用于区分"购销"和"调拨"两种业务。当上下游机构都是独立核算单位,两者之间是购销关系,则选择购销;当下游机构是上游机构的一个办事处,是非独立核算单位,两者之间是调拨关系,则选择调拨。此案例中鄞职百货与百姓超市江北店是两个独立的核算单位,因此选择"购销"。
销售方式	即采用哪种销售业务的处理方式,系统目前提供现销、赊销、分期收款销售、委托代销、直运销售、受托代销销售六种方式,用户根据需要选择。本案例中选择"赊销"。
购货单位	是指销售报价指向的客户名称,可以直接输入客户代码或点击 F7 或 F8 选择。本案例中为"百姓超市海曙店"。
仓库	指客户订购物料所在仓库。本案例中由销售部填制此单通知仓管部发货,销售部在不知道物料所属仓库的前提下无须填制此项。
源单类型	发货通知单可以根据销售订单或销售发票等单据生成。

续 表

数据项	填制要求及说明
选单号	关联单据的单据号。
结算方式	即销售业务的付款方式。本案例中无说明，因此无须填制。
日期	即发货通知单生成的日期。本案例中为“2015 年 2 月 9 日”。
汇率类型	是指单据币别汇率的来源。此案例无要求，因此默认取销售系统参数设置中设定的默认汇率类型“公司汇率”。
币别	指价格采用哪种货币。系统默认为本位币，用户可以修改。此案例为“人民币”。
产品代码	点击 F7 或 F8 选择物料。还可以通过 Shift 或者 Ctrl 键进行批量选择。此案例中为“01.03 三笑舒适超净牙刷”。
数量、单位	实际申请的数量及单位。本案例中为“40 支”。
单价	销售单价即企业进行销售业务时，向客户提供的所需采购物品的价格。本案例中为“3 元”。
金额	当输入了数量和单价后，会自动计算显示。公式：金额＝数量×单价。
部门	点击 F7 或 F8 选择所需部门后【确定】。本案例中为“销售部”。
业务员	点击 F7 或 F8 选择所需职员后【确定】。本案例中为“小胡”。
审核、审核时间	审核时会自动输入。
制单	在制单时会根据登录人员的身份自动输入。

图 4-2-32

销售发票 生成 发货通知
销售发票 生成 发货通知 处理
系统将对所选 销售发票 按照币 别 购货单位 源单类型不同生成相应的 发货通知
请指定需要生成发货通知的数据，按“生成”键调出发货通知界面进行处理
顺序 币别 购货单位 状态
1 人民币 百姓超市海 未处理
生成(M)
查看(V)
审核标志 日期 收款日期 购货单位 发票号码 部门 业务员 币别 产品名称 规格
Y 2015-02- 2015-02- 百姓超市海 ZSEFP000 销售部 小胡 人民币 三笑舒适超 454
退出(E)
确定(O)

图 4-2-33

发货通知单 - 修改 - SEOUT000002
文件(F) 编辑(E) 查看(V) 选项(O) 帮助(H)
保存 恢复 打印 预览 审核 批录 消息 短信 邮件 退出
发货通知
发货通知单
审核
行号 产品代码 产品名称 规格型号 辅助属性 批号 单位 数量 辅助单位 换算率 辅助数量
1 01.03 三笑舒适超诉 454 支 40.0000 0.0000 0.0000
40.0000 0.0000
就绪

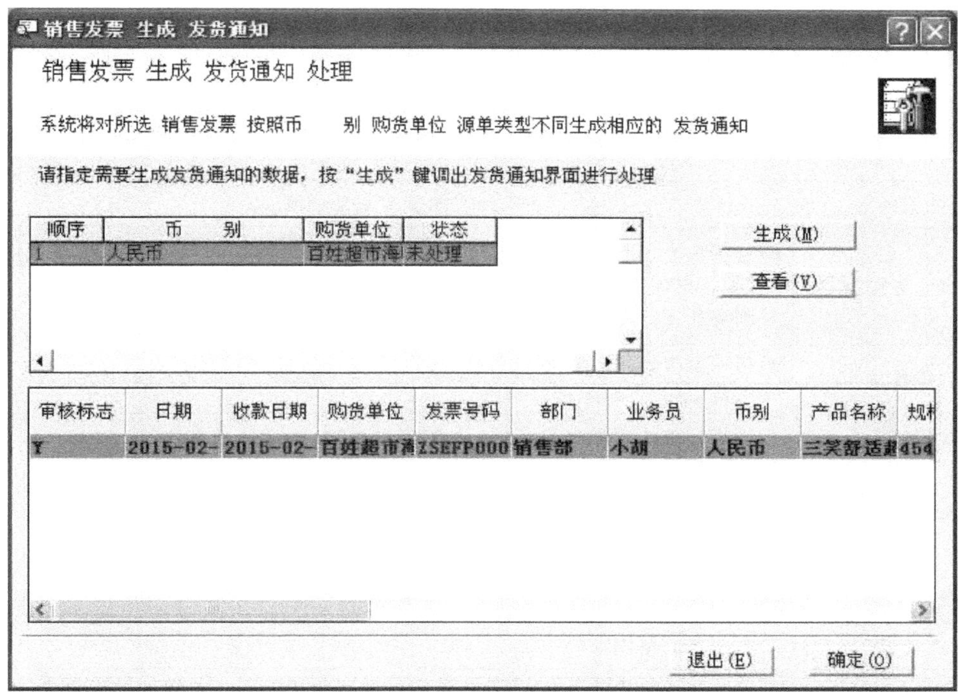

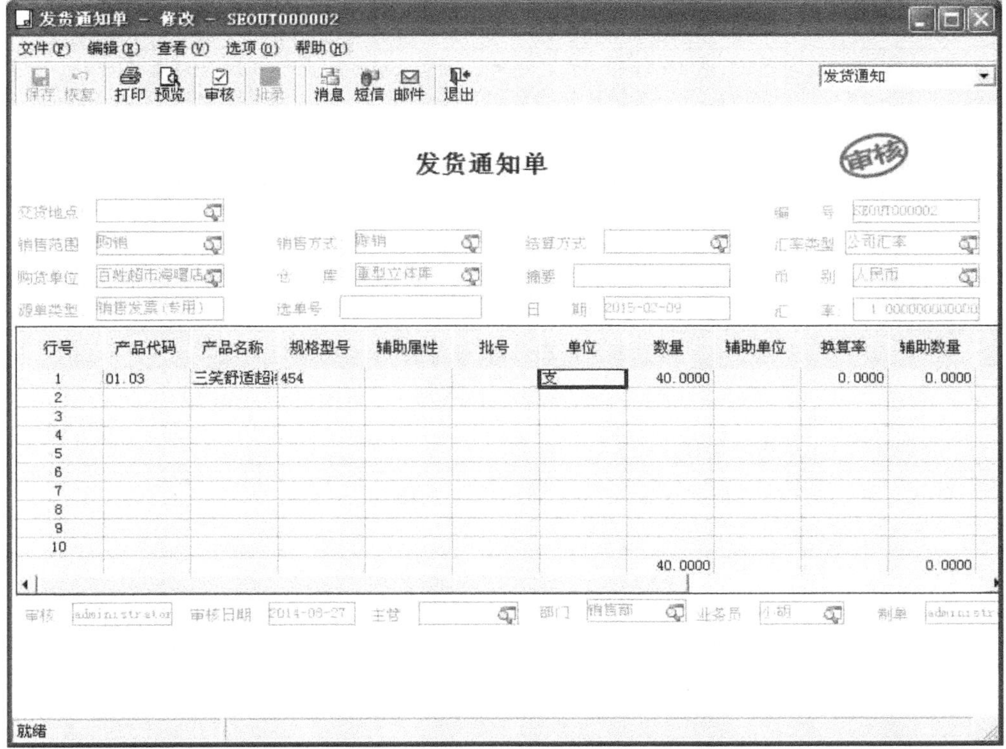

图 4-2-34

5.销售出库单

操作路径:【供应链】→【销售管理】→【销售出库】→【销售出库单—新增】→【填制单据中的相关内容】→【保存】→【审核】

单据填制:

数据项	填制要求及说明
销售业务类型	包括销售出库类型和受托出库类型,销售出库类型处理以上六种销售方式的出库,受托出库主要用于处理受托加工产品出库,即受托加工产品在完工入库后发货到委托方。此案例中为“销售出库类型”。
购货单位	是指销售报价指向的客户名称,可以直接输入客户代码或点击 F7 或 F8 选择。本案例中为“百姓超市海曙店”。
收款日期	即销售业务的实际收款日期。本案例中为“2015 年 2 月 9 日”。
销售方式	即采用哪种销售业务的处理方式,系统目前提供现销、赊销、分期收款销售、委托代销、直运销售、受托代销销售六种方式,用户根据需要选择。本案例中选择“赊销”。
源单类型	销售出库单可以根据发货通知单等单据生成。
选单号	关联单据的单据号。
交货地点	即该笔业务交货的地点,用户根据实际情况手工录入。本案例中无要求,因此无须填制此项。
日期	即销售出库单生成的日期。本案例中为“2015 年 2 月 9 日”。
发货仓库	指客户订购物料所在仓库。本案例中为“货架库”。
产品代码	点击 F7 或 F8 选择物料。还可以通过 Shift 或者 Ctrl 键进行批量选择。此案例中为“01.03 三笑舒适超净牙刷”。
数量、单位	实际申请的数量及单位。案例中为“40 支”。
单价	销售单价即企业进行销售业务时,向客户提供的所需采购物品的价格。本案例中为“3 元”。
金额	当输入了数量和单价后,会自动计算显示。公式:金额=数量×单价。
部门	点击 F7 或 F8 选择所需部门后【确定】。本案例中为“仓管部”。
业务员	点击 F7 或 F8 选择所需职员后【确定】。本案例中为“小赵”。
发货、保管	点击 F7 或 F8 选择所需职员后【确定】。本案例中为“小赵”。
审核、审核时间	审核时会自动输入。
制单	在制单时会根据登录人员的身份自动输入。

图 4-2-35

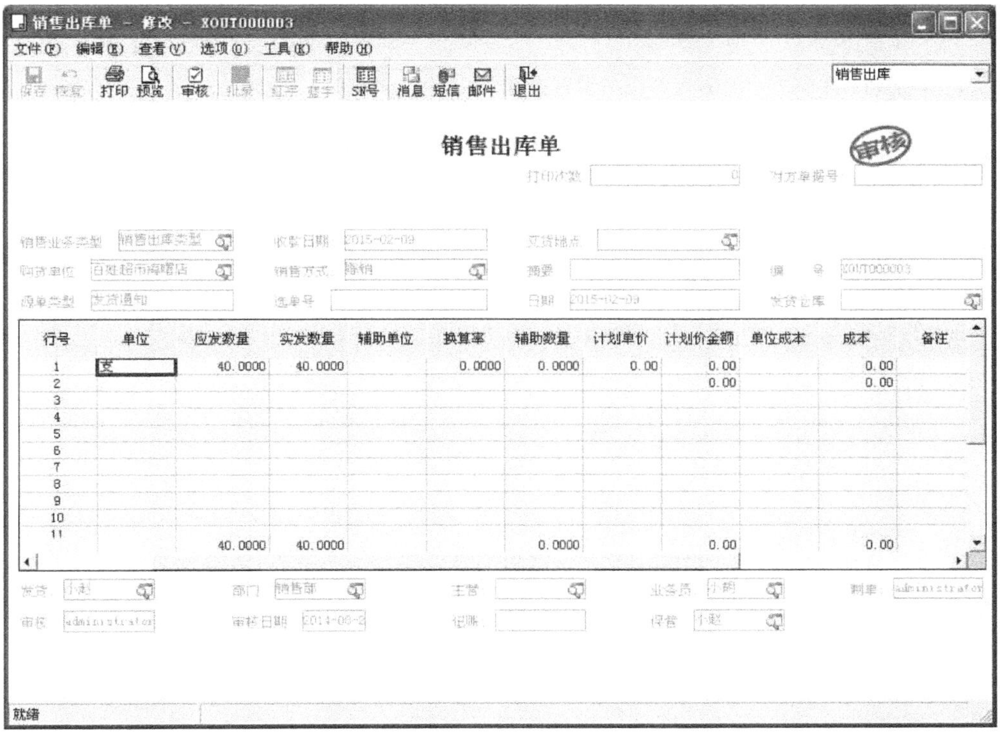

销售出库单 - 修改 - XOUT000003

文件(F) 编辑(E) 查看(V) 选项(O) 工具(T) 帮助(H)

保存 恢复 打印 预览 审核 批录 红字 蓝字 SN号 消息 短信 邮件 退出

销售出库

销售出库单

审核

打印次数 0　对方单据号

销售业务类型 销售出库类型　收款日期 2015-02-09　交货地点

购货单位 百姓超市南塘店　销售方式 赊销　摘要　编号 XOUT000003

源单类型 发货通知　选单号　日期 2015-02-09　发货仓库

行号	单位	应发数量	实发数量	辅助单位	换算率	辅助数量	计划单价	计划价金额	单位成本	成本	备注
1	支	40.0000	40.0000		0.0000	0.0000	0.00	0.00		0.00	
2								0.00		0.00	
3											
4											
5											
6											
7											
8											
9											
10											
11											
		40.0000	40.0000			0.0000		0.00		0.00	

发货 小赵　部门 销售部　主管　业务员 小胡　制单 administrator

审核 administrator　审核日期 2014-06-2　记账　保管 小赵

就绪

图 4-2-36

【随堂考核】

案例

销售部小胡	2015 年 2 月 10 日，百姓超市海曙店订购得力回形针（代码 02.02）60 盒，销售单价 2 元（不含税）。
财务部小张	2 月 11 日，向百姓超市海曙店开出增值税发票，金额为 120 元，税额为 20.4 元。
仓管部小赵	2 月 12 日，仓管部接到销售部发来的发货通知单，同日，仓管部货架库发出 60 盒得力回形针。

教学组织

1. 案例操作

一人一机，根据案例内容独立完成业务操作。

2. 考核评分

全班学生分成 A、B 两大组。A、B 两组对应学号学生互换上机座位，参考采购业务评分表完成对对方采购业务的评分。

【考核评价】

销售业务评分表

流程	评分项目	分值	得分	备注
销售报价单	购货单位□ 源单类型□ 日期□ 汇率类型□ 币别□ 物料代码□ 数量□ 单位□ 单价□ 部门□ 业务员□	11 分		
销售订单	购货单位□ 销售范围□ 销售方式□ 交货方式□ 交货地点□ 源单类型□ 结算日期□ 日期□ 汇率类型□ 币别□ 产品代码□ 数量□ 单位□ 单价□ 部门□ 业务员□	16 分		
销售发票	销售方式□ 购货单位□ 收款日期□ 源单类型□ 结算方式□ 日期□ 汇率类型□ 币别□ 产品代码□ 数量□ 单位□ 单价□ 部门□ 业务员□	14 分		
发货通知单	交货地点□ 销售范围□ 销售方式□ 购货单位□ 仓库□ 源单类型□ 日期□ 汇率类型□ 币别□ 产品代码□ 数量□ 单位□ 单价□ 部门□ 业务员□	15 分		

续　表

流程	评分项目	分值	得分	备注
销售出库单	销售业务类型□　购货单位□　收款日期□ 销售方式□　源单类型□　交货地点□ 日期□　发货仓库□　产品代码□ 数量□　单位□　单价□ 部门□　保管□　验收□ 业务员□	16 分		
操作质量总分：		72 分		
操作速度总分（正常耗时）：				
本项目总成绩：				

注：操作时间为 20 分钟。20 分钟以内得 50 分，超出时间以 2 分/分钟进行扣分。

【课后作业】

1. 简述先开票后发货销售业务的特点及操作流程。

任务三　销售分期发货业务

【实训目标】

1. 学生能够叙述销售分期发货业务基本流程和操作步骤。

2. 学生能够根据销售分期发货业务的基本流程完成相应销售业务的单据处理。

【任务说明】

销售分期发货业务是指不一次性把客户所订货物发出，而是分次发货，待货物全部发出后再统一开发票，最后收款。这种销售业务一般适用于客户要货比较急，而企业存货不足，需要分批发送的情况。

单据操作流程为【销售报价单】→【销售订单】→【发货通知单】→【销售出库单 1】→【销售出库单 2】…【销售出库单 n】→【销售发票】→【收款单】

【实训内容】

案例

销售部小胡	2015 年 2 月 13 日，百姓超市江北店订购李字牌蚊香（檀香味）（代码 01.20）100 盒，销售单价 9 元（不含税）。
仓管部小赵	2 月 14 日，仓管部接到销售部发来的发货通知单后，从货架库发出 50 盒李字牌蚊香（檀香味），2 月 15 日发出剩下的 50 盒。
财务部小张	2 月 16 日向百姓超市江北店开出增值税发票，金额为 900 元，税额为 153 元。

【知识链接】

销售报价单和销售订单等可以根据企业的需要选择是否使用。

【操作步骤】

1. 销售报价单

操作路径:【供应链】→【销售管理】→【销售报价】→【销售报价单—新增】→【填制单据中的相关内容】→【保存】→【审核】

单据填制:

数据项	填制要求及说明
单据编号	销售报价单的编号可以自动生成,也可以手工输入修改。
购货单位	是指销售报价指向的客户名称,可以直接输入客户代码或点击 F7 或 F8 选择。本案例中为“百姓超市江北店”。
源单类型	单据关联时源单单据的单据类型。销售报价单无关联单据,因此无须填制此项。
选单号	关联单据的单据号。销售报价单无关联单据,因此无须填制此项。
收款条件	是指报价单对应的收款条件。此案例中无要求,因此无须填制此项。
日期	销售报价单的填制日期。此案例为“2015 年 2 月 13 日”。
汇率类型	是指单据币别汇率的来源。此案例无要求,因此默认取销售系统参数设置中设定的默认汇率类型“公司汇率”。
币别	指价格采用哪种货币。系统默认为本位币,用户可以修改。此案例为“人民币”。
物料代码	点击 F7 或 F8 选择物料。还可以通过 Shift 或者 Ctrl 键进行批量选择。此案例中为“01.20 李字牌蚊香(檀香味)”。
数量、单位	客户订购的数量及单位。本案例中为“100 盒”。
单价	销售单价即企业进行销售业务时,向客户提供的所需采购物品的价格。本案例中为“9 元”。
金额	当输入了数量和单价后,会自动计算显示。公式:金额=数量×单价。
部门	点击 F7 或 F8 选择所需部门后【确定】。本案例中为“销售部”。
业务员	点击 F7 或 F8 选择所需职员后【确定】。本案例中为“小胡”。
审核、审核时间	审核时会自动输入。
制单	在制单时会根据登录人员的身份自动输入。

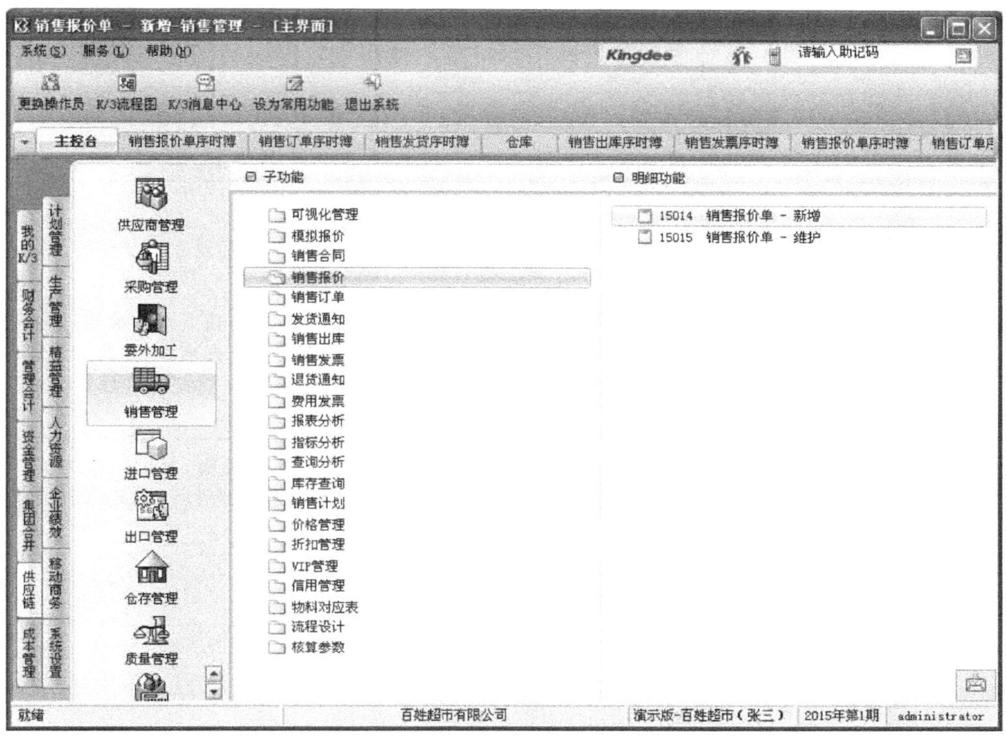

图 4-2-37

销售报价单 － 查看 － AQ000003

文件(F) 编辑(E) 数据(D) 格式(M) 选项(O) 帮助(H)

新增 恢复 打印 预览 审核 驳回 资料 刷新 计算器 消息 短信 邮件 退出

销售报价单

日期：2015-02-13　审核

单据编号：AQ000003　版本号：000　汇率类型：公司汇率

购货单位：百姓超市江北店　收款条件　币别：人民币

源单类型　源单编号　汇率：1.0000000000

变更人　变更日期　变更原因

行号	物料代码*	物料名称	规格型号	辅助属性	单位*	数量*	单价*	含税单价*	金额	税率(%
1	01.20	李字牌蚊香（檀	Net.34g*5双盘		盒	100.0000	9.00	10.53	900.00	17.0
2										
3										
4										
5										
6										
7										
8										
9										
10										
11										
12										
13										
14										
合计						100.0000			900.00	

审核：Administr　审核日期：2014-0　部门：销售部　主管　业务员：小胡　制单人：Administr

打印次数：0

销售报价单　多级审核

就绪　物料(01.20) 辅助属性(无) 实仓的库存数量:100.0000(个),安全库存:0.0000(个)

图 4-2-38

2.销售订单

操作路径:【供应链】→【销售管理】→【销售订单】→【销售订单—新增】→【填制单据中的相关内容】→【保存】→【审核】

单据填制:

数据项	填制要求及说明
购货单位	是指销售报价指向的客户名称,可以直接输入客户代码或点击F7或F8选择。本案例中为“百姓超市江北店”。
销售范围	用于区分“购销”和“调拨”两种业务。当上下游机构都是独立核算单位,两者之间是购销关系,则选择购销;当下游机构是上游机构的一个办事处,是非独立核算单位,两者之间是调拨关系,则选择调拨。此案例中鄞职百货与百姓超市江北店是两个独立的核算单位,因此选择“购销”。
销售方式	即采用哪种销售业务的处理方式,系统目前提供现销、赊销、分期收款销售、委托代销、直运销售、受托代销销售六种方式,用户根据需要选择。本案例中选择“赊销”。
交货方式	即该笔业务交货的方式,用户根据实际情况手工录入。本案例中无要求,因此无须填制此项。
交货地点	即该笔业务交货的地点,用户根据实际情况手工录入。本案例中无要求,因此无须填制此项。
源单类型	销售订单可以根据销售报价单等单据生成。
选单号	关联单据的单据号。
结算日期	即销售业务的实际付款日期。本案例中为“2015年2月16日”。
结算方式	即销售业务的付款方式。本案例中无说明,因此无须填制。
运输提前期	即向该客户交货所需要提前的天数。本案例中无说明,因此无须填制。
日期	即销售订单生成的日期。本案例中为“2015年2月13日”。
汇率类型	是指单据币别汇率的来源。此案例无要求,因此默认取销售系统参数设置中设定的默认汇率类型“公司汇率”。
币别	指价格采用哪种货币。系统默认为本位币,用户可以修改。此案例为“人民币”。
产品代码	点击F7或F8选择物料。还可以通过Shift或者Ctrl键进行批量选择。此案例中为“01.20 李字牌蚊香(檀香味)”。
数量、单位	实际申请的数量及单位。本案例中为“100盒”。
单价	销售单价即企业进行销售业务时,向客户提供的所需采购物品的价格。本案例中为“9元”。
金额	当输入了数量和单价后,会自动计算显示。公式:金额=数量×单价。
部门	点击F7或F8选择所需部门后【确定】。本案例中为“销售部”。
业务员	点击F7或F8选择所需职员后【确定】。本案例中为“小胡”。
审核、审核时间	审核时会自动输入。
制单	在制单时会根据登录人员的身份自动输入。

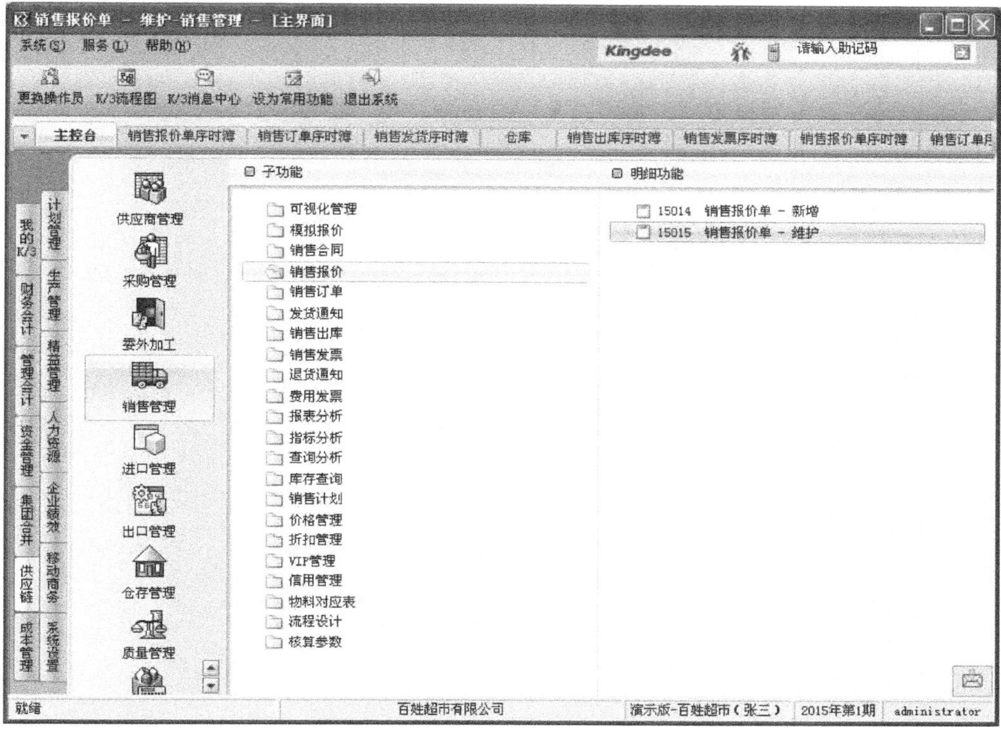

图 4-2-39

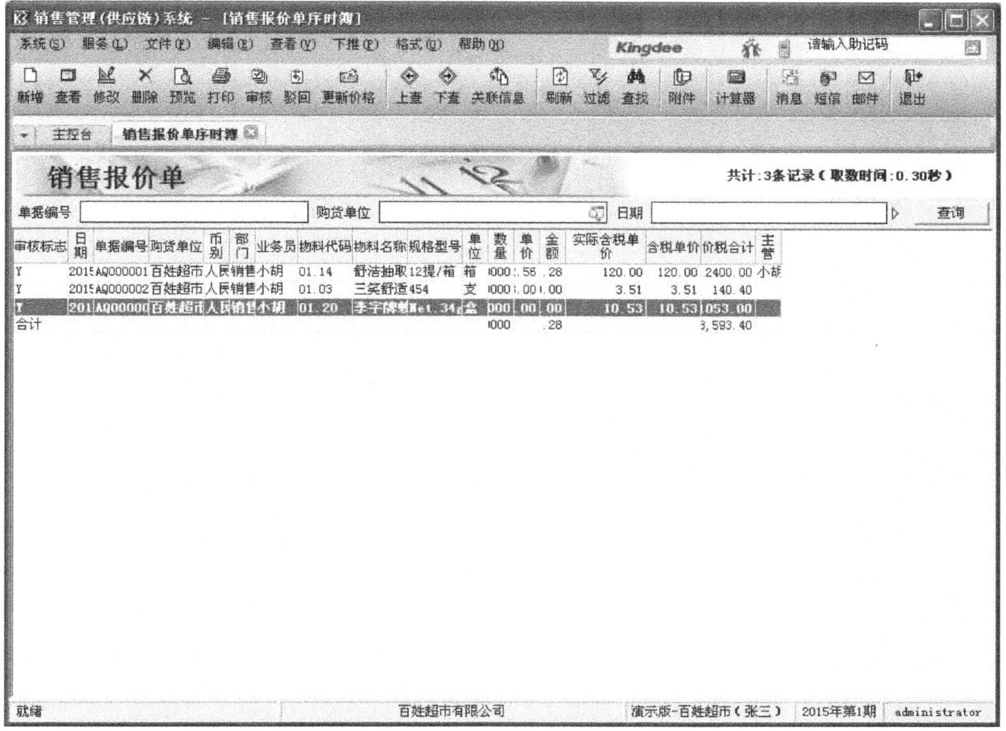

图 4-2-40

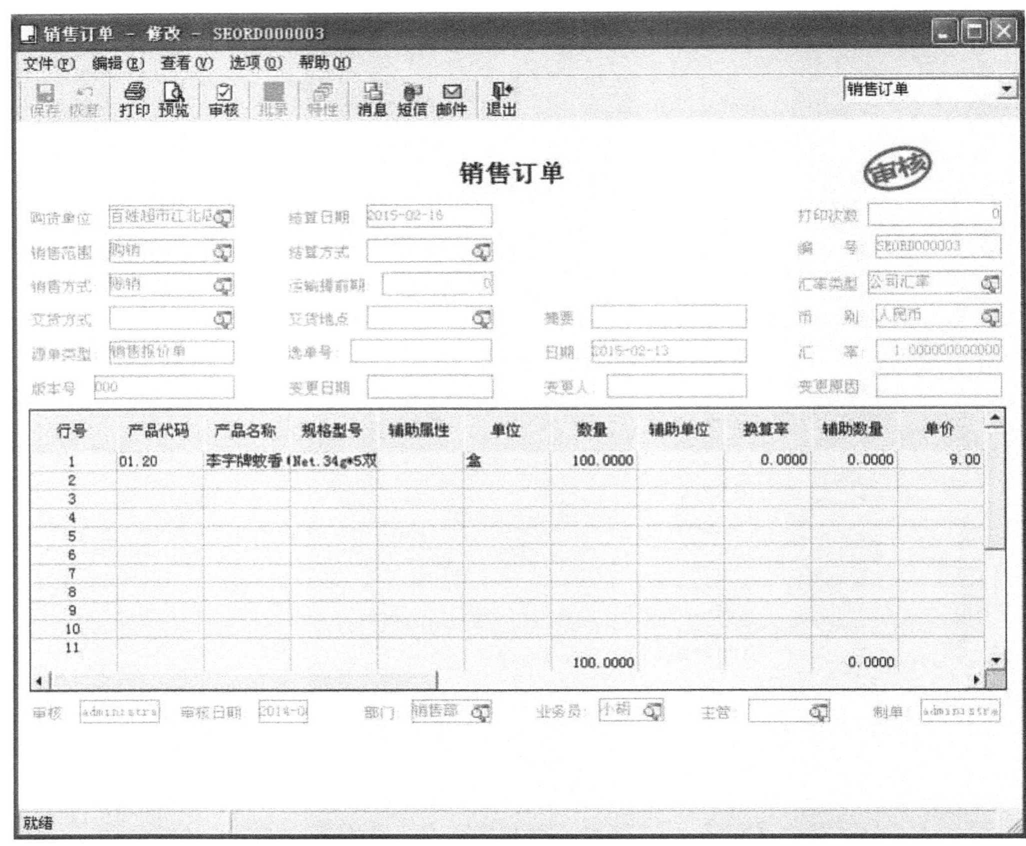

图 4-2-41

3. 发货通知单

操作路径:【供应链】→【销售管理】→【发货通知】→【发货通知单—新增】→【填制单据中的相关内容】→【保存】→【审核】

单据填制:

数据项	填制要求及说明
交货地点	即该笔业务交货的地点,用户根据实际情况手工录入。本案例中无要求,因此无须填制此项。
销售范围	用于区分“购销”和“调拨”两种业务。当上下游机构都是独立核算单位,两者之间是购销关系,则选择购销;当下游机构是上游机构的一个办事处,是非独立核算单位,两者之间是调拨关系,则选择调拨。此案例中鄞职百货与百姓超市江北店是两个独立的核算单位,因此选择“购销”。
销售方式	即采用哪种销售业务的处理方式,系统目前提供现销、赊销、分期收款销售、委托代销、直运销售、受托代销销售六种方式,用户根据需要选择。本案例中选择“赊销”。
购货单位	是指销售报价指向的客户名称,可以直接输入客户代码或点击 F7 或 F8 选择。本案例中为“百姓超市江北店”。

续 表

数据项	填制要求及说明
仓库	指客户订购物料所在仓库。本案例中由销售部填制此单通知仓管部发货，销售部在不知道物料所属仓库的前提下无须填制此项。
源单类型	发货通知单可以根据销售订单等单据生成。
选单号	关联单据的单据号。
结算方式	即销售业务的付款方式。本案例中无说明，因此无须填制。
日期	即发货通知单生成的日期。本案例中为“2015 年 2 月 14 日”。
汇率类型	是指单据币别汇率的来源。此案例无要求，因此默认取销售系统参数设置中设定的默认汇率类型“公司汇率”。
币别	指价格采用哪种货币。系统默认为本位币，用户可以修改。此案例为“人民币”。
产品代码	点击 F7 或 F8 选择物料。还可以通过 Shift 或者 Ctrl 键进行批量选择。此案例中为“01.20 李字牌蚊香(檀香味)”。
数量、单位	实际申请的数量及单位。本案例中为“100 盒”。
单价	销售单价即企业进行销售业务时，向客户提供的所需采购物品的价格。本案例中为“9 元”。
金额	当输入了数量和单价后，会自动计算显示。公式：金额＝数量×单价。
部门	点击 F7 或 F8 选择所需部门后【确定】。本案例中为“销售部”。
业务员	点击 F7 或 F8 选择所需职员后【确定】。本案例中为“小胡”。
审核、审核时间	审核时会自动输入。
制单	在制单时会根据登录人员的身份自动输入。

图 4-2-42

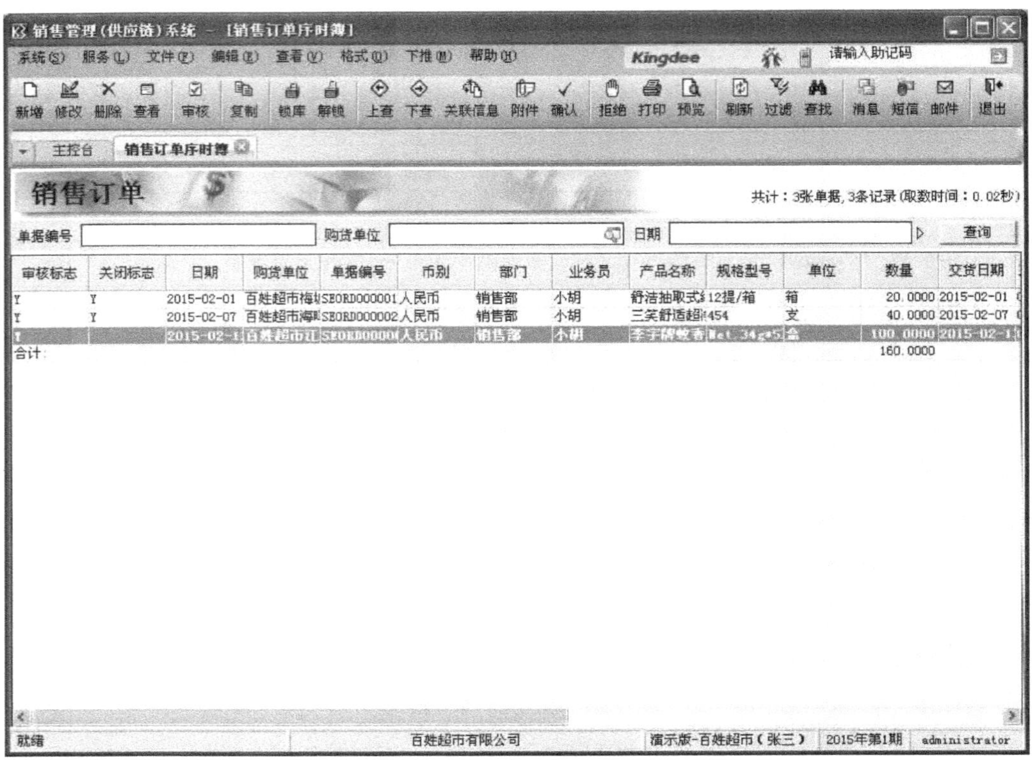

图 4-2-43

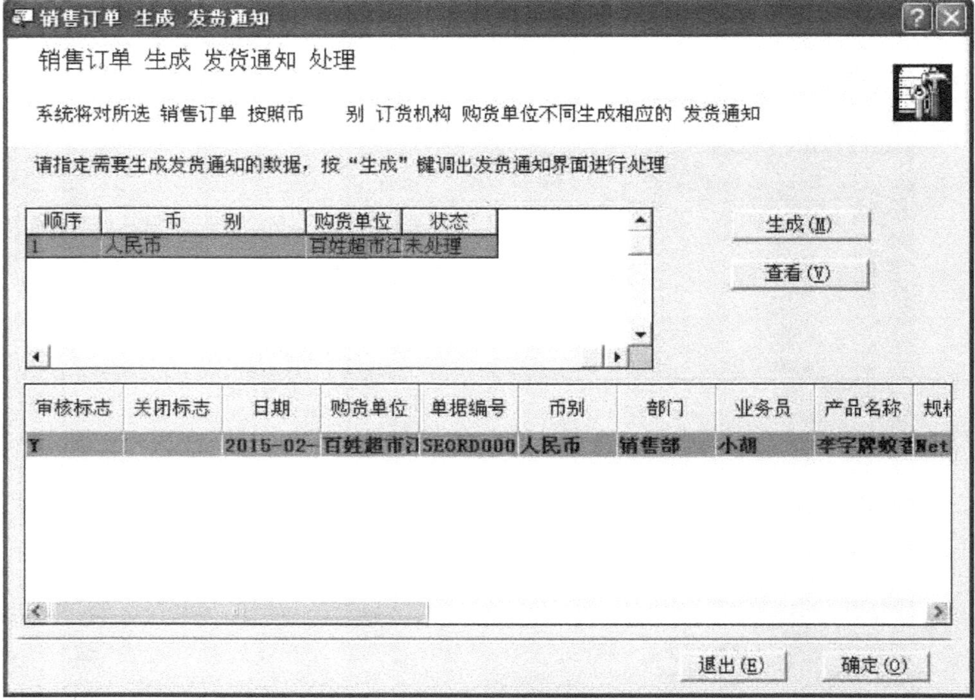

图 4-2-44

图 4-2-45

4. 销售出库单①

操作路径:【供应链】→【销售管理】→【销售出库】→【销售出库单—新增】→【填制单据中的相关内容】→【保存】→【审核】

单据填制:

数据项	填制要求及说明
销售业务类型	包括销售出库类型和受托出库类型,销售出库类型处理以上六种销售方式的出库,受托出库主要用于处理受托加工产品出库,即受托加工产品在完工入库后发货到委托方。此案例中为“销售出库类型”。
购货单位	是指销售报价指向的客户名称,可以直接输入客户代码或点击 F7 或 F8 选择。本案例中为“百姓超市江北店”。
收款日期	即销售业务的实际收款日期。本案例中为“2015 年 2 月 16 日”。
销售方式	即采用哪种销售业务的处理方式,系统目前提供现销、赊销、分期收款销售、委托代销、直运销售、受托代销销售六种方式,用户根据需要选择。本案例中选择“赊销”。
源单类型	销售出库单可以根据发货通知单等单据生成。
选单号	关联单据的单据号。

续 表

数据项	填制要求及说明
交货地点	即该笔业务交货的地点，用户根据实际情况手工录入。本案例中无要求，因此无须填制此项。
日期	即销售出库单生成的日期。本案例中为"2015 年 2 月 14 日"。
发货仓库	指客户订购物料所在仓库。本案例中为"货架库"。
产品代码	点击 F7 或 F8 选择物料。还可以通过 Shift 或者 Ctrl 键进行批量选择。此案例中为"01.20 李字牌蚊香(檀香味)"。
数量、单位	实际申请的数量及单位。本案例中为"50 盒"。
单价	销售单价即企业进行销售业务时，向客户提供的所需采购物品的价格。本案例中为"9 元"。
金额	当输入了数量和单价后，会自动计算显示。公式：金额＝数量×单价。
部门	点击 F7 或 F8 选择所需部门后【确定】。本案例中为"仓管部"。
业务员	点击 F7 或 F8 选择所需职员后【确定】。本案例中为"小赵"。
发货、保管	点击 F7 或 F8 选择所需职员后【确定】。本案例中均为"小赵"。
审核、审核时间	审核时会自动输入。
制单	在制单时会根据登录人员的身份自动输入。

图 4-2-46

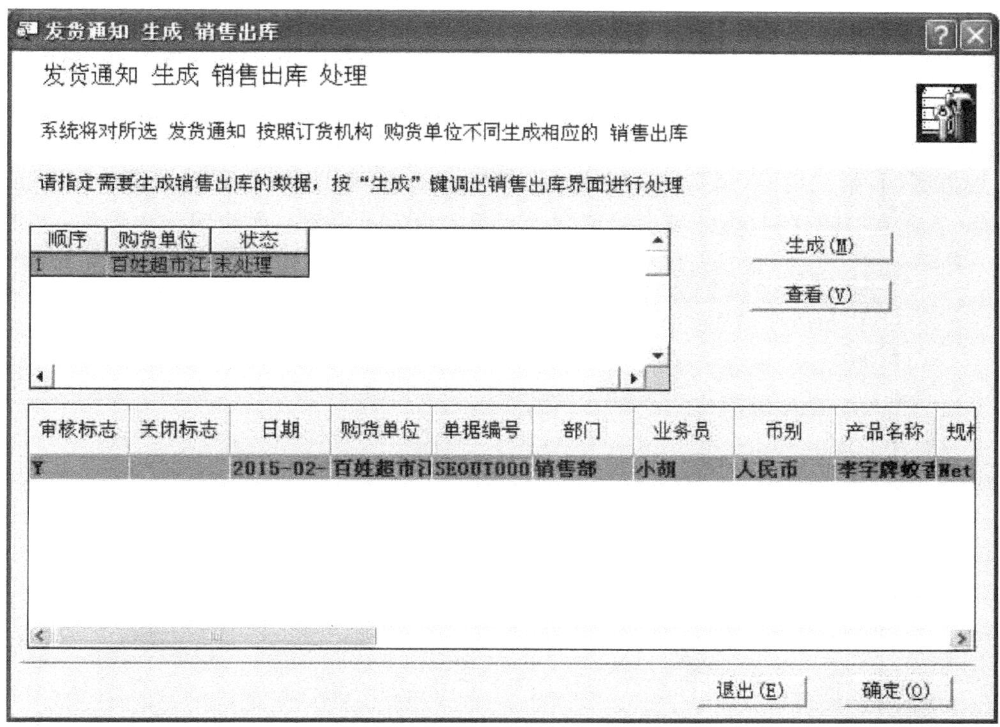

图 4-2-47

销售出库单 - 修改 - XOUT000004

文件(F) 编辑(E) 查看(V) 选项(O) 工具(K) 帮助(H)

保存 恢复 打印 预览 审核 批录 红字 蓝字 SN号 消息 短信 邮件 退出　销售出库

销售出库单　审核

销售业务类型 销售出库类型　收款日期 2015-02-14　交货地点

购货单位 百姓超市江北店　销售方式 赊销　摘要　编号 XOUT000004

源单类型 发货通知　选单号　日期 2015-02-14　发货仓库

行号	产品代码	产品名称	规格型号	辅助属性	批号	单位	应发数量	实发数量	辅助单位	换算率	辅助数量	计划
1	01.20	李宇牌蚊香	Net.34g*5双			盒	100.0000	50.0000		0.0000	0.0000	
2												
3												
4												
5												
6												
7												
8												
9												
10												
11												
							100.0000	50.0000			0.0000	

发货 小赵　部门 销售部　主管　业务员 小胡　制单 administrator

审核 administrator　审核日期 2014-08-27　记账　保管 小赵

就绪

图 4-2-48

5. 销售出库单②

操作路径:【供应链】→【销售管理】→【销售出库】→【销售出库单—新增】→【填制单据中的相关内容】→【保存】→【审核】

单据填制:

根据案例,第二批 50 箱李字牌蚊香(檀香味)于 2 月 15 日发出,因此销售出库单②除了日期为“2 月 15 日”外,其余数据项的填制均与销售出库单①的制作相同。

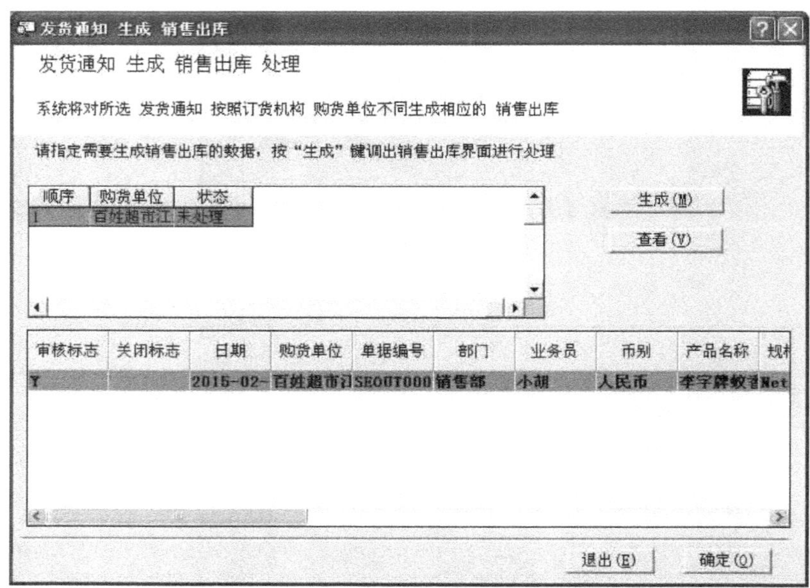

图 4-2-49

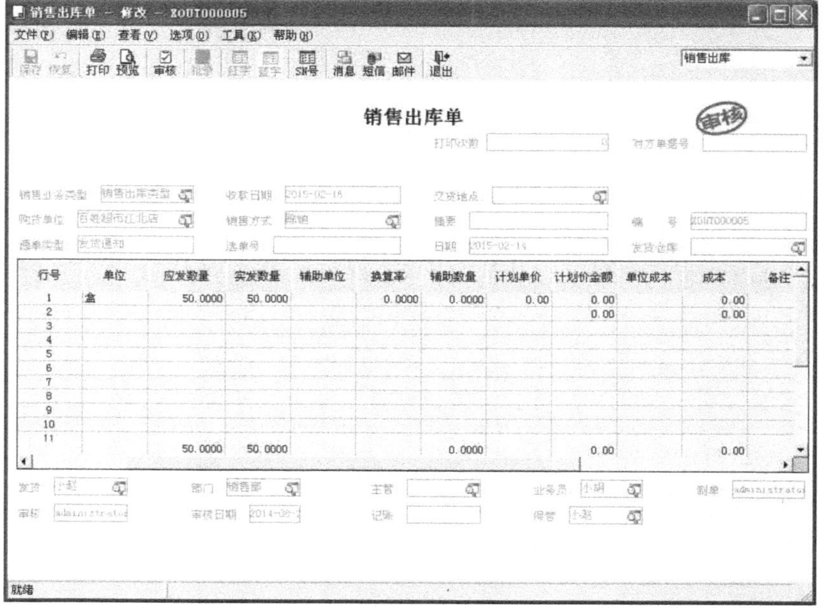

图 4-2-50

6. 销售发票

操作路径:【供应链】→【销售管理】→【销售发票】→【销售发票—新增】→【填制单据中的相关内容】→【保存】→【审核】

单据填制:

数据项	填制要求及说明
销售方式	即采用哪种销售业务的处理方式,系统目前提供现销、赊销、分期收款销售、委托代销、直运销售、受托代销销售六种方式,用户根据需要选择。本案例中选择“赊销”。
购货单位	是指销售报价指向的客户名称,可以直接输入客户代码或点击 F7 或 F8 选择。本案例中为“百姓超市江北店”。
收款日期	即销售业务的实际收款日期。本案例中为“2015 年 2 月 16 日”。
源单类型	销售发票可以根据销售出库单等单据生成。
选单号	关联单据的单据号。
结算方式	即销售业务的付款方式。本案例中无说明,因此无须填制。
日期	即销售发票生成的日期。本案例中为“2015 年 2 月 16 日”。
汇率类型	是指单据币别汇率的来源。此案例无要求,因此默认取销售系统参数设置中设定的默认汇率类型“公司汇率”。
币别	指价格采用哪种货币。系统默认为本位币,用户可以修改。此案例为“人民币”。
产品代码	点击 F7 或 F8 选择物料。还可以通过 Shift 或者 Ctrl 键进行批量选择。此案例中为“01.20 李字牌蚊香(檀香味)”。
数量、单位	实际申请的数量及单位。本案例中为“100 盒”。
单价	销售单价即企业进行销售业务时,向客户提供的所需采购物品的价格。本案例中为“9 元”。
金额	当输入了数量和单价后,会自动计算显示。公式:金额=数量×单价。
部门	点击 F7 或 F8 选择所需部门后【确定】。本案例中为“财务部”。
业务员	点击 F7 或 F8 选择所需职员后【确定】。本案例中为“小张”。
审核、审核时间	审核时会自动输入。
制单	在制单时会根据登录人员的身份自动输入。

图 4-2-51

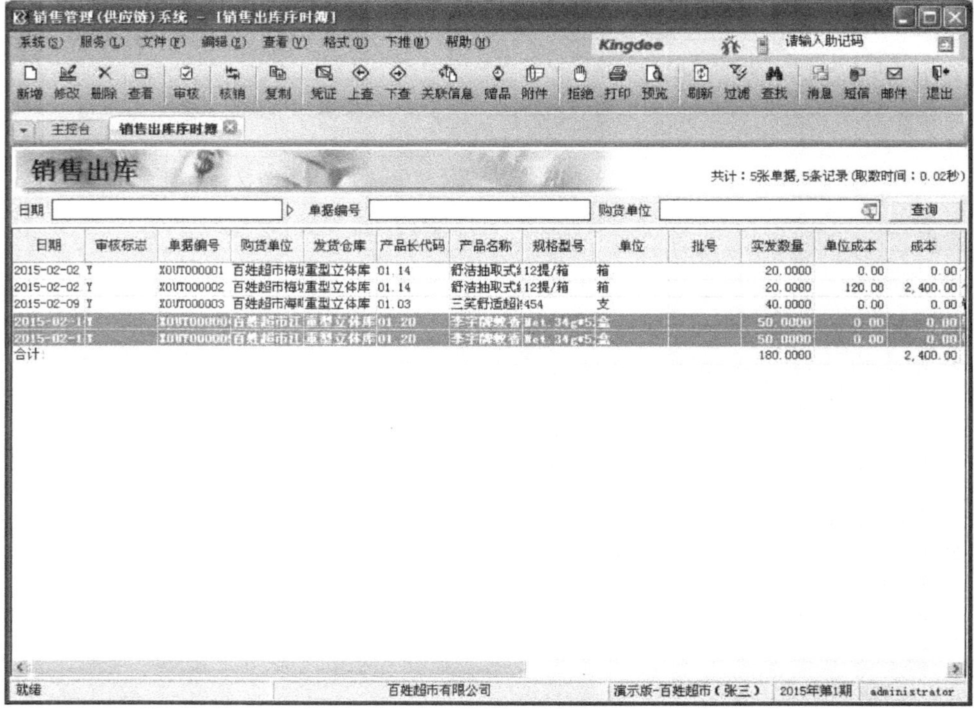

图 4-2-52

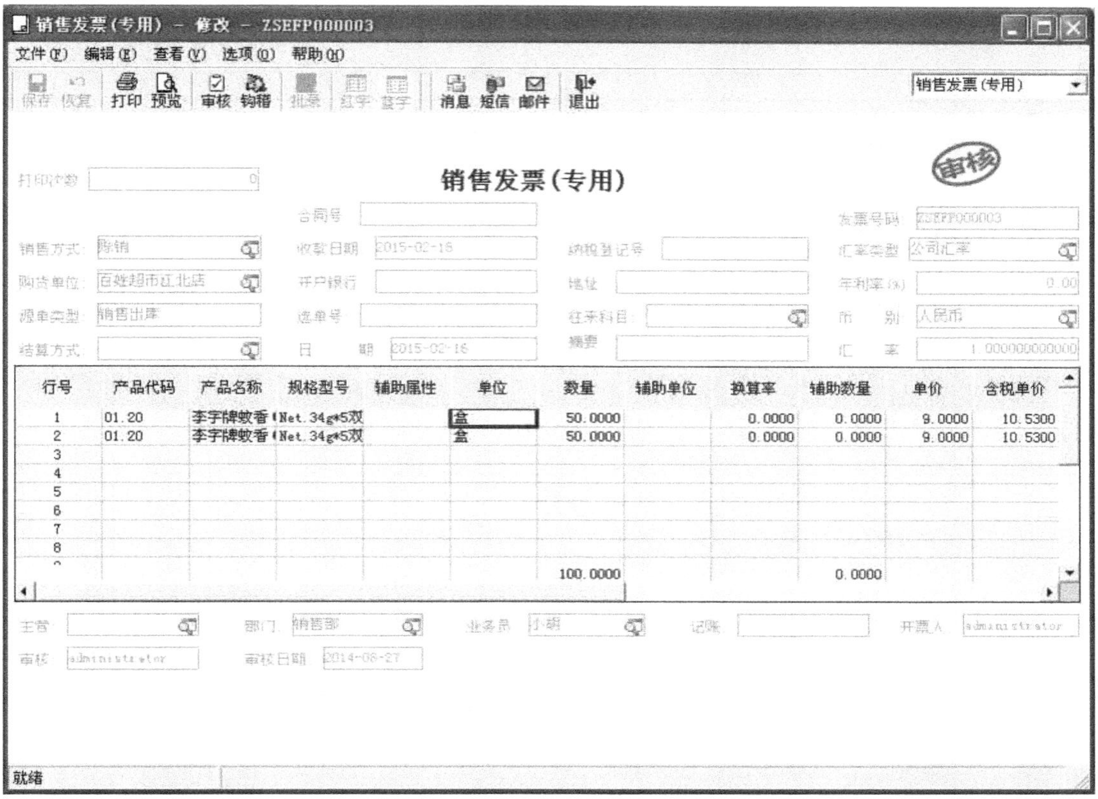

图 4-2-53

【随堂考核】

案例

销售部小胡	2015 年 2 月 17 日，百姓超市江北店订购高露洁草本萃爽牙膏(代码 01.01)100 支，销售单价 6 元(不含税)。
仓管部小赵	2 月 18 日，仓管部接到销售部发来的发货通知单后，从货架库发出 40 支高露洁草本萃爽牙膏，2 月 19 日发出剩下的 60 支。
财务部小张	2 月 20 日向百姓超市江北店开出增值税发票，金额为 600 元，税额为 102 元。

教学组织

1. 案例操作

一人一机，根据案例内容独立完成业务操作。

2. 考核评分

全班学生分成 A、B 两大组。A、B 两组对应学号学生互换上机座位，参考采购业务评分表完成对对方采购业务的评分。

【考核评价】

销售业务评分表

流程	评　分　项　目	分值	得分	备注
销售报价单	购货单位□　源单类型□　日期□ 汇率类型□　币别□　物料代码□ 数量□　单位□　单价□ 部门□　业务员□	11 分		
销售订单	购货单位□　销售范围□　销售方式□ 交货方式□　交货地点□　源单类型□ 结算日期□　日期□　汇率类型□ 币别□　产品代码□　数量□ 单位□　单价□　部门□ 业务员□	16 分		
发货通知单	交货地点□　销售范围□　销售方式□ 购货单位□　仓库□　源单类型□ 日期□　汇率类型□　币别□ 产品代码□　数量□　单位□ 单价□　部门□　业务员□	15 分		
销售出库单①	销售业务类型□　购货单位□　收款日期□ 销售方式□　源单类型□　交货地点□ 日期□　发货仓库□　产品代码□ 数量□　单位□　单价□ 部门□　保管□　验收□ 业务员□	16 分		
销售出库单②	销售业务类型□　购货单位□　收款日期□ 销售方式□　源单类型□　交货地点□ 日期□　发货仓库□　产品代码□ 数量□　单位□　单价□ 部门□　保管□　验收□ 业务员□	16 分		
销售发票	销售方式□　购货单位□　收款日期□ 源单类型□　结算方式□　日期□ 汇率类型□　币别□　产品代码□ 数量□　单位□　单价□ 部门□　业务员□	14 分		
操作质量总分：		88 分		
操作速度总分(正常耗时)：				
本项目总成绩：				

注：操作时间为 20 分钟。20 分钟以内得 50 分，超出时间以 2 分/分钟进行扣分。

【课后作业】

1. 简述销售分期发货业务的特点及操作流程。

任务四　销售分期收款业务

【实训目标】

1. 学生能够叙述销售分期收款业务基本流程和操作步骤。
2. 学生能够根据销售分期收款业务的基本流程完成相应销售业务的单据处理。

【任务说明】

销售分期收款业务实际业务是：先发货，再分期开票、收款。该种方式下，销售出库时，先由产成品转入分期收款发出商品。钩稽时，将出库单和发票进行部分核销。

单据操作流程为【销售报价单】→【销售订单】→【发货通知单】→【销售出库单 1】→【销售出库单 2】…【销售出库单 n】→【销售发票】→【收款单】

【实训内容】

案例

销售部小胡	2015 年 2 月 21 日，百姓超市江东店订购娃哈哈矿泉水(代码 03.11)60 箱，销售单价 45 元(不含税)。2 月 22 日，通知仓管部发货。
仓管部小赵	2 月 22 日，仓管部重型立体库将 60 箱娃哈哈矿泉水全部发出。
财务部小张	与百姓超市江东店约定于 2 月 23 日收取第一期 30 箱的货款，并开具相应的销售发票。2 月 24 日收取第二期 30 箱的货款。

【知识链接】

1. 在企业实际经营过程中，会出现客户资金周转不灵，一时难以付清全部货款的情况。企业可根据实际情况判断，若对方是合作关系好且信用好的客户，可对其实行分期收款。

2. 销售报价单、销售订单等可以根据企业的需要选择是否填制，收款单不在销售系统中处理。

【操作步骤】

1. 销售报价单

操作路径：【供应链】→【销售管理】→【销售报价】→【销售报价单—新增】→【填制单据中的相关内容】→【保存】→【审核】

单据填制：

数据项	填制要求及说明
单据编号	销售报价单的编号可以自动生成，也可以手工输入修改。
购货单位	是指销售报价指向的客户名称，可以直接输入客户代码或点击 F7 或 F8 选择。本案例中为“百姓超市江东店”。
源单类型	单据关联时源单单据的单据类型。销售报价单无关联单据，因此无须填制此项。
选单号	关联单据的单据号。销售报价单无关联单据，因此无须填制此项。

续　表

数据项	填制要求及说明
收款条件	是指报价单对应的收款条件。此案例中无要求，因此无须填制此项。
日期	销售报价单的填制日期。此案例为“2015 年 2 月 21 日”。
汇率类型	是指单据币别汇率的来源。此案例无要求，因此默认取销售系统参数设置中设定的默认汇率类型“公司汇率”。
币别	指价格采用哪种货币。系统默认为本位币，用户可以修改。此案例为“人民币”。
物料代码	点击 F7 或 F8 选择物料。还可以通过 Shift 或者 Ctrl 键进行批量选择。此案例中为“03.11 娃哈哈矿泉水”。
数量、单位	客户订购的数量及单位。本案例中为“60 箱”。
单价	销售单价即企业进行销售业务时，向客户提供的所需采购物品的价格。本案例中为“45 元”。
金额	当输入了数量和单价后，会自动计算显示。公式：金额＝数量×单价。
部门	点击 F7 或 F8 选择所需部门后【确定】。本案例中为“销售部”。
业务员	点击 F7 或 F8 选择所需职员后【确定】。本案例中为“小胡”。
审核、审核时间	审核时会自动输入。
制单	在制单时会根据登录人员的身份自动输入。

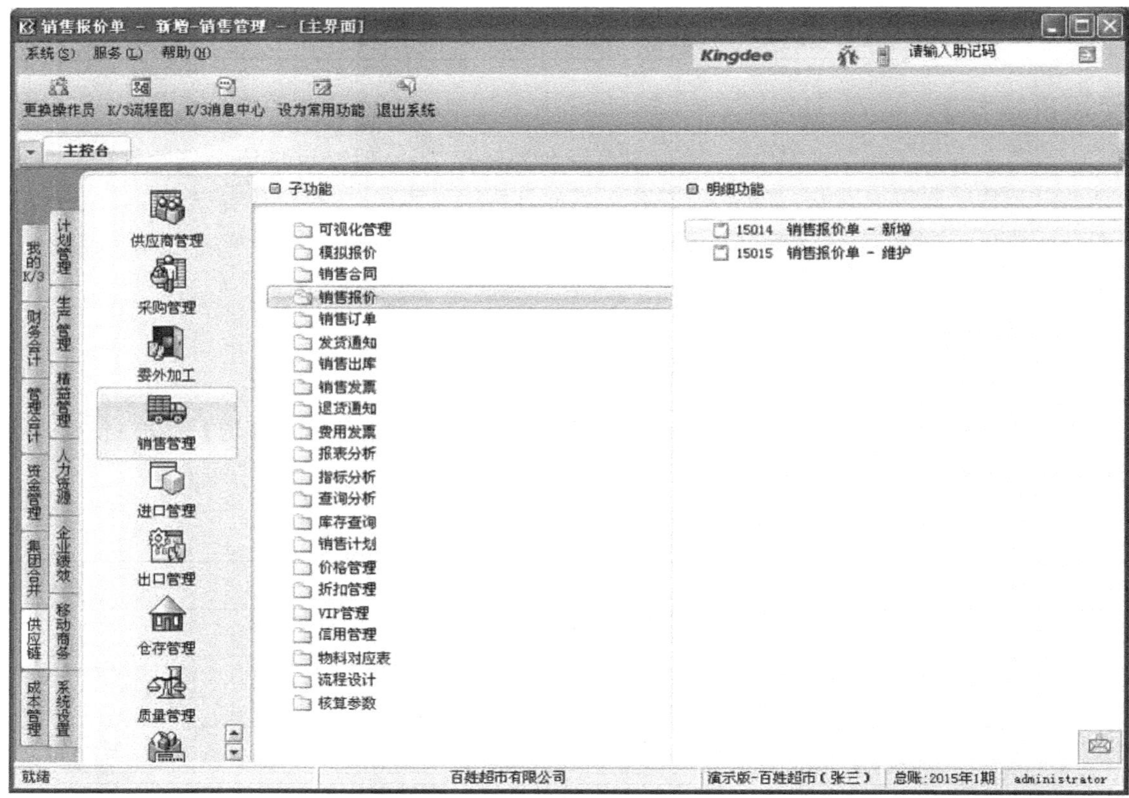

图 4-2-54

图 4-2-55

2. 销售订单

操作路径:【供应链】→【销售管理】→【销售订单】→【销售订单—新增】→【填制单据中的相关内容】→【保存】→【审核】

单据填制:

数据项	填制要求及说明
购货单位	是指销售报价指向的客户名称,可以直接输入客户代码或点击 F7 或 F8 选择。本案例中为“百姓超市江东店”。
销售范围	用于区分“购销”和“调拨”两种业务。当上下游机构都是独立核算单位,两者之间是购销关系,则选择购销;当下游机构是上游机构的一个办事处,是非独立核算单位,两者之间是调拨关系,则选择调拨。此案例中鄞职百货与百姓超市江东店是两个独立的核算单位,因此选择“购销”。
销售方式	即采用哪种销售业务的处理方式,系统目前提供现销、赊销、分期收款销售、委托代销、直运销售、受托代销销售六种方式,用户根据需要选择。本案例中选择“分期收款销售”。
交货方式	即该笔业务交货的方式,用户根据实际情况手工录入。本案例中无要求,因此无须填制此项。
交货地点	即该笔业务交货的地点,用户根据实际情况手工录入。本案例中无要求,因此无须填制此项。
源单类型	销售订单可以根据销售报价单等单据生成。

续 表

数据项	填制要求及说明
选单号	关联单据的单据号。
结算日期	即销售业务的实际付款日期。本案例中为“2015 年 2 月 24 日”。
结算方式	即销售业务的付款方式。本案例中无说明，因此无须填制。
运输提前期	即向该客户交货所需要提前的天数。本案例中无说明，因此无须填制。
日期	即销售订单生成的日期。本案例中为“2015 年 2 月 21 日”。
汇率类型	是指单据币别汇率的来源。此案例无要求，因此默认取销售系统参数设置中设定的默认汇率类型“公司汇率”。
币别	指价格采用哪种货币。系统默认为本位币，用户可以修改。此案例为“人民币”。
产品代码	点击 F7 或 F8 选择物料。还可以通过 Shift 或者 Ctrl 键进行批量选择。此案例中为“03.11 娃哈哈矿泉水”。
数量、单位	实际申请的数量及单位。本案例中为“60 箱”。
单价	销售单价即企业进行销售业务时，向客户提供的所需采购物品的价格。本案例中为“45 元”。
金额	当输入了数量和单价后，会自动计算显示。公式：金额＝数量×单价。
部门	点击 F7 或 F8 选择所需部门后【确定】。本案例中为“销售部”。
业务员	点击 F7 或 F8 选择所需职员后【确定】。本案例中为“小胡”。
审核、审核时间	审核时会自动输入。
制单	在制单时会根据登录人员的身份自动输入。

图 4-2-56

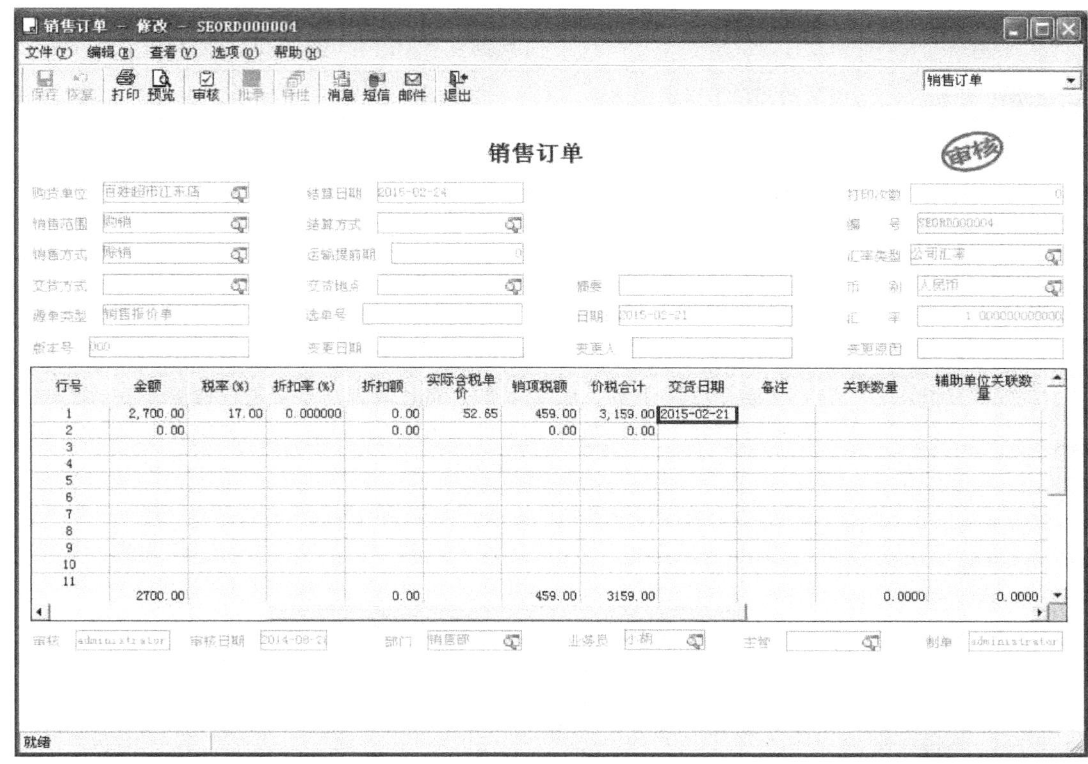

图 4-2-57

3. 发货通知单

操作路径：【供应链】→【销售管理】→【发货通知】→【发货通知单—新增】→【填制单据中的相关内容】→【保存】→【审核】

单据填制：

数据项	填制要求及说明
交货地点	即该笔业务交货的地点，用户根据实际情况手工录入。本案例中无要求，因此无须填制此项。
销售范围	用于区分“购销”和“调拨”两种业务。当上下游机构都是独立核算单位，两者之间是购销关系，则选择购销；当下游机构是上游机构的一个办事处，是非独立核算单位，两者之间是调拨关系，则选择调拨。此案例中鄞职百货与百姓超市江东店是两个独立的核算单位，因此选择“购销”。
销售方式	即采用哪种销售业务的处理方式，系统目前提供现销、赊销、分期收款销售、委托代销、直运销售、受托代销销售六种方式，用户根据需要选择。本案例中选择“分期收款销售”。
购货单位	是指销售报价指向的客户名称，可以直接输入客户代码或点击 F7 或 F8 选择。本案例中为“百姓超市江东店”。
仓库	指客户订购物料所在仓库。本案例中由销售部填制此单通知仓管部发货，销售部在不知道物料所属仓库的前提下无须填制此项。

续 表

数据项	填制要求及说明
源单类型	发货通知单可以根据销售订单等单据生成。
选单号	关联单据的单据号。
结算方式	即销售业务的付款方式。本案例中无说明，因此无须填制。
日期	即发货通知单生成的日期。本案例中为“2015 年 2 月 22 日”。
汇率类型	是指单据币别汇率的来源。此案例无要求，因此默认取销售系统参数设置中设定的默认汇率类型“公司汇率”。
币别	指价格采用哪种货币。系统默认为本位币，用户可以修改。此案例为“人民币”。
产品代码	点击 F7 或 F8 选择物料。还可以通过 Shift 或者 Ctrl 键进行批量选择。此案例中为“03.11 娃哈哈矿泉水”。
数量、单位	实际申请的数量及单位。本案例中为“60 箱”。
单价	销售单价即企业进行销售业务时，向客户提供的所需采购物品的价格。本案例中为“45 元”。
金额	当输入了数量和单价后，会自动计算显示。公式:金额＝数量×单价。
部门	点击 F7 或 F8 选择所需部门后【确定】。本案例中为“销售部”。
业务员	点击 F7 或 F8 选择所需职员后【确定】。本案例中为“小胡”。
审核、审核时间	审核时会自动输入。
制单	在制单时会根据登录人员的身份自动输入。

图 4-2-58

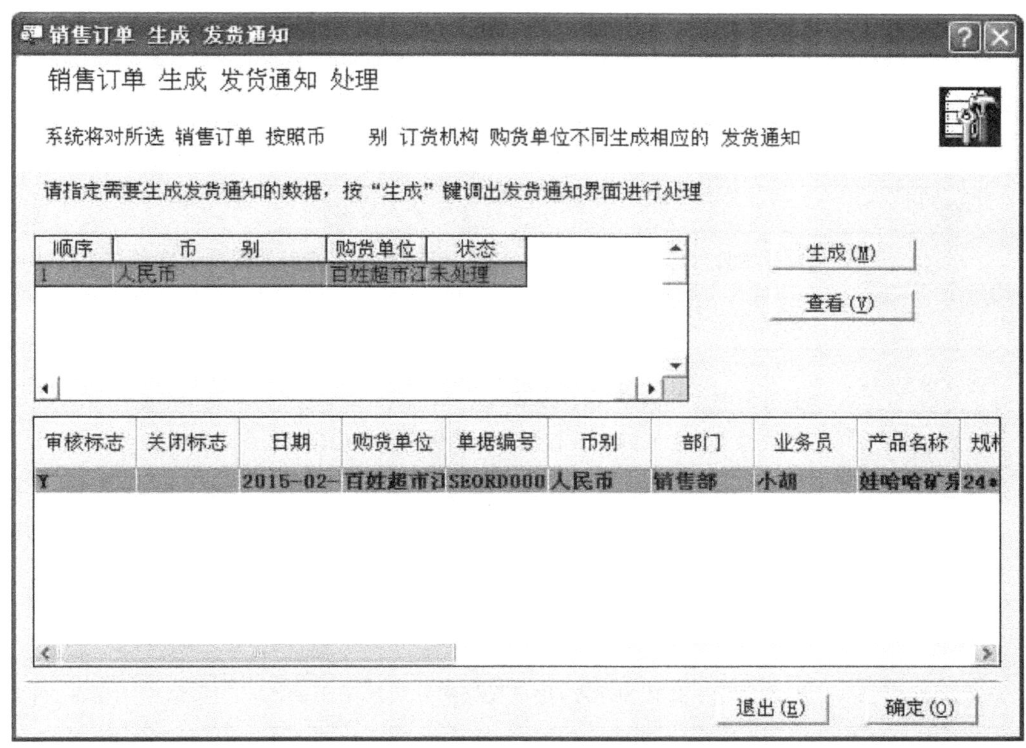

图 4-2-59

发货通知单 - 修改 - SEOUT000004

文件(F) 编辑(E) 查看(V) 选项(O) 帮助(H)

保存 恢复 打印 预览 审核 批录 消息 短信 邮件 退出　　发货通知

发货通知单　　审核

交货地点　　编号 SEOUT000004

销售范围 购销　销售方式 赊销　结算方式　汇率类型 公司汇率

购货单位 百姓超市江东店　仓库 重型立体库　摘要　币别 人民币

源单类型 销售订单　选单号　日期 2015-02-22　汇率 1.0000000000

行号	数量	辅助单位	换算率	辅助数量	单价	金额	备注	源单单号	合同单号	订单单号	交货日期	仓库
1	60.0000		0.0000	0.0000	52.65	3,159.00		SEORD000004		SEORD000004	2015-02-22	重型立体库
2						0.00						
3												
4												
5												
6												
7												
8												
9												
10												
11												
	60.0000			0.0000		3159.00						

审核 administrator　审核日期 2014-06-28　主管　部门 销售部　业务员 小胡　制单 administrator

就绪　物料(03.11)批次(无)辅助属性(无)实仓(重型立体库)的库存数量为:104.1667(箱)

图 4-2-60

4.销售出库单

操作路径:【供应链】→【销售管理】→【销售出库】→【销售出库单—新增】→【填制单据中的相关内容】→【保存】→【审核】

单据填制:

数据项	填制要求及说明
销售业务类型	包括销售出库类型和受托出库类型,销售出库类型处理以上六种销售方式的出库,受托出库主要用于处理受托加工产品出库,即受托加工产品在完工入库后发货到委托方。此案例中为“销售出库类型”。
购货单位	是指销售报价指向的客户名称,可以直接输入客户代码或点击 F7 或 F8 选择。本案例中为“百姓超市江东店”。
收款日期	即销售业务的实际收款日期。本案例中为“2015 年 2 月 22 日”。
销售方式	即采用哪种销售业务的处理方式,系统目前提供现销、赊销、分期收款销售、委托代销、直运销售、受托代销销售六种方式,用户根据需要选择。本案例中选择“分期收款销售”。
源单类型	销售出库单可以根据发货通知单等单据生成。
选单号	关联单据的单据号。
交货地点	即该笔业务交货的地点,用户根据实际情况手工录入。本案例中无要求,因此无须填制此项。
日期	即销售出库单生成的日期。本案例中为“2015 年 2 月 22 日”。
发货仓库	指客户订购物料所在仓库。本案例中为“重型立体库”。
产品代码	点击 F7 或 F8 选择物料。还可以通过 Shift 或者 Ctrl 键进行批量选择。此案例中为“03.11 娃哈哈矿泉水”。
数量、单位	实际申请的数量及单位。本案例中为“60 箱”。
单价	销售单价即企业进行销售业务时,向客户提供的所需采购物品的价格。本案例中为“45 元”。
金额	当输入了数量和单价后,会自动计算显示。公式:金额=数量×单价。
部门	点击 F7 或 F8 选择所需部门后【确定】。本案例中为“仓管部”。
业务员	点击 F7 或 F8 选择所需职员后【确定】。本案例中为“小赵”。
发货、保管	点击 F7 或 F8 选择所需职员后【确定】。本案例中均为“小赵”。
审核、审核时间	审核时会自动输入。
制单	在制单时会根据登录人员的身份自动输入。

图 4-2-61

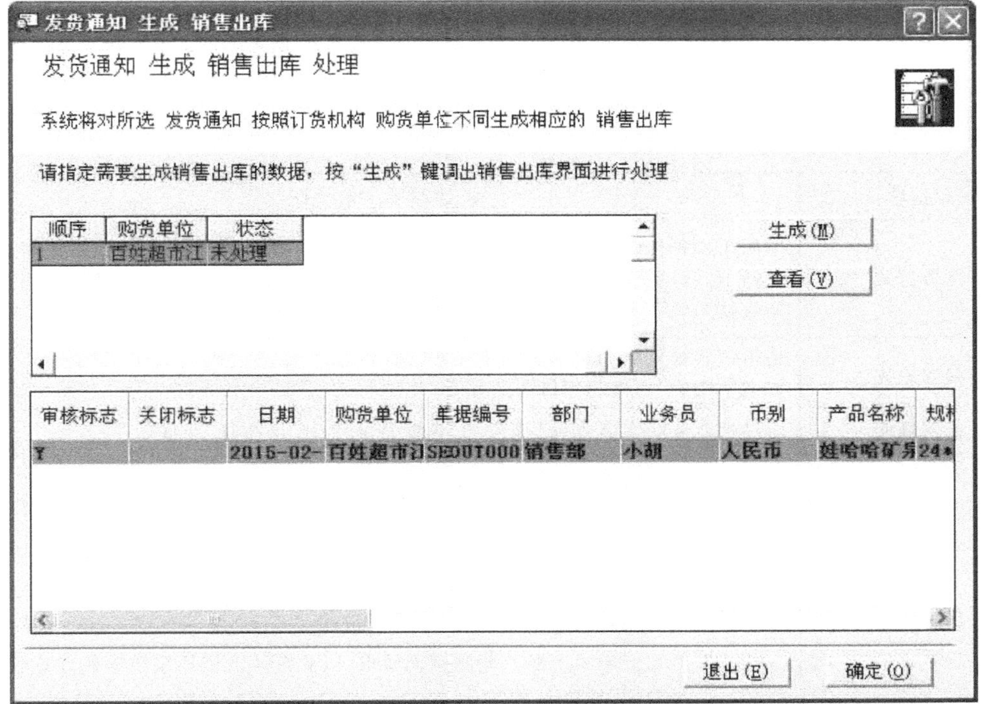

图 4-2-62

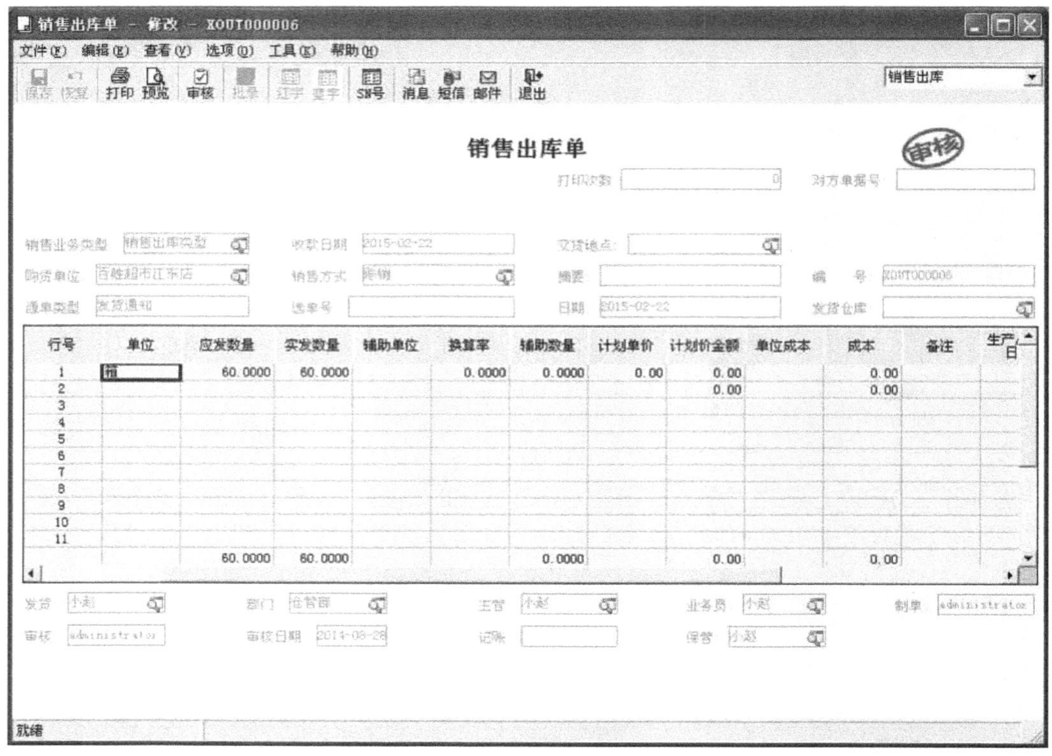

图 4-2-63

5. 销售发票①

操作路径:【供应链】→【销售管理】→【销售发票】→【销售发票—新增】→【填制单据中的相关内容】→【保存】→【审核】

单据填制:

数据项	填制要求及说明
销售方式	即采用哪种销售业务的处理方式,系统目前提供现销、赊销、分期收款销售、委托代销、直运销售、受托代销销售六种方式,用户根据需要选择。本案例中选择"分期收款销售"。
购货单位	是指销售报价指向的客户名称,可以直接输入客户代码或点击 F7 或 F8 选择。本案例中为"百姓超市江东店"。
收款日期	即销售业务的实际收款日期。本案例中为"2015 年 2 月 23 日"。
源单类型	销售发票可以根据销售出库单等单据生成。
选单号	关联单据的单据号。
结算方式	即销售业务的付款方式。本案例中无说明,因此无须填制。
日期	即销售发票生成的日期。本案例中为"2015 年 2 月 23 日"。
汇率类型	是指单据币别汇率的来源。此案例无要求,因此默认取销售系统参数设置中设定的默认汇率类型"公司汇率"。

续　表

数据项	填制要求及说明
币别	指价格采用哪种货币。系统默认为本位币，用户可以修改。此案例为“人民币”。
产品代码	点击 F7 或 F8 选择物料。还可以通过 Shift 或者 Ctrl 键进行批量选择。此案例中为“03.11 娃哈哈矿泉水”。
数量、单位	实际申请的数量及单位。本案例中为“30 箱”。
单价	销售单价即企业进行销售业务时，向客户提供的所需采购物品的价格。本案例中为“45 元”。
金额	当输入了数量和单价后，会自动计算显示。公式：金额＝数量×单价。
部门	点击 F7 或 F8 选择所需部门后【确定】。本案例中为“财务部”。
业务员	点击 F7 或 F8 选择所需职员后【确定】。本案例中为“小张”。
审核、审核时间	审核时会自动输入。
制单	在制单时会根据登录人员的身份自动输入。

图 4-2-64

销售出库 生成 销售发票(专用)
销售出库 生成 销售发票(专用) 处理
系统将对所选 销售出库 按照购货单位不同生成相应的 销售发票(专用)
请指定需要生成销售发票(专用)的数据，按“生成”键调出销售发票(专用)界面进行处理
顺序 购货单位 状态
1 百姓超市江东店 未处理
生成(M)
查看(V)
日期 审核标志 单据编号 购货单位 发货仓库 产品长代码 产品名称 规格型号 单位
2015-02- Y XOUT0000 百姓超市江 重型立体库 03.11 娃哈哈矿泉 24*596ml 箱
退出(E)
确定(O)

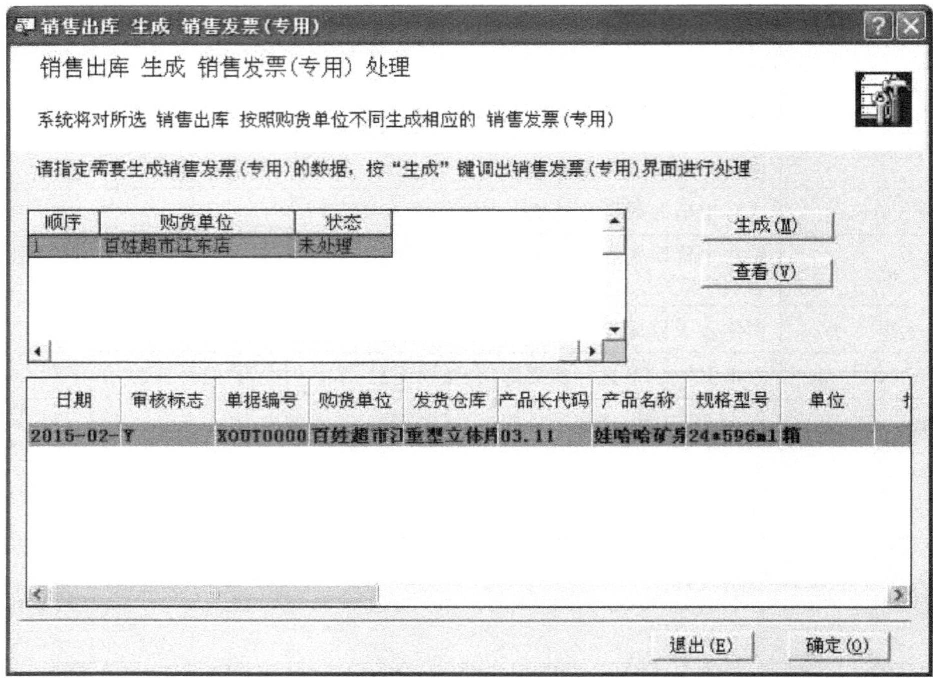

图 4-2-65

图 4-2-66

6. 销售发票②

操作路径:【供应链】→【销售管理】→【销售发票】→【销售发票—新增】→【填制单据中的相关内容】→【保存】→【审核】

单据填制:

数据项	填制要求及说明
销售方式	即采用哪种销售业务的处理方式,系统目前提供现销、赊销、分期收款销售、委托代销、直运销售、受托代销销售六种方式,用户根据需要选择。本案例中选择“分期收款销售”。
购货单位	是指销售报价指向的客户名称,可以直接输入客户代码或点击 F7 或 F8 选择。本案例中为“百姓超市江东店”。
收款日期	即销售业务的实际收款日期。本案例中为“2015 年 2 月 24 日”。
源单类型	销售发票可以根据销售出库单等单据生成。
选单号	关联单据的单据号。
结算方式	即销售业务的付款方式。本案例中无说明,因此无须填制。
日期	即销售发票生成的日期。本案例中为“2015 年 2 月 24 日”。
汇率类型	是指单据币别汇率的来源。此案例无要求,因此默认取销售系统参数设置中设定的默认汇率类型“公司汇率”。
币别	指价格采用哪种货币。系统默认为本位币,用户可以修改。此案例为“人民币”。
产品代码	点击 F7 或 F8 选择物料。还可以通过 Shift 或者 Ctrl 键进行批量选择。此案例中为“03.11 娃哈哈矿泉水”。
数量、单位	实际申请的数量及单位。本案例中为“30 箱”。
单价	销售单价即企业进行销售业务时,向客户提供的所需采购物品的价格。本案例中为“45 元”。
金额	当输入了数量和单价后,会自动计算显示。公式:金额＝数量×单价。
部门	点击 F7 或 F8 选择所需部门后【确定】。本案例中为“财务部”。
业务员	点击 F7 或 F8 选择所需职员后【确定】。本案例中为“小张”。
审核、审核时间	审核时会自动输入。
制单	在制单时会根据登录人员的身份自动输入。

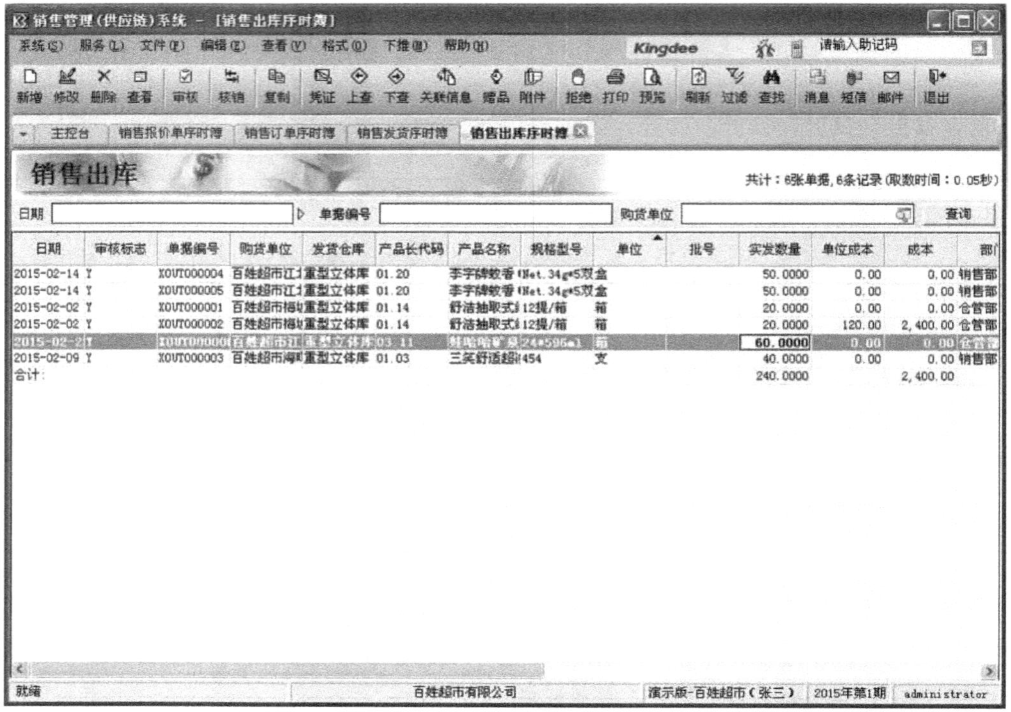

日期	审核标志	单据编号	购货单位	发货仓库	产品长代码	产品名称	规格型号	单位	批号	实发数量	单位成本	成本	部门
2015-02-14	Y	XOUT000004	百姓超市江1	重型立体库	01.20	李宇牌软香(	Net.34g*5双	盒		50.0000	0.00	0.00	销售部
2015-02-14	Y	XOUT000005	百姓超市江1	重型立体库	01.20	李宇牌软香(	Net.34g*5双	盒		50.0000	0.00	0.00	销售部
2015-02-02	Y	XOUT000001	百姓超市梅	重型立体库	01.14	舒洁抽取式	12提/箱	箱		20.0000	0.00	0.00	仓管部
2015-02-02	Y	XOUT000002	百姓超市梅	重型立体库	01.14	舒洁抽取式	12提/箱	箱		20.0000	120.00	2,400.00	仓管部
2015-02-2	Y	XOUT00000	百姓超市江	重型立体库	03.11	娃哈哈矿泉	24*596ml	箱		60.0000	0.00	0.00	仓管部
2015-02-09	Y	XOUT000003	百姓超市海	重型立体库	01.03	三笑舒适超	454	支		40.0000	0.00	0.00	销售部
合计:										240.0000		2,400.00	

图 4-2-67

销售发票（专用）

行号	产品代码	产品名称	规格型号	辅助属性	单位	数量	辅助单位	换算率	辅助数量	单价	含税单价
1	03.11	娃哈哈矿泉7	24*596ml		箱	30.0000		0.0000	0.0000	45.0000	52.6500
2											
3											
4											
5											
6											
7											
8											
9											
						30.0000			0.0000		

图 4-2-68

【随堂考核】

案例

销售部小胡	2015年2月25日，百姓超市江东店订购广博图钉(代码02.01)100盒，销售单价2元(不含税)。2月26日，通知仓管部发货。
仓管部小赵	2月26日，仓管部重型立体库将100盒广博图钉全部发出。
财务部小张	与百姓超市江东店约定于2月27日收取第一期60盒的货款，并开具相应的销售发票。2月28日收取第二期40盒的货款。

教学组织

1. 案例操作

一人一机，根据案例内容独立完成业务操作。

2. 考核评分

全班学生分成A、B两大组。A、B两组对应学号学生互换上机座位，参考采购业务评分表完成对对方采购业务的评分。

【考核评价】

销售业务评分表

流程	评分项目	分值	得分	备注
销售报价单	购货单位□　源单类型□　日期□ 汇率类型□　币别□　物料代码□ 数量□　单位□　单价□ 部门□　业务员□	11分		
销售订单	购货单位□　销售范围□　销售方式□ 交货方式□　交货地点□　源单类型□ 结算日期□　日期□　汇率类型□ 币别□　产品代码□　数量□ 单位□　单价□　部门□ 业务员□	16分		
发货通知单	交货地点□　销售范围□　销售方式□ 购货单位□　仓库□　源单类型□ 日期□　汇率类型□　币别□ 产品代码□　数量□　单位□ 单价□　部门□　业务员□	15分		
销售出库单	销售业务类型□　购货单位□　收款日期□ 销售方式□　源单类型□　交货地点□ 日期□　发货仓库□　产品代码□ 数量□　单位□　单价□ 部门□　保管□　验收□ 业务员□	16分		

续 表

流程	评分项目	分值	得分	备注
销售发票①	销售方式□ 购货单位□ 收款日期□ 源单类型□ 结算方式□ 日期□ 汇率类型□ 币别□ 产品代码□ 数量□ 单位□ 单价□ 部门□ 业务员□	14 分		
销售发票②	销售方式□ 购货单位□ 收款日期□ 源单类型□ 结算方式□ 日期□ 汇率类型□ 币别□ 产品代码□ 数量□ 单位□ 单价□ 部门□ 业务员□	14 分		
操作质量总分		86 分		
操作速度总分(正常耗时)				
本项目总成绩:				

注:操作时间为 20 分钟。20 分钟以内得 50 分,超出时间以 2 分/分钟进行扣分。

【课后作业】

简述销售分期收款业务的特点及操作流程。

任务五 销售退货业务

【实训目标】

1. 学生能够叙述销售退货业务基本流程和操作步骤。
2. 学生能够根据销售退货业务的基本流程完成相应销售业务的单据处理。

【任务说明】

销售退货业务也是企业中常见的一种业务,特点是一般先退货,然后供应商再开发票。单据操作流程为【退货通知单】→【红字销售出库单】→【红字销售发票】→【退款单】

【实训内容】

案例

销售部小胡	2015 年 2 月 17 日,百姓超市江北店发现 13 日向鄞职百货销售部购买的 100 盒李字牌蚊香(檀香味)里有 7 盒存在质量问题,销售单价为 9 元(不含税)。同日,销售部同意将 7 盒李字牌蚊香(檀香味)退回货架库,并向仓管部发送退货通知单。
仓管部小赵	2 月 17 日,仓管部收到退回的商品,并开出红字销售出库单。
财务部小张	2 月 18 日,向百姓超市江北店开出红字增值税发票。

【操作步骤】

1. 退货通知单

退货通知单是因各种原因导致客户退货，而向仓库发出的收货通知。

退货通知单的生成有三种方法：一种是直接输入保存生成，一种则是通过退货通知单中【发货通知】的接口引入数据生成，另一种是从退货通知单中【销售发票】的接口引入数据生成。本书主要介绍第一种方法。

操作路径：【供应链】→【销售管理】→【退货通知】→【退货通知单—新增】→【填制单据中的相关内容】→【保存】→【审核】

单据填制：

数据项	填制要求及说明
销售范围	用于区分"购销"和"调拨"两种业务。当上下游机构都是独立核算单位，两者之间是购销关系，则选择购销；当下游机构是上游机构的一个办事处，是非独立核算单位，两者之间是调拨关系，则选择调拨。此案例中鄞职百货与百姓超市江北店是两个独立的核算单位，因此选择"购销"。
销售方式	即采用哪种销售业务的处理方式，系统目前提供现销、赊销、分期收款销售、委托代销、直运销售、受托代销销售六种方式，用户根据需要选择。本案例中选择"赊销"。
购货单位	是指销售报价指向的客户名称，可以直接输入客户代码或点击 F7 或 F8 选择。本案例中为"百姓超市江北店"。
源单类型	退货通知单可以根据原发货通知单等单据生成。
选单号	关联单据的单据号。
退料原因	即货物退回的原因。此案例中为"存在质量问题"。
交货地点	即该笔业务交货的地点，用户根据实际情况手工录入。本案例中无要求，因此无须填制此项。
收货仓库	指客户退回物料的所在仓库。本案例中由销售部填制此单通知仓管部收货，销售部在不知道物料所属仓库的前提下无须填制此项。
日期	即退货通知单生成的日期。本案例中为"2015 年 2 月 17 日"。
汇率类型	是指单据币别汇率的来源。此案例无要求，因此默认取销售系统参数设置中设定的默认汇率类型"公司汇率"。
币别	指价格采用哪种货币。系统默认为本位币，用户可以修改。此案例为"人民币"。
产品代码	点击 F7 或 F8 选择物料。还可以通过 Shift 或者 Ctrl 键进行批量选择。此案例中为"01.20 李字牌蚊香(檀香味)"。
数量、单位	实际退回的数量及单位。本案例中为"7 盒"。
单价	销售单价即企业进行销售业务时，向客户提供的所需采购物品的价格。本案例中为"9 元"。
金额	当输入了数量和单价后，会自动计算显示。公式：金额＝数量×单价。
部门	点击 F7 或 F8 选择所需部门后【确定】。本案例中为"销售部"。
业务员	点击 F7 或 F8 选择所需职员后【确定】。本案例中为"小胡"。
审核、审核时间	审核时会自动输入。
制单	在制单时会根据登录人员的身份自动输入。

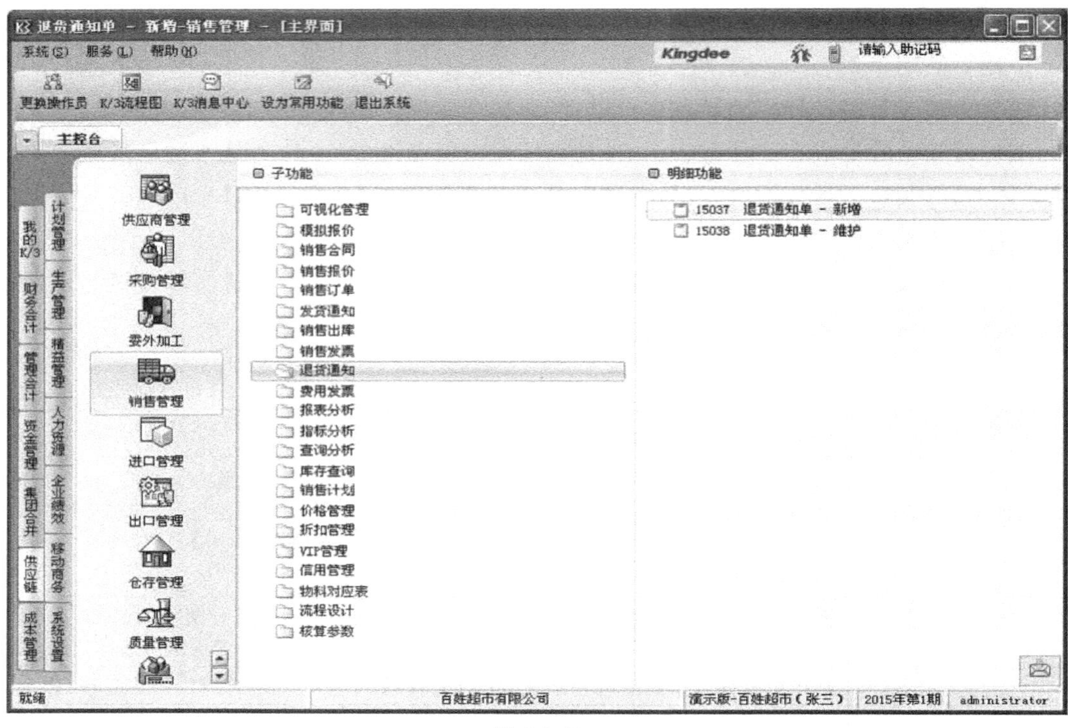

图 4-2-69

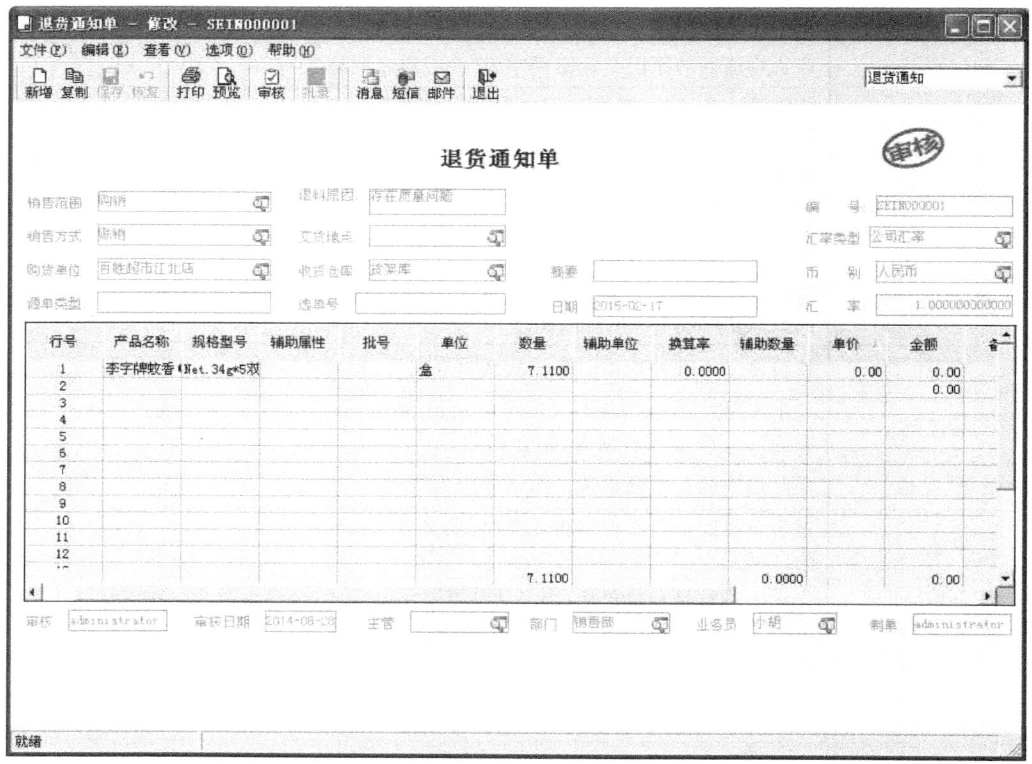

图 4-2-70

【知识链接】

1.退货通知单从原收货通知单获取时,注意要更改退货数量。

2.退货通知单也是销售系统与仓存系统连接的关键接口,它是红字销售出库单生成的依据。

2.红字销售出库单

操作路径:【供应链】→【销售管理】→【销售出库】→【销售出库单—新增】→【点击“红字”按钮】→【填制单据中的相关内容】→【保存】→【审核】

数据项	填制要求及说明
销售业务类型	包括销售出库类型和受托出库类型,销售出库类型处理以上六种销售方式的出库,受托出库主要用于处理受托加工产品出库,即受托加工产品在完工入库后发货到委托方。此案例中为“销售出库类型”。
购货单位	是指销售报价指向的客户名称,可以直接输入客户代码或点击 F7 或 F8 选择。本案例中为“百姓超市江北店”。
收款日期	即销售业务的实际收款日期。本案例中为“2015 年 2 月 18 日”。
销售方式	即采用哪种销售业务的处理方式,系统目前提供现销、赊销、分期收款销售、委托代销、直运销售、受托代销销售六种方式,用户根据需要选择。本案例中选择“赊销”。
源单类型	红字销售出库单可以根据退货通知单等单据生成。
选单号	关联单据的单据号。
交货地点	即该笔业务交货的地点,用户根据实际情况手工录入。本案例中无要求,因此无须填制此项。
日期	即销售出库单生成的日期。本案例中为“2015 年 2 月 14 日”。
发货仓库	指客户订购物料的所在仓库。本案例中为“货架库”。
产品代码	点击 F7 或 F8 选择物料。还可以通过 Shift 或者 Ctrl 键进行批量选择。此案例中为“01.20 李字牌蚊香(檀香味)”。
数量、单位	实际退回的数量及单位。本案例中为“7 盒”。
单价	销售单价即企业进行销售业务时,向客户提供的所需采购物品的价格。本案例中为“9 元”。
金额	当输入了数量和单价后,会自动计算显示。公式:金额=数量×单价。
部门	点击 F7 或 F8 选择所需部门后【确定】。本案例中为“仓管部”。
业务员	点击 F7 或 F8 选择所需职员后【确定】。本案例中为“小赵”。
发货、保管	点击 F7 或 F8 选择所需职员后【确定】。本案例中为“小赵”。
审核、审核时间	审核时会自动输入。
制单	在制单时会根据登录人员的身份自动输入。

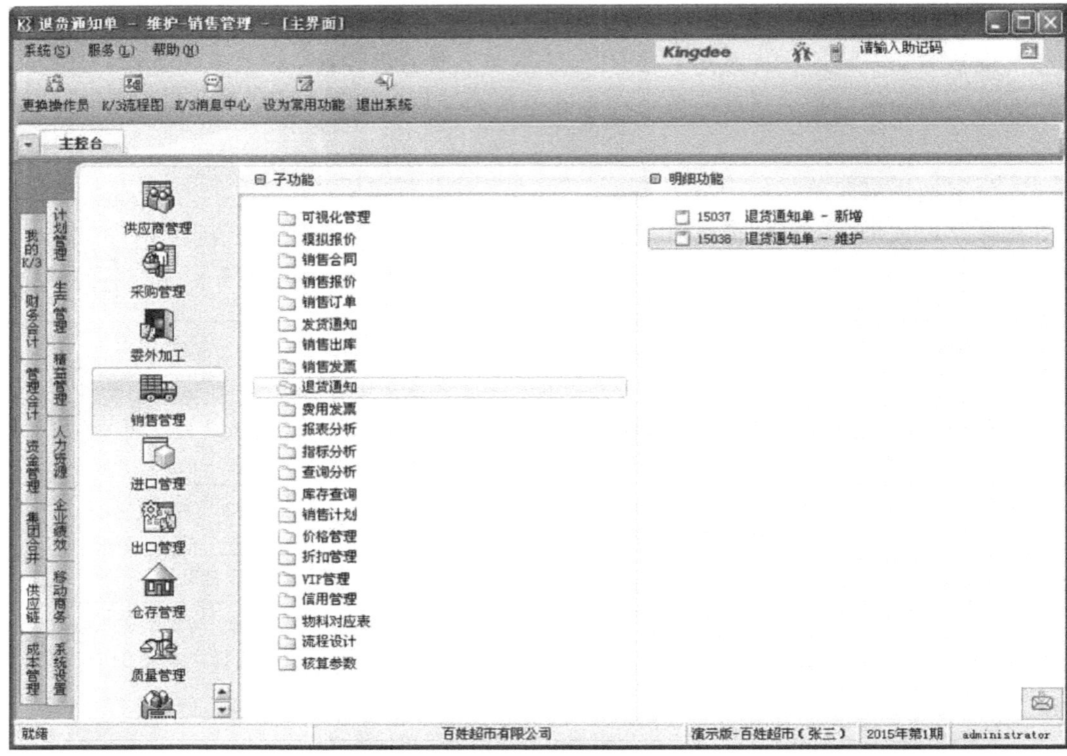

退货通知单 - 维护-销售管理 - [主界面]
系统(S) 服务(L) 帮助(H)
Kingdee
请输入助记码
更换操作员 K/3流程图 K/3消息中心 设为常用功能 退出系统
主控台
供应商管理
采购管理
委外加工
销售管理
进口管理
出口管理
仓存管理
质量管理
子功能
可视化管理
模拟报价
销售合同
销售报价
销售订单
发货通知
销售出库
销售发票
退货通知
费用发票
报表分析
指标分析
查询分析
库存查询
销售计划
价格管理
折扣管理
VIP管理
信用管理
物料对应表
流程设计
核算参数
明细功能
15037 退货通知单 - 新增
15038 退货通知单 - 维护
就绪
百姓超市有限公司
演示版-百姓超市(张三)
2015年第1期
administrator

退货通知 生成 销售出库
退货通知 生成 销售出库 处理
系统将对所选 退货通知 按照订货机构 购货单位不同生成相应的 销售出库
请指定需要生成销售出库的数据，按“生成”键调出销售出库界面进行处理
顺序 购货单位 状态
1 百姓超市江 未处理
生成(M)
查看(V)
审核标志 关闭标志 日期 购货单位 单据编号 部门 业务员 币别 产品名称 规格
Y 2015-02- 百姓超市江 SEIN0000 销售部 小胡 人民币 李宁牌蚊香 Net
退出(E)
确定(O)

图 4-2-71

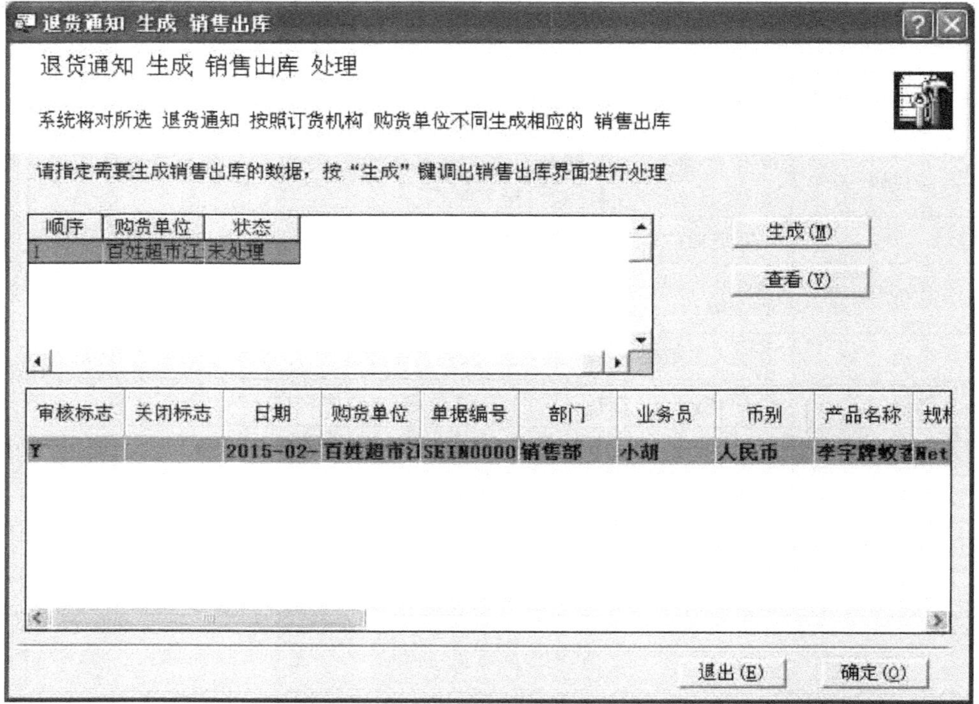

图 4-2-72

图 4-2-73

3. 红字销售发票及钩稽

红字销售发票的生成有两种方法：一种是直接输入保存生成，二是通过其他单据关联而成。

操作路径：【供应链】→【销售管理】→【销售发票】→【销售发票—新增】→【点击“红字”按钮】→【填制单据中的相关内容】→【保存】→【审核】→【“查看”菜单中的“钩稽”】

数据项	填制要求及说明
销售方式	即采用哪种销售业务的处理方式，系统目前提供现销、赊销、分期收款销售、委托代销、直运销售、受托代销销售六种方式，用户根据需要选择。本案例中选择“赊销”。
购货单位	是指销售报价指向的客户名称，可以直接输入客户代码或点击 F7 或 F8 选择。本案例中为“百姓超市江北店”。
收款日期	即销售业务的实际收款日期。本案例中为“2015 年 2 月 18 日”。
源单类型	红字销售发票可以根据红字销售出库单等单据生成。
选单号	关联单据的单据号。
结算方式	即销售业务的付款方式。本案例中无说明，因此无须填制。

续　表

数据项	填制要求及说明
日期	即红字销售发票生成的日期。本案例中为“2015 年 2 月 18 日”。
汇率类型	是指单据币别汇率的来源。此案例无要求，因此默认取销售系统参数设置中设定的默认汇率类型“公司汇率”。
币别	指价格采用哪种货币。系统默认为本位币，用户可以修改。此案例为“人民币”。
产品代码	点击 F7 或 F8 选择物料。还可以通过 Shift 或者 Ctrl 键进行批量选择。此案例中为“01.20 李字牌蚊香(檀香味)”。
数量、单位	实际退回的数量及单位。本案例中为“7 盒”。
单价	销售单价即企业进行销售业务时，向客户提供的所需采购物品的价格。本案例中为“9 元”。
金额	当输入了数量和单价后，会自动计算显示。公式：金额＝数量×单价。
部门	点击 F7 或 F8 选择所需部门后【确定】。本案例中为“财务部”。
业务员	点击 F7 或 F8 选择所需职员后【确定】。本案例中为“小张”。
审核、审核时间	审核时会自动输入。
制单	在制单时会根据登录人员的身份自动输入。

图 4-2-74

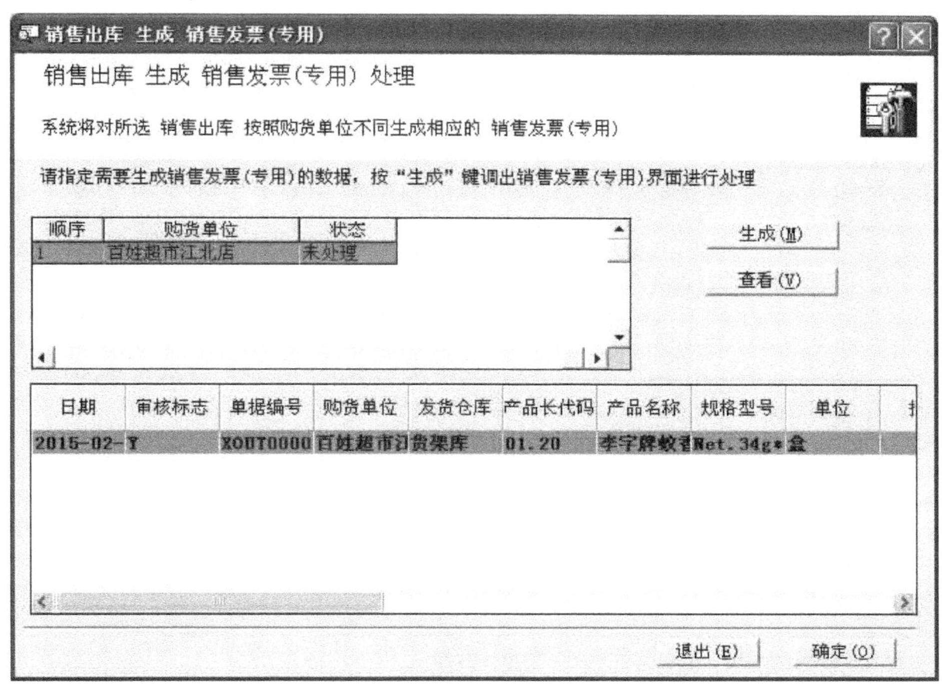

图 4-2-75

销售发票(专用) - 修改 - ZSEFP000006

文件(F) 编辑(E) 查看(V) 选项(O) 帮助(H)

保存 恢复 打印 预览 审核 钩稽 批录 红字 蓝字 消息 短信 邮件 退出

销售发票(专用)

红字 审核

销售发票(专用)

行号	产品代码	产品名称	规格型号	辅助属性	单位	数量	辅助单位	换算率	辅助数量	单价	含税单价	折扣率(%)
1	01.20	李宇牌蚊香(	Net.34g*5双		盒	7.1100		0.0000	0.0000	9.0000	10.5300	0.000000
2												
3												
4												
5												
6												
7												
8												
9												
10												
						7.1100			0.0000			

就绪

图 4-2-76

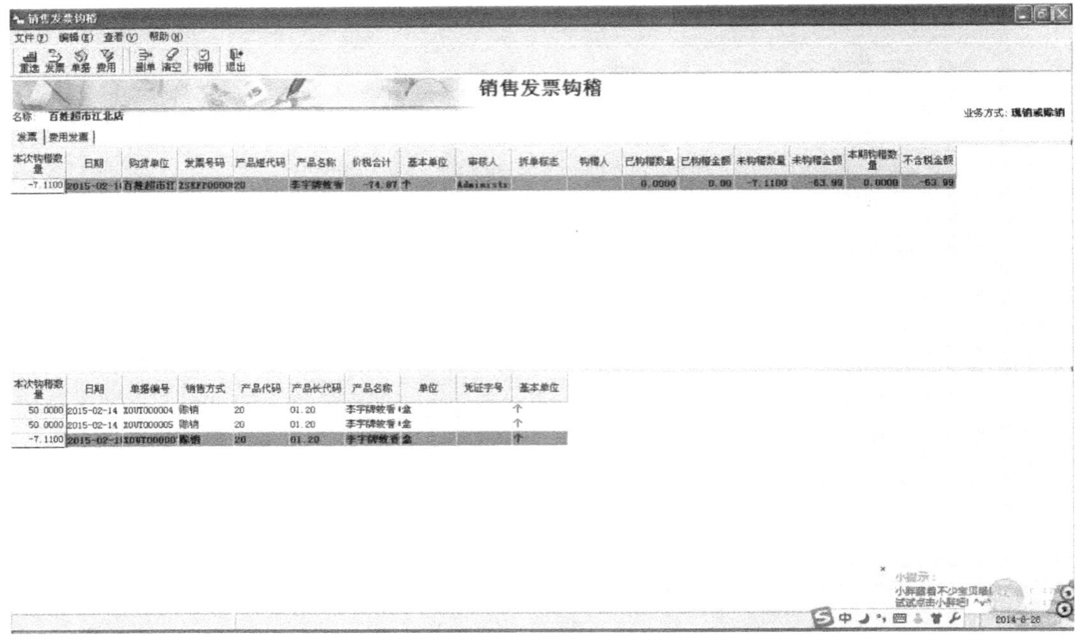

图 4-2-77

图 4-2-78

【知识链接】

销售发票：可以直接录入或从红字出库单中获取，也可以从原销售发票中获取，但注意要更改退货数量，并进行发票审核钩稽。

【随堂考核】

案例

销售部小胡	2015 年 2 月 17 日，百姓超市江北店发现 13 日向鄞职百货销售部购买的 100 盒李字牌蚊香(檀香味)里有 7 盒存在质量问题，销售单价为 9 元(不含税)。同日，销售部同意将 7 盒李字牌蚊香(檀香味)退回货架库，并向仓管部发送退货通知单。
仓管部小赵	2 月 17 日，仓管部收到退回的商品，并开出红字销售出库单。
财务部小张	2 月 18 日，向百姓超市江北店开出红字增值税发票。

教学组织

1. 案例操作

一人一机，根据案例内容独立完成业务操作。

2.考核评分

全班学生分成A、B两大组。A、B两组对应学号学生互换上机座位，参考采购业务评分表完成对对方采购业务的评分。

【考核评价】

销售业务评分表

流程	评　分　项　目	分值	得分	备注
退货通知单	销售范围□　销售方式□　购货单位□ 源单类型□　退料原因□　交货地点□ 收货仓库□　日期□　汇率类型□ 币别□　产品代码□　数量□ 单位□　单价□　部门□ 业务员□	16分		
红字销售出库单	销售业务类型□　购货单位□　收款日期□ 销售方式□　源单类型□　交货地点□ 日期□　发货仓库□　产品代码□ 数量□　单位□　单价□ 部门□　保管□　验收□ 业务员□　红字□	17分		
红字销售发票	销售方式□　购货单位□　收款日期□ 源单类型□　结算方式□　日期□ 汇率类型□　币别□　产品代码□ 数量□　单位□　单价□ 部门□　业务员□　红字□	15分		
红字销售发票钩稽	钩稽□	2分		
操作质量总分：		50分		
操作速度总分(正常耗时)：				
本项目总成绩：				

注：操作时间为20分钟。20分钟以内得50分，超出时间以2分/分钟进行扣分。

【课后作业】

简述销售退货业务的特点及操作流程。

模块五　供应链系统日常业务处理之仓存业务

项目一　基础设置

【实训目标】

学生能够进行仓存数量的设置及具体在单据中的应用

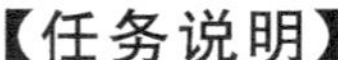

【任务说明】

【实训内容】

案例

仓存基础设置	由于仓库空间有限，需要对商品进行存量管理，商品库存数量既不能太多，也不能太少。根据库存量判断，所有商品数量最高不能高于 1000，最低不能低于 30。

【操作步骤】

1. 选择【系统设置】→【基础资料】→【仓存管理】→【存量管理】，点击进入“存量管理”界面，对仓库内所有商品的最高存量和最低存量进行设置，设置完毕后点击保存。

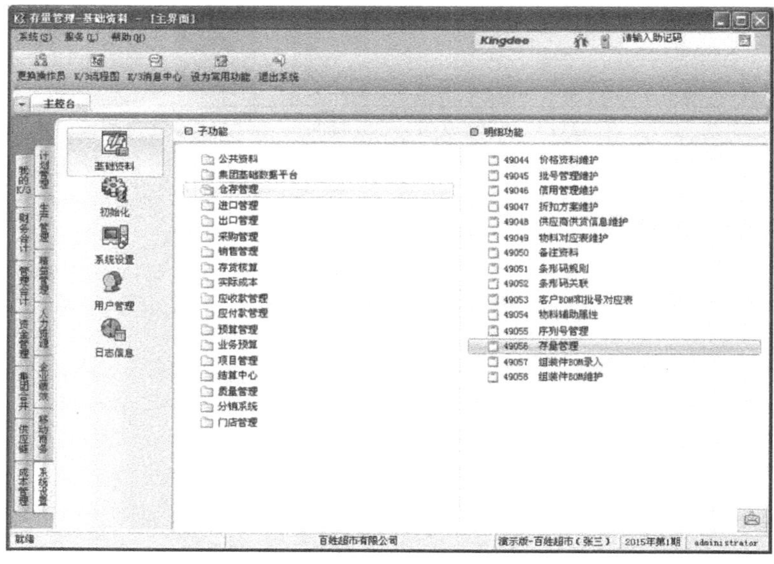

图 5-1-1

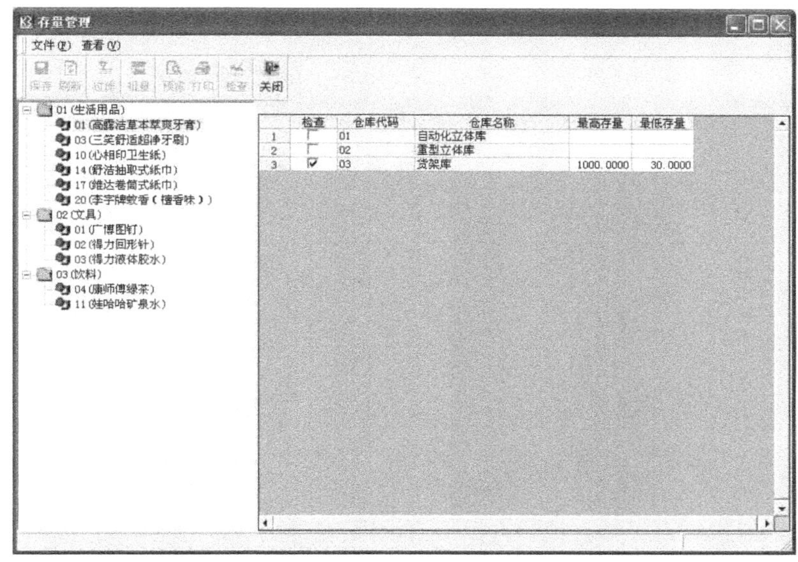

图 5-1-2

图 5-1-3

2.点击“存量管理”界面左上方【文件】按钮，在下拉菜单中点击【进入采购系统时提示】。完成此设置，以后再进入采购系统时，一旦商品存量超出规定范围，系统会给出提示。

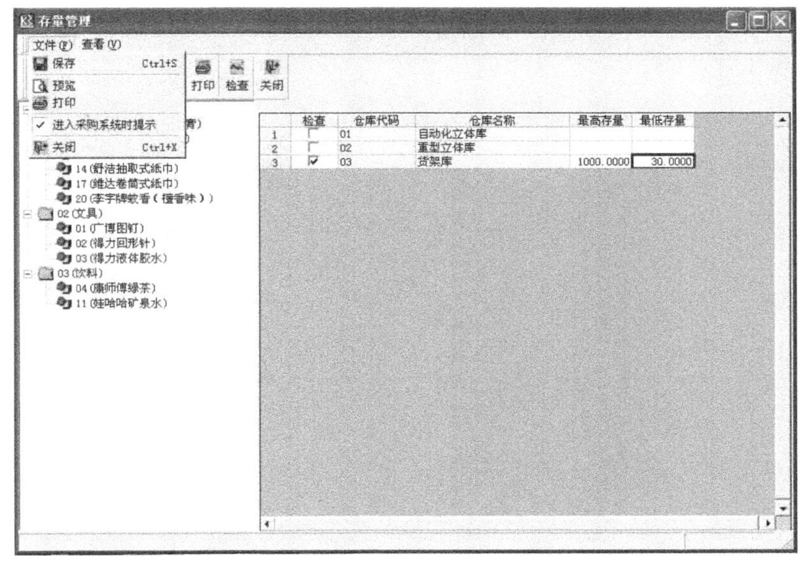

图 5-1-4

3. 点击【检查】按钮，可以根据设置后的条件查看库存状况，系统会自动将超出存量范围的产品列出来。

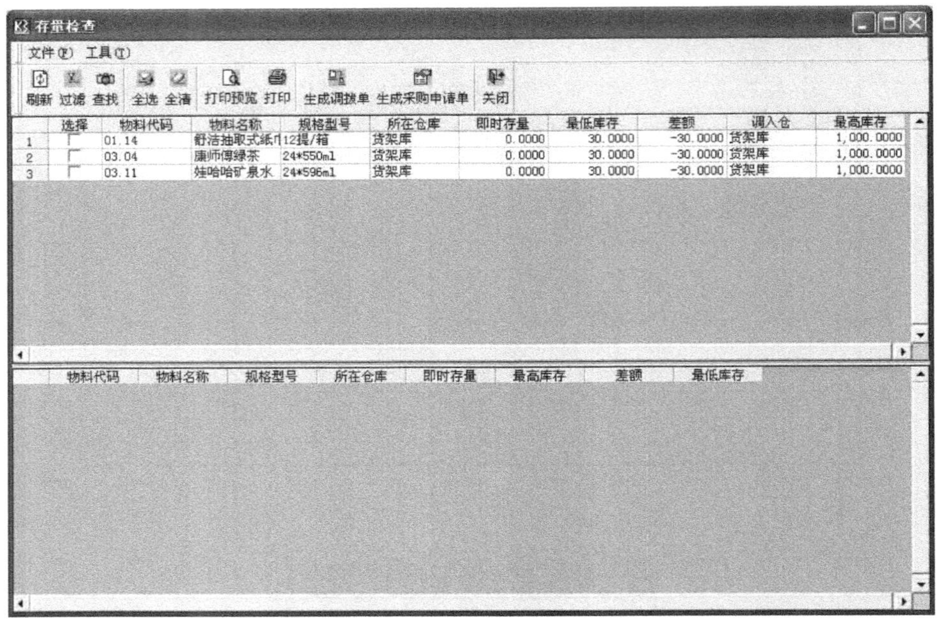

图 5-1-5

4. 对于低于库存的产品，可以点击【生成调拨单】或【生成采购申请单】，向其他仓库调货或向外采购。

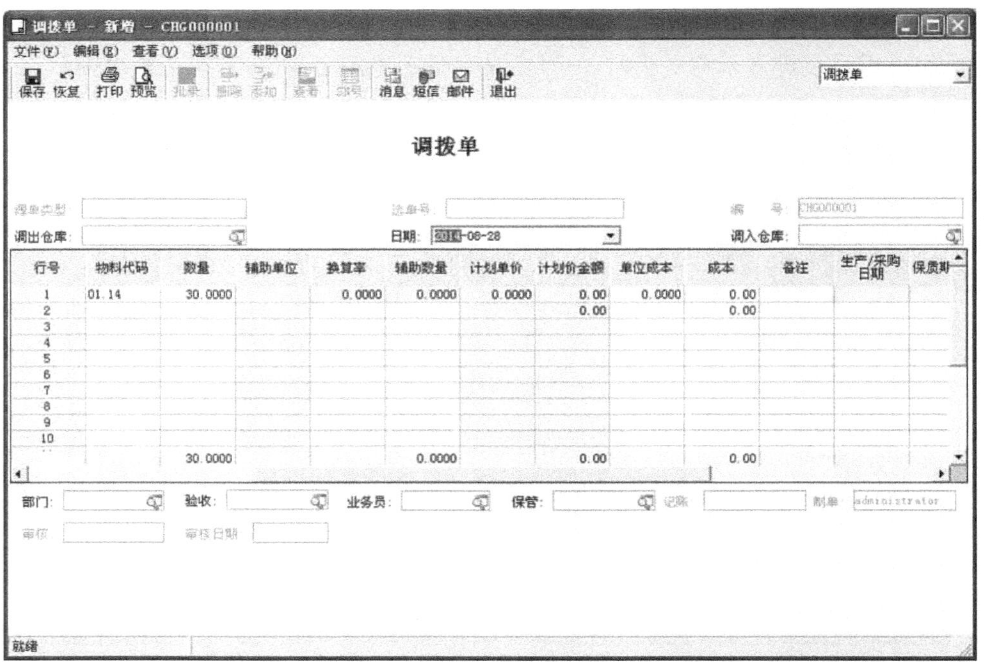

图 5-1-6

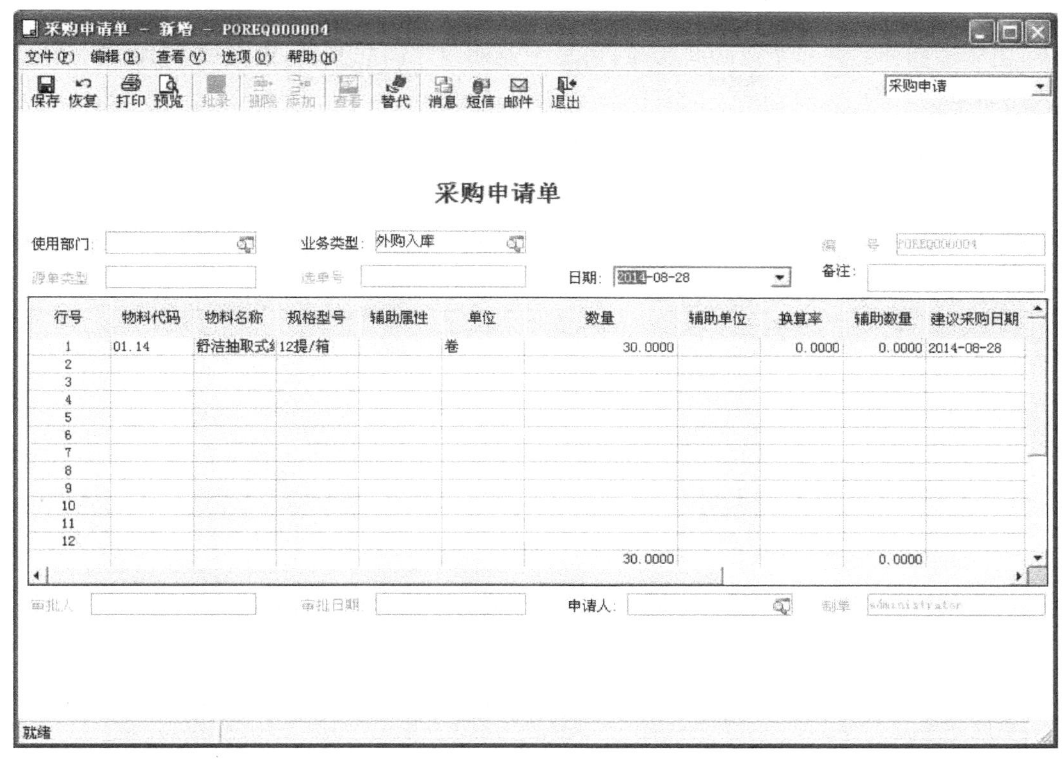

图 5-1-7

【课后作业】

企业为何要对库存商品进行存量管理？

项目二　入库处理

任务一　产品入库

【实训目标】

学生能够学习并掌握产品入库的处理。

【任务说明】

产品的入库按不同的来源渠道分为外购入库、产品入库、委外加工入库、盘盈入库、其他入库等。本节主要讲授产品入库和其他入库的处理。

产品入库是指企业将经过生产部门生产加工完成的半成品或产成品入库的一种供应链

活动。产品入库是企业物料内部的流转。此案例中，质检部门将检验过的产品交由仓管部入库，由于这些产品并非企业之间交易，而是企业部门之间的流动，因此在单据填制时无须输入产品单价。

【实训内容】

案例

仓管部小赵	2015年3月1日，收到质检部(代码为04)送来的50卷心相印卫生纸(代码为01.10)，当日入货架库。

【操作步骤】

1.产品入库单

操作路径:【供应链】→【仓存管理】→【验收入库】→【产品入库—新增】→【填制单据中的相关内容】→【保存】→【审核】

单据填制：

数据项	填制要求及说明
交货单位	是指交货的部门名称，可以直接输入代码或点击F7或F8选择。本案例中为“质检部”。
源单类型	产品入库单可以根据销售订单等单据生成。本案例中无须输入。
选单号	关联单据的单据号。本案例中无须输入。
日期	即产品入库单生成的日期。本案例中为“2015年3月1日”。
收货仓库	指产品入库的名称。本案例中为“货架库”。
物料代码	点击F7或F8选择物料。还可以通过Shift或者Ctrl键进行批量选择。此案例中为“01.10心相印卫生纸”。
数量、单位	实际入库的数量及单位。本案例中为“50卷”。
单价	指当前物料的价格信息。本案例中产品为部门间流动，因此无须输入单价。
金额	当输入了数量和单价后，会自动计算显示。公式:金额=数量×单价。
部门	点击F7或F8选择所需部门后【确定】。本案例中为“仓管部”。
业务员	点击F7或F8选择所需职员后【确定】。本案例中为“小赵”。
审核、审核时间	审核时会自动输入。
制单	在制单时会根据登录人员的身份自动输入。

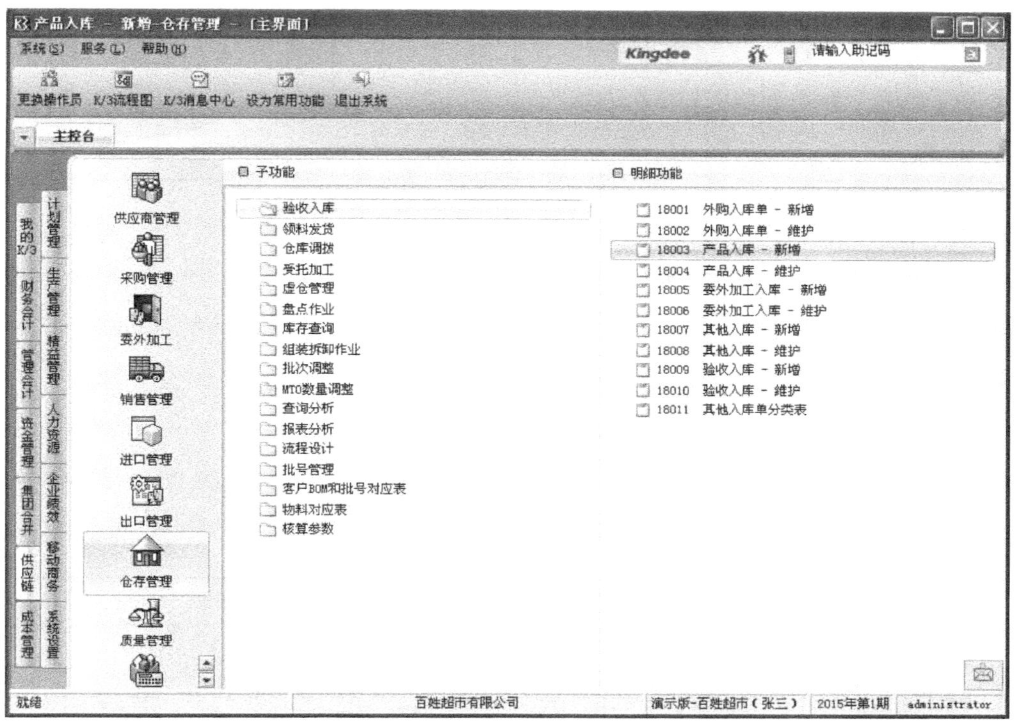

图 5-2-1

图 5-2-2

【随堂考核】

案例

仓管部小赵	2015 年 3 月 3 日,收到质检部(代码为 04)送来的 20 个世家刷洗球(代码为 01.09)。当日入货架库。

教学组织

1. 案例操作

一人一机,根据案例内容独立完成业务操作。

2. 考核评分

全班学生分成 A、B 两大组。A、B 两组对应学号学生互换上机座位,参考采购业务评分表完成对对方采购业务的评分。

【考核评价】

仓存业务评分表

流程	评分项目	分值	得分	备注
产品入库单	交货单位□ 源单类型□ 日期□ 收货仓库□ 产品代码□ 数量□ 单位□ 单价□ 部门□ 业务员□	10 分		
操作质量总分:		10 分		
操作速度总分(正常耗时):				
本项目总成绩:				

注:操作时间为 20 分钟。20 分钟以内得 22 分,超出时间以 2 分/分钟进行扣分。

【课后作业】

1. 简述产品入库的定义及类别。
2. 简述产品入库单的操作路径。

任务二 其他入库

【实训目标】

学生能够学习并掌握其他入库的处理。

【任务说明】

其他入库主要是指接受产品捐赠或赠送入库。一般仓存人员在处理单据时不必录入单价。

【实训内容】

案例

仓管部小赵	2015年3月2日，收到深圳妙洁日用制品有限公司上海分公司(代码为03.03)送来的赠品妙洁金属钢丝球200个(代码为01.21)，当日入货架库。

【操作步骤】

1. 其他入库单

操作路径:【供应链】→【仓存管理】→【验收入库】→【其他入库—新增】→【填制单据中的相关内容】→【保存】→【审核】

单据填制：

数据项	填制要求及说明
入库类型	是指其他入库的单据类型。本案例中无要求，因此无须填制此项。
供应商	是指进货的单位名称，可以直接输入代码或点击F7或F8选择。本案例中为“深圳妙洁日用制品有限公司上海分公司”。
部门	是指生产的部门名称，本案例中无生产部门，因此无须填制此项。
源单类型	其他入库单可以根据销售订单等单据生成。本案例中无须输入。
选单号	关联单据的单据号。本案例中无须输入。
日期	即其他入库单生成的日期。本案例中为“2015年3月2日”。
收货仓库	指产品入库的名称。本案例中为“货架库”。
物料代码	点击F7或F8选择物料。还可以通过Shift或者Ctrl键进行批量选择。此案例中为“01.21妙洁金属钢丝球”。
数量、单位	实际入库的数量及单位。本案例中为“200个”。
单价	指当前物料的价格信息。本案例中产品为供应商赠品，因此无须输入单价。
金额	当输入了数量和单价后，会自动计算显示。公式:金额=数量×单价。
验收	点击F7或F8选择所需职员后【确定】。本案例中为“小赵”。
保管	点击F7或F8选择所需职员后【确定】。本案例中为“小赵”。
审核、审核时间	审核时会自动输入。
制单	在制单时会根据登录人员的身份自动输入。

图 5-2-3

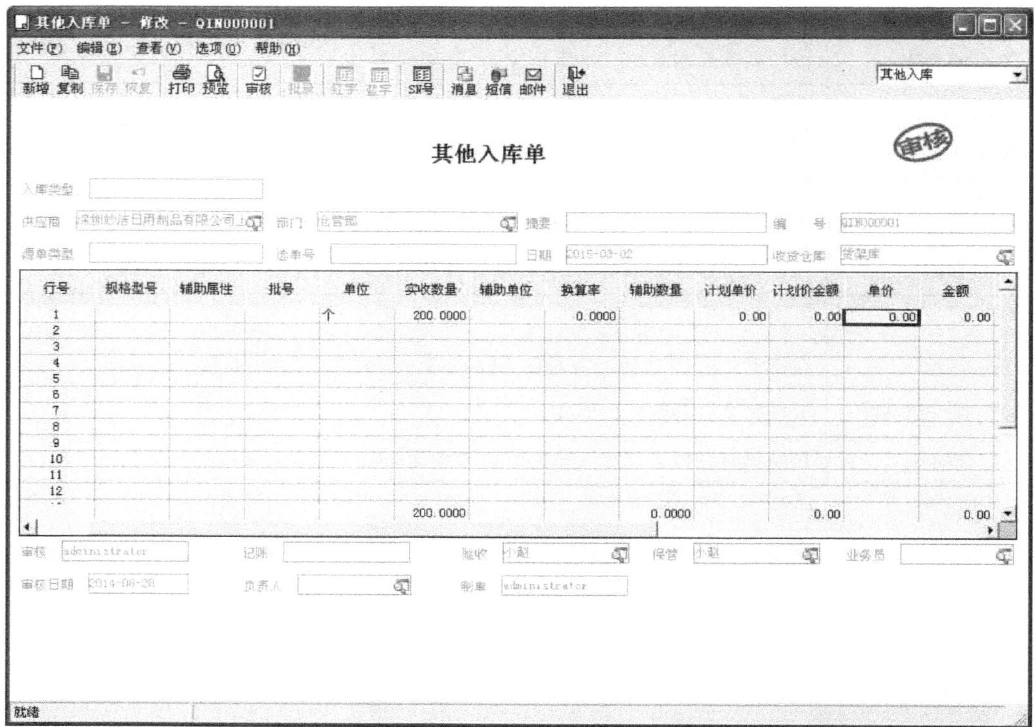

图 5-2-4

【随堂考核】

案例

仓管部小赵	2015 年 3 月 3 日,收到广东泰恩康医药股份有限公司上海分公司(代码为 03.04)送来的赠品泰恩康塑料棉花棒 100 袋(代码为 01.16),当日入货架库。

教学组织

1. 案例操作

一人一机,根据案例内容独立完成业务操作。

2. 考核评分

全班学生分成 A、B 两大组。A、B 两组对应学号学生互换上机座位,参考采购业务评分表完成对对方采购业务的评分。

【考核评价】

仓存业务评分表

流程	评分项目	分值	得分	备注
其他入库单	入库类型□　供应商□　部门□ 源单类型□　日期□　收货仓库□ 产品代码□　数量□　单位□ 单价□　部门□　业务员□	12 分		
操作质量总分		12 分		
操作速度总分(正常耗时)				
本项目总成绩:				

注:操作时间为 20 分钟。20 分钟以内得 22 分,超出时间以 2 分/分钟进行扣分。

【课后作业】

1. 阐述其他入库的定义。

2. 简述其他入库单的操作路径。

项目三　出库处理

任务一　生产领料

【实训目标】

学生能够学习并掌握生产领料的处理。

【任务说明】

产品的出库按不同的去向分为销售出库、生产领料、盘亏毁损、其他出库、委外加工发出等多种方式。本节主要介绍生产领料和其他出库的处理。

生产领料是生产部门领用原材料和自制半成品的业务处理，是企业生产产品领用材料的过程，实际上是物料出库。生产领料是企业生产的第一步，由仓管人员制单，物料出库成本的核算不是由仓存人员来核定的，所以制单时仓存人员不需要输入单价及金额。不同仓库的物料不能制作在同一张领料单上。

【实训内容】

案例

仓管部小赵	2015 年 3 月 4 日，收到销售部(代码为 05)领用 10 支得力液体胶水(代码为 02.03)作为样品的申请，当日由货架库发出。

【操作步骤】

1. 领料单

操作路径:【供应链】→【仓存管理】→【领料发货】→【生产领料—新增】→【填制单据中的相关内容】→【保存】→【审核】

单据填制：

数据项	填制要求及说明
领料类型	即该笔业务的业务类型，可以直接输入代码或点击 F7 或 F8 选择。本案例中为“一般领料”。
领料部门	是指领料的部门名称，本案例中为“销售部”。
源单类型	领料单可以根据销售订单等单据生成。本案例中无须输入。
选单号	关联单据的单据号。本案例中无须输入。
领料用途	即该笔业务的用途。本案例中为“样品”。
日期	即领料单生成的日期。本案例中为“2015 年 3 月 4 日”。
发料仓库	指出库产品所在仓库的名称。本案例中为“货架库”。
物料代码	点击 F7 或 F8 选择物料。还可以通过 Shift 或者 Ctrl 键进行批量选择。此案例中为“02.03 得力液体胶水”。
数量、单位	实际出库的数量及单位。本案例中为“10 支”。
单价	指当前物料的价格信息。本案例中产品为部门间流动，因此无须输入单价。
金额	当输入了数量和单价后，会自动计算显示。公式:金额＝数量×单价。
领料	点击 F7 或 F8 选择所需部门后【确定】。本案例中为“仓管部”。
发货	点击 F7 或 F8 选择所需职员后【确定】。本案例中为“小赵”。
审核、审核时间	审核时会自动输入。
制单	在制单时会根据登录人员的身份自动输入。

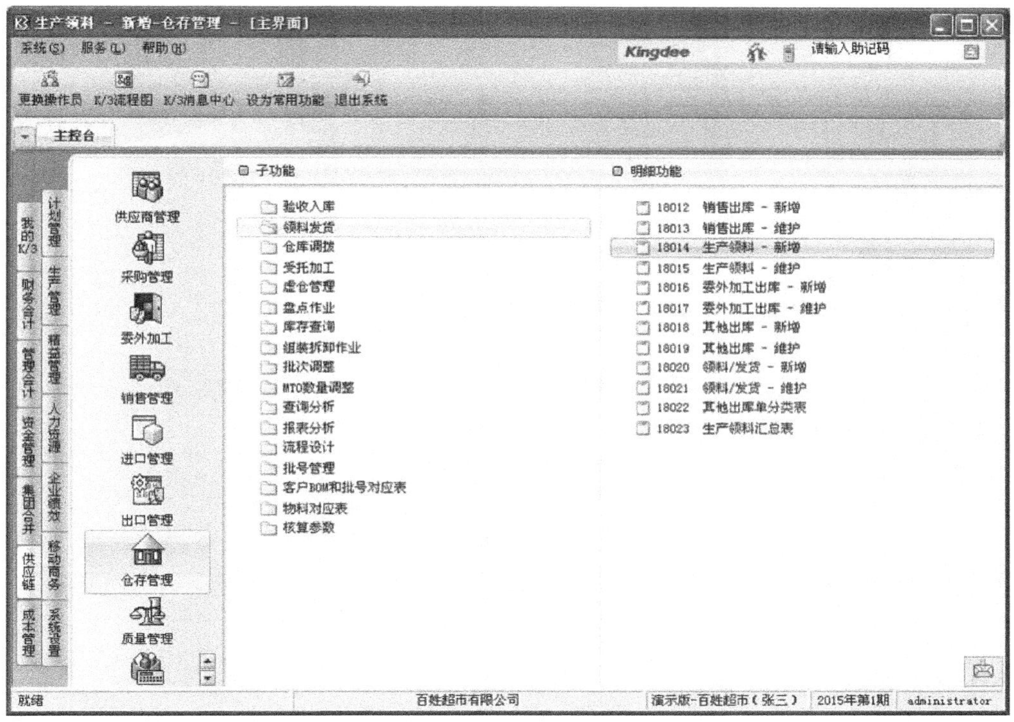

图 5-3-1

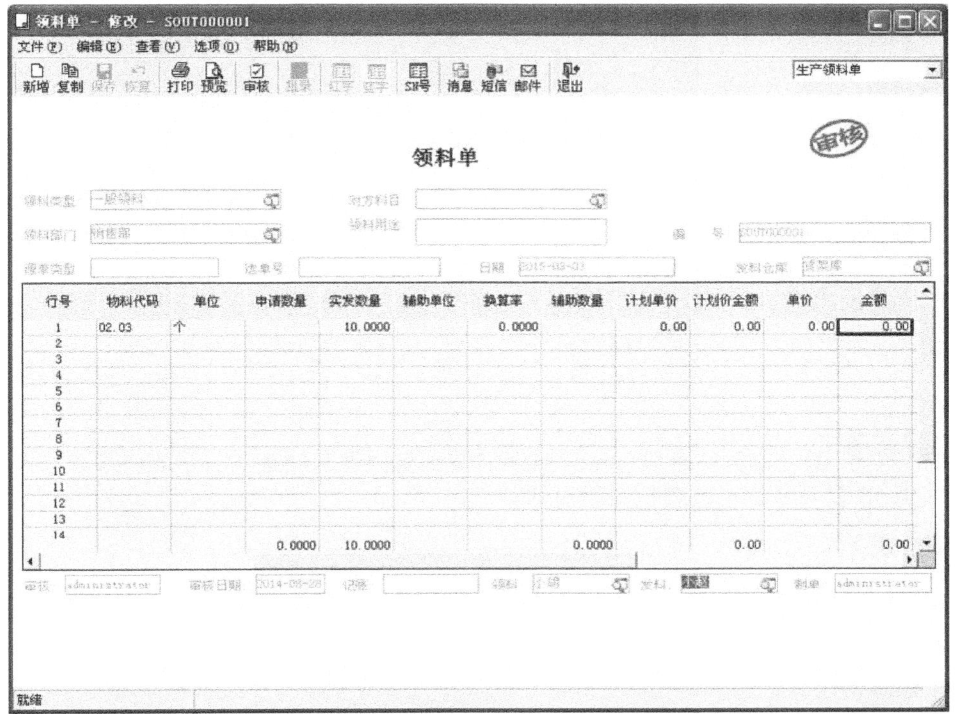

图 5-3-2

【随堂考核】

案例

仓管部小赵	2015 年 3 月 6 日，收到销售部（代码为 05）申请领用 5 袋奥妙净蓝洗衣粉（代码为 01.05）作为样品，当日由货架库发出。

教学组织

1. 案例操作

一人一机，根据案例内容独立完成业务操作。

2. 考核评分

全班学生分成 A、B 两大组。A、B 两组对应学号学生互换上机座位，参考采购业务评分表完成对对方采购业务的评分。

【考核评价】

仓存业务评分表

流程	评分项目	分值	得分	备注
领料单	领料类型□　领料部门□　源单类型□ 领料用途□　日期□　发料仓库□ 产品代码□　数量□　单位□ 价格□　部门□　业务员□	12 分		
操作质量总分		12 分		
操作速度总分（正常耗时）				
本项目总成绩：				

注：操作时间为 20 分钟。20 分钟以内得 22 分，超出时间以 2 分/分钟进行扣分。

【课后作业】

1. 阐述生产领料的定义。
2. 简述领料单的操作路径。

任务二　其他出库

【实训目标】

学生能够学习并掌握其他出库的处理。

【任务说明】

企业中有一些不开销售发票的产品出库，如赠品，企业将自己的产品赠予客户时，录入其他出库单。

【实训内容】

案例

仓管部小赵	2015年3月5日，销售部（代码为05）申请领用20个得力液体胶（代码为02.03）用作赠品，当日由货架库发出。

【操作步骤】

1. 其他出库单

操作路径：【供应链】→【仓存管理】→【领料发货】→【其他出库—新增】→【填制单据中的相关内容】→【保存】→【审核】

单据填制：

数据项	填制要求及说明
出库类型	是指其他出库的单据类型，可以直接输入代码或点击F7或F8选择。本案例中无说明，因此无须填制此项。
领料部门	是指领料的部门名称，本案例中为“销售部”。
源单类型	领料单可以根据销售订单等单据生成。本案例中无须输入。
选单号	关联单据的单据号。本案例中无须输入。
用途	即该笔业务的用途。本案例中为“赠品”。
客户	指进货的单位名称。本案例中没有说明，则无须填制此项。
日期	即其他出库单生成的日期。本案例中为“2015年3月5日”。
发货仓库	指出库产品所在仓库的名称。本案例中为“货架库”。
物料代码	点击F7或F8选择物料。还可以通过Shift或者Ctrl键进行批量选择。此案例中为“02.07广博便签本”。
数量、单位	实际出库的数量及单位。本案例中为“20个”。
单价	指当前物料的价格信息。本案例中产品为部门间流动，因此无须输入单价。
金额	当输入了数量和单价后，会自动计算显示。公式：金额＝数量×单价。
领料	点击F7或F8选择所需职员后【确定】。本案例中为“小赵”。
发货	点击F7或F8选择所需职员后【确定】。本案例中为“小赵”。
审核、审核时间	审核时会自动输入。
制单	在制单时会根据登录人员的身份自动输入。

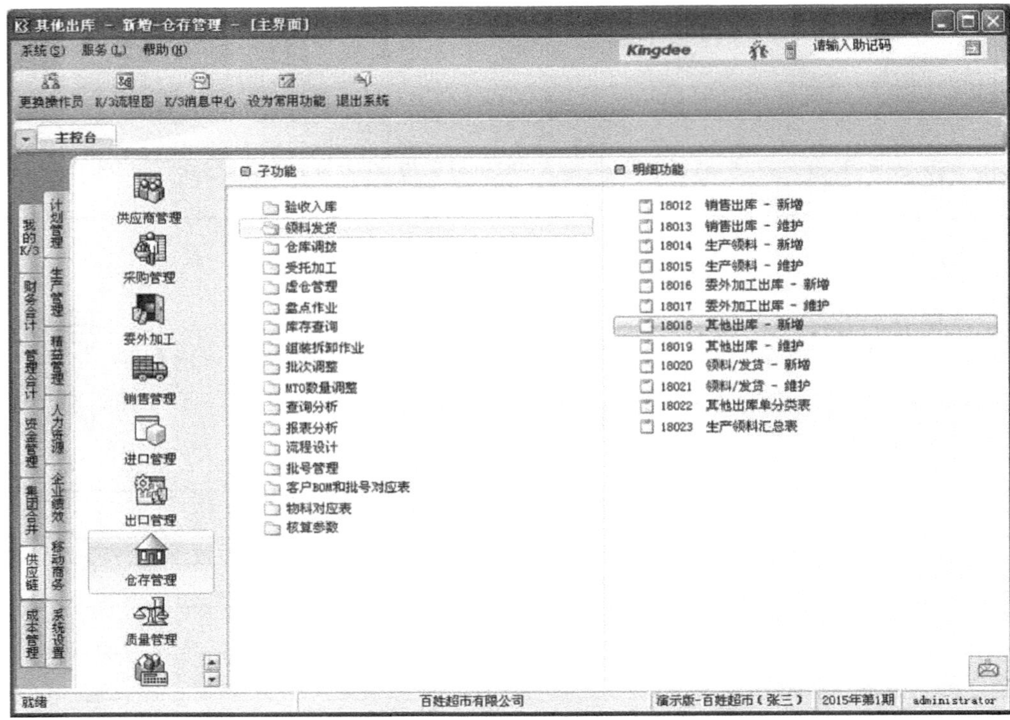

图 5-3-3

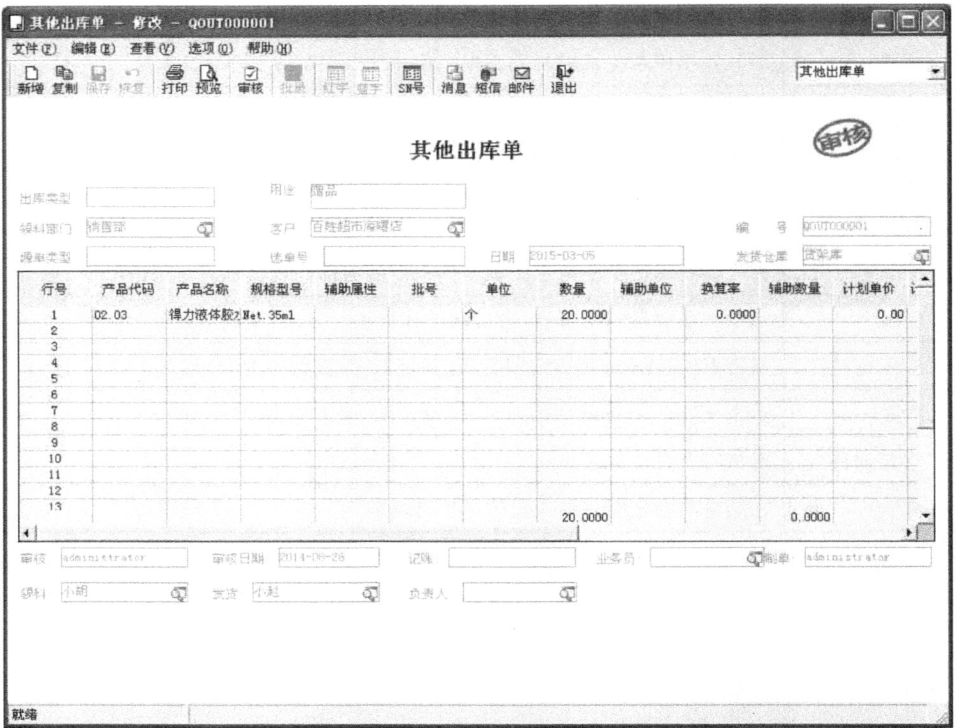

图 5-3-4

【随堂考核】

案例

仓管部小赵	2015 年 3 月 6 日，仓管部将 10 支得力固体胶(代码为 02.05)用作赠品发给销售部，当日由货架库发出。

教学组织

1. 案例操作

一人一机，根据案例内容独立完成业务操作。

2. 考核评分

全班学生分成 A、B 两大组。A、B 两组对应学号学生互换上机座位，参考采购业务评分表完成对对方采购业务的评分。

【考核评价】

仓存业务评分表

流程	评分项目	分值	得分	备注
其他出库单	出库类型□　领料部门□　源单类型□ 用途□　客户□　日期□ 发货仓库□　产品代码□　数量□ 单位□　单价□　部门□ 业务员□	13 分		
操作质量总分		13 分		
操作速度总分(正常耗时)				
本项目总成绩：				

注：操作时间为 20 分钟。20 分钟以内得 22 分，超出时间以 2 分/分钟进行扣分。

【课后作业】

简述其他出库单的定义及操作路径。

项目四　调拨处理

【实训目标】

学生能够学习并掌握仓库调拨单的处理。

【任务说明】

仓库调拨是指将物料从一个仓库转移到另一个仓库。

有些企业拥有很多仓库，经常需要将物料移动，此时就会用到仓库调拨。此案例也是一个典型的调拨业务。处理的关键是要注意调入仓库和调出仓库，不要混淆。调拨处理中不涉及调拨物料的成本和金额的确定。

【实训内容】

案例

采购部小李	2015 年 3 月 7 日，向宁波得力文化用品有限公司购买得力回形针（代码为 02.02）200 盒，采购单价为 1 元（不含税）。
仓管部小赵	3 月 8 日收到宁波得力文化用品有限公司送来的 200 盒得力回形针，当日入重型立体库。
财务部小张	3 月 8 日收到宁波得力文化用品有限公司开来的增值税发票，金额为 200 元，税额为 34 元。
仓管部小赵	3 月 9 日，发现 200 盒得力回形针应该入货架库，而现在入了重型立体库，因此更改重新入库。

【操作步骤】

1. 采购订单

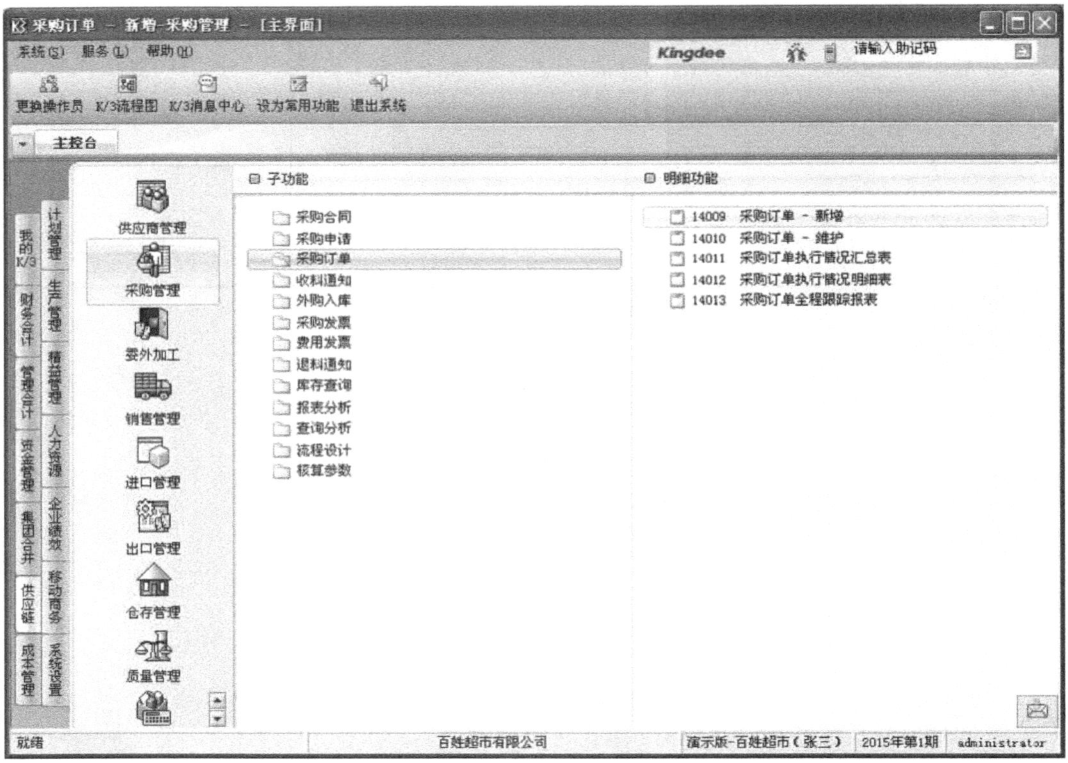

图 5-4-1

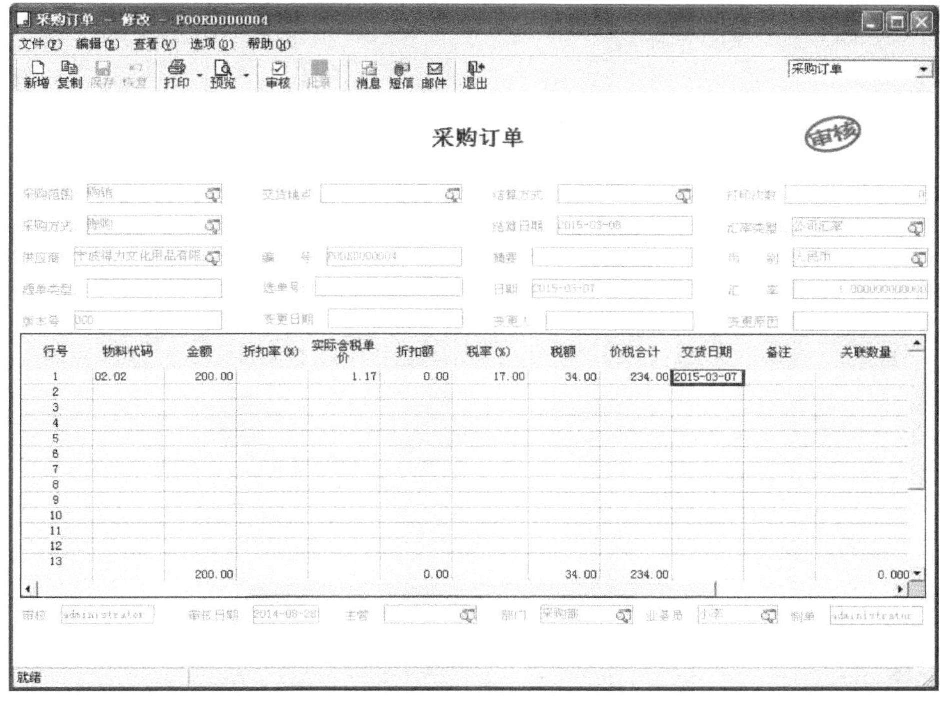

图 5-4-2

2. 外购入库单

图 5-4-3

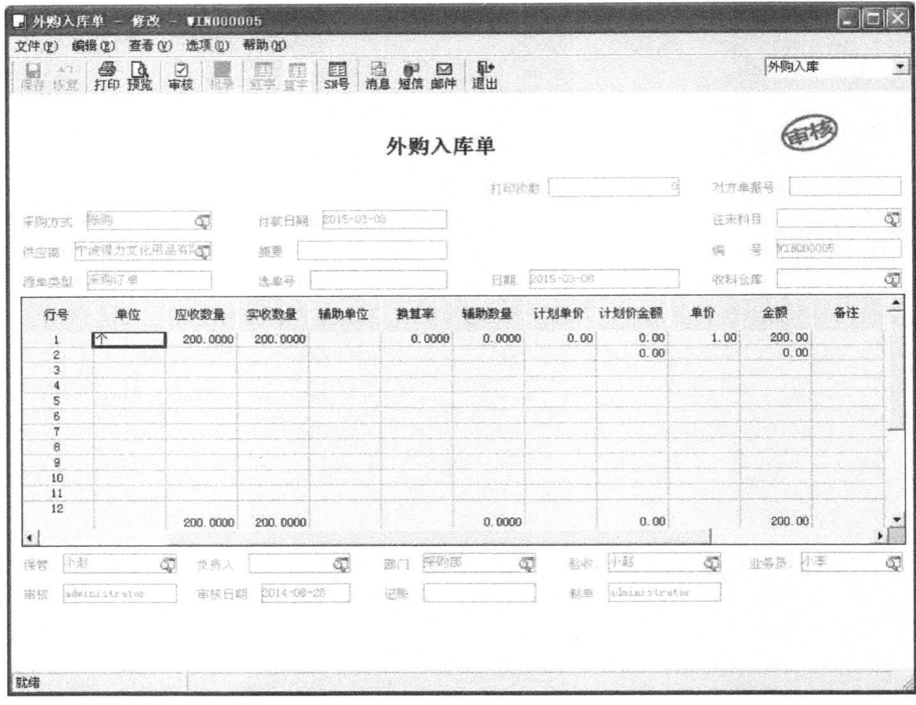

图 5-4-4

3. 采购发票

图 5-4-5

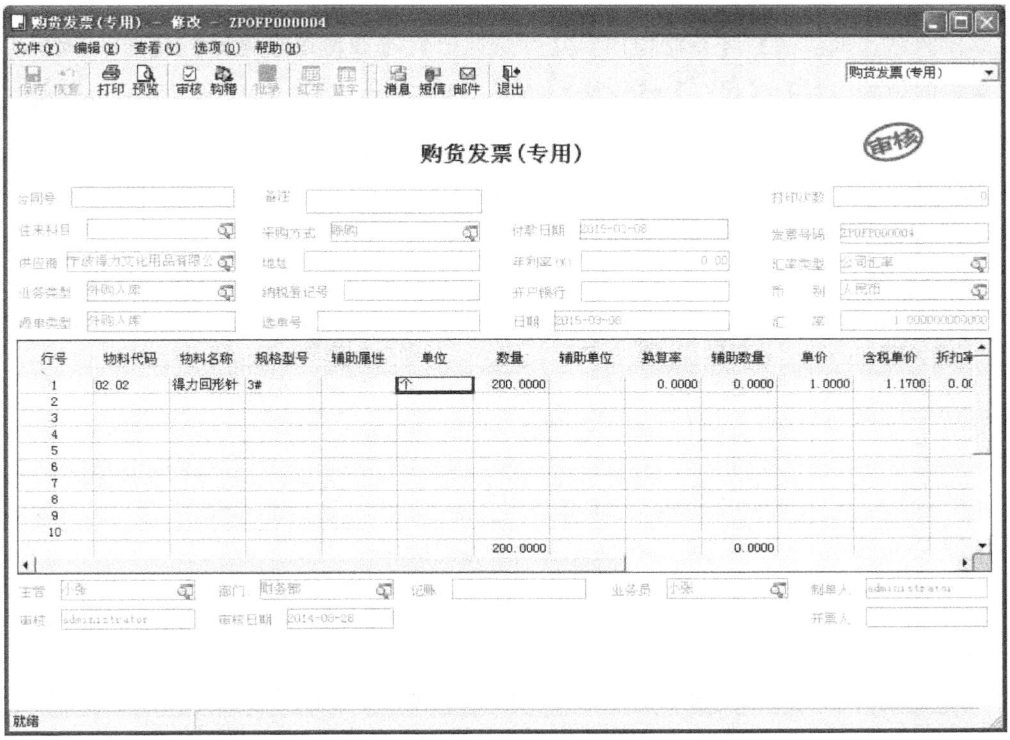

购货发票（专用） - 修改 - ZPOFP000004

文件(F) 编辑(E) 查看(V) 选项(O) 帮助(H)

保存 恢复 打印 预览 审核 钩稽 批录 红字 蓝字 消息 短信 邮件 退出

购货发票（专用）

审核

合同号　备注　打印次数 0

往来科目　采购方式 赊购　付款日期 2015-03-08　发票号码 ZPOFP000004

供应商 宁波得力文化用品有限公　地址　年利率(%) 0.00　汇率类型 公司汇率

业务类型 外购入库　纳税登记号　开户银行　币别 人民币

源单类型 外购入库　选单号　日期 2015-03-08　汇率 1.0000000000

行号	物料代码	物料名称	规格型号	辅助属性	单位	数量	辅助单位	换算率	辅助数量	单价	含税单价	折扣率
1	02.02	得力回形针	3#		个	200.0000		0.0000	0.0000	1.0000	1.1700	0.0(
2												
3												
4												
5												
6												
7												
8												
9												
10												
						200.0000			0.0000			

主管 小张　部门 财务部　记账　业务员 小张　制单人 administrator

审核 administrator　审核日期 2014-08-28　开票人

就绪

图 5-4-6

采购发票钩稽

文件(F) 编辑(E) 查看(V) 帮助(H)

重选 发票 单据 费用 删单 清空 钩稽 退出

采购发票钩稽

名称：宁波得力文化用品有限公司　当前钩稽处理外购入库类型的采购发票　业务方式：现购或赊购

发票 | 费用发票

本次钩稽数量	日期	供货单位	发票号码	物料代码	单位	已钩稽数量	已钩稽金额	未钩稽数量	未钩稽金额	本期钩稽数量	合同单号	源单单号
200.0000	2015-03-0	宁波得力文	ZPOFP00000	02	个	0.0000	0.00	200.0000	200.00	0.0000		WIN000005

本次钩稽数量	日期	单据编号	物料代码	物料长代码	已钩稽数量	已钩稽金额	未钩稽数量	未钩稽金额	本期钩稽数量	合同单号	源单单号	基本单位应收数量
200.0000	2015-03-0	WIN000005	02	02.02	0.0000	0.00	200.0000	200.00	0.0000		POOKD00000	200.0000

CAPS　NUM　2014-8-28

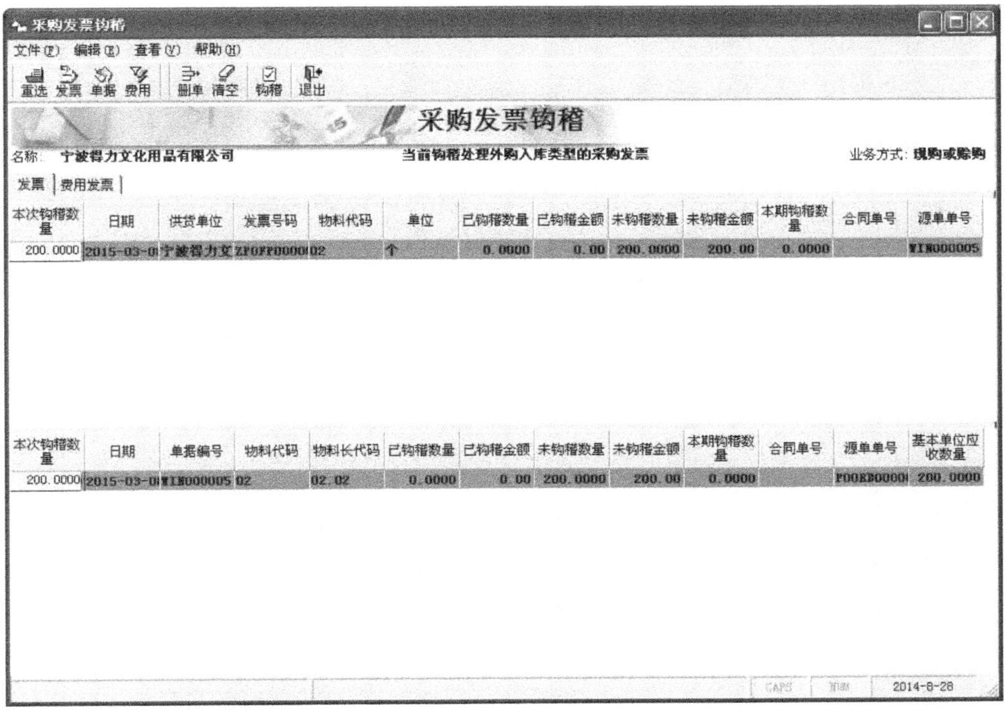

图 5-4-7

4. 调拨单

操作路径:【供应链】→【仓存管理】→【仓库调拨】→【调拨单—新增】→【填制单据中的相关内容】→【保存】→【审核】

单据填制:

数据项	填制要求及说明
源单类型	调拨单可以根据销售订单等单据生成。本案例中无须输入。
选单号	关联单据的单据号。本案例中无须输入。
调出仓库	即物料所"出"的仓库。本案例中为"重型立体库"。
日期	即调拨单生成的日期。本案例中为"2015 年 3 月 9 日"。
调入仓库	即物料所"入"的仓库。本案例中为"货架库"。
物料代码	点击 F7 或 F8 选择物料。还可以通过 Shift 或者 Ctrl 键进行批量选择。此案例中为"02.02 得力回形针"。
数量、单位	实际调拨的数量及单位。本案例中为"200 盒"。
单价	指当前物料的价格信息。本案例中产品为仓库间调拨,因此无须输入单价。
金额	当输入了数量和单价后,会自动计算显示。公式:金额=数量×单价。
部门	点击 F7 或 F8 选择所需部门后【确定】。本案例中为"仓管部"。
验收、业务员、保管	点击 F7 或 F8 选择所需职员后【确定】。本案例中为"小赵"。
审核、审核时间	审核时会自动输入。
制单	在制单时会根据登录人员的身份自动输入。

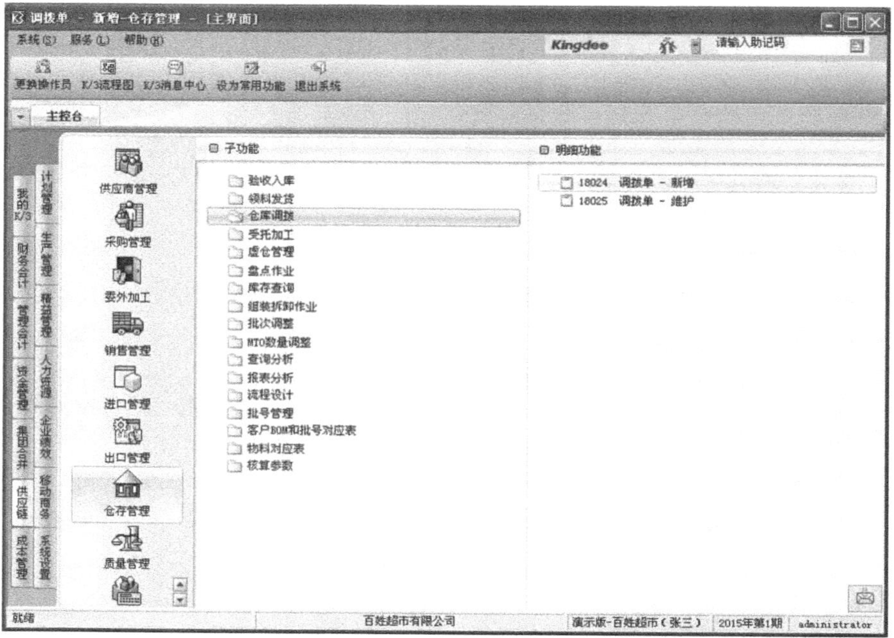

图 5-4-8

图 5-4-9

【随堂考核】

案例

采购部小李	2015 年 3 月 10 日，向宁波石源矿泉水开发有限公司购买石源麦饭石矿泉水(代码为 03.09)150 瓶，采购单价为 2 元(不含税)。
仓管部小赵	3 月 11 日收到宁波石源矿泉水开发有限公司送来的 150 瓶石源麦饭石矿泉水，当日入重型立体库。
财务部小张	3 月 11 日收到宁波石源矿泉水开发有限公司开来的增值税发票，金额为 300 元，税额为 51 元。
仓管部小赵	3 月 12 日，发现 150 瓶石源麦饭石矿泉水应该入货架库，而现在入了重型立体库，因此更改重新入库。

教学组织

1. 案例操作

一人一机，根据案例内容独立完成业务操作。

2. 评分

全班学生分成 A、B 两大组。A、B 两组对应学号学生互换上机座位，参考采购业务评分表完成对对方采购业务的评分。

【考核评价】

常用采购、仓存业务评分表

流程	评分项目	分值	得分	备注
采购订单	供应商□ 源单类型□ 结算日期□ 日期□ 物料代码□ 数量□ 单位□ 单价□ 部门□ 业务员□	10 分		
外购入库单	供应商□ 源单类型□ 收料仓库□ 付款日期□ 日期□ 物料代码□ 数量□ 单位□ 部门□ 保管□ 验收□ 业务员□	12 分		
采购发票	发票号码□ 源单类型□ 供应商□ 付款日期□ 日期□ 物料代码□ 数量□ 单价□ 部门□ 业务员□	10 分		
调拨单	源单类型□ 调出仓库□ 日期□ 调入仓库□ 物料代码□ 数量□ 单位□ 单价□ 部门□ 验收□ 业务员□ 保管□	12 分		
操作质量总分		44 分		
操作速度总分(正常耗时)				
本项目总成绩:				

注:操作时间为 20 分钟。20 分钟以内得 44 分,超出时间以 2 分/分钟进行扣分。

【课后作业】

简述仓库调拨的定义及操作路径。

项目五　盘点处理

【实训目标】

学生能够学习并掌握利用仓存系统与实际库存进行库存盘点的处理过程,以及发生盘盈盘亏的处理。

【任务说明】

一般企业每月月底或特定的日期都会进行库存盘点,本系统在进行处理时,如果发现盘盈盘亏,系统会自动生成一张盘盈盘亏单据来调整账面数量。

单据的操作流程为【备份账存数据】→【盘点表打印】→【盘点数据录入】→【编制盘点报告】→【自动生成盘盈盘亏单据】→【账面数据调整】

【实训内容】

案例

仓管部小赵	2015 年 3 月 15 日，对仓库内的货物进行了盘点，发现实际库存维达卷筒式纸巾（代码为 01.17）比账面多 20 卷，广博图钉（代码为 02.01）比账面少 10 盒，做盘盈盘亏处理。

【知识链接】

1. 当企业一旦确定了一个固定的盘点日期，从此盘点日期开始到盘点结束的仓存进出要从盘点结果中调整出去，调整后的数据才能与财务账对比。

2. 注意服务器端的系统日期要在仓存系统启用期间内，并且要与实际盘点时间一致。

3. 库存盘点要求所有的出入库单据全部审核。

【操作步骤】

1. 备份账存数据

在需要盘点的仓库前选择，如果要全面盘点，则所有仓库都要选择。不管是审核后更新库存还是保存后更新库存，如果该仓库还有未审核的且与出入库相关的单据，则系统提示不能备份；如果该仓库已经备份，而且该仓库还未输出盘点单，则系统不能备份该仓库数据。

操作方法：

依次点击【供应链】→【仓存管理】→【盘点作业】→【盘点方案—新建】，进入盘点进程窗口，点击工具栏中的“新建”按钮，进入备份仓库数据窗口，点选截止日期，将截止日期设定为 2015 年 3 月 15 日，在“仓库”页勾选要进行盘点的仓库：重型立体库、货架库，点击“确定”，则系统会提示仓库备份已经完成。

图 5-5-1

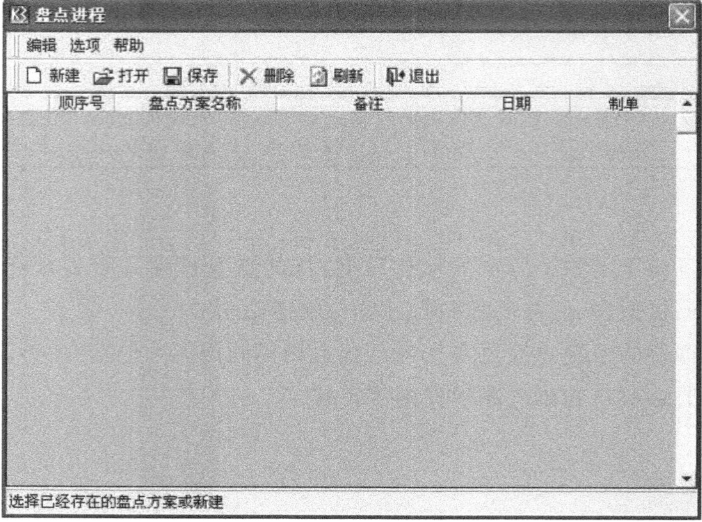

图 5-5-2

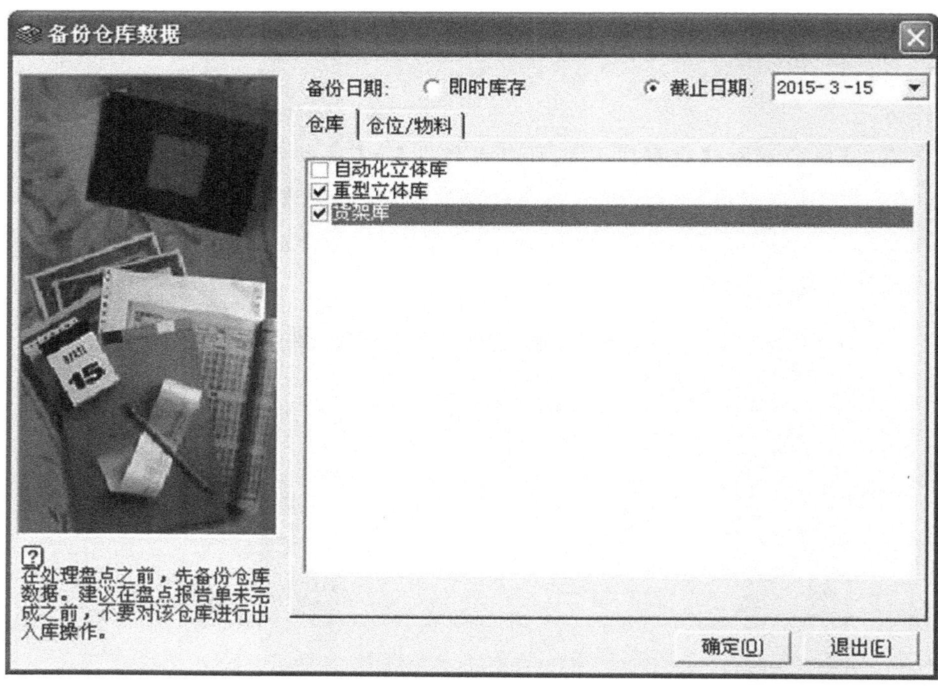

图 5-5-3

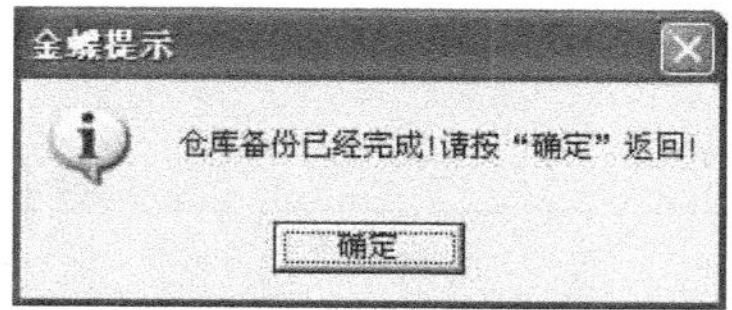

图 5-5-4

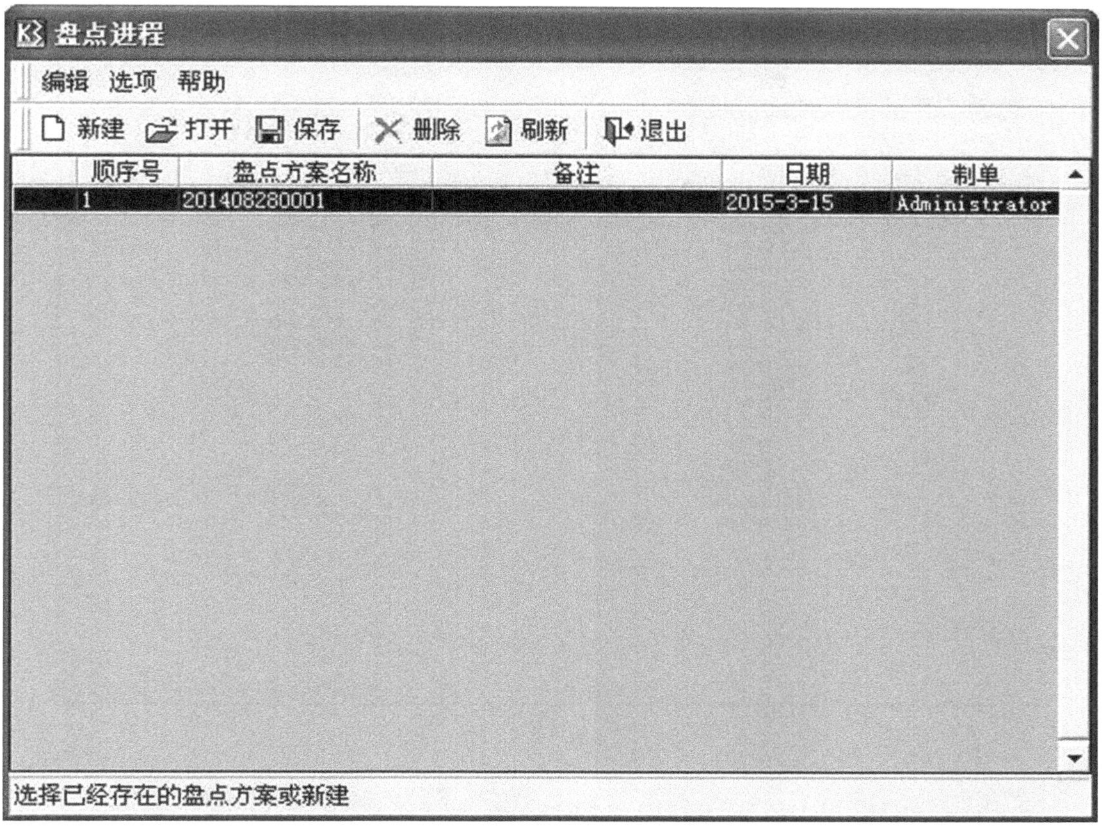

图 5-5-5

2.打印盘点表

打印库存盘点表是用于仓管人员记录实际库存数的。

操作方法：

依次点击【供应链】→【仓存管理】→【盘点作业】→【盘点表打印】，进入“打印物料盘点表”界面，点击工具栏中的“打印”按钮即可打印盘点表。

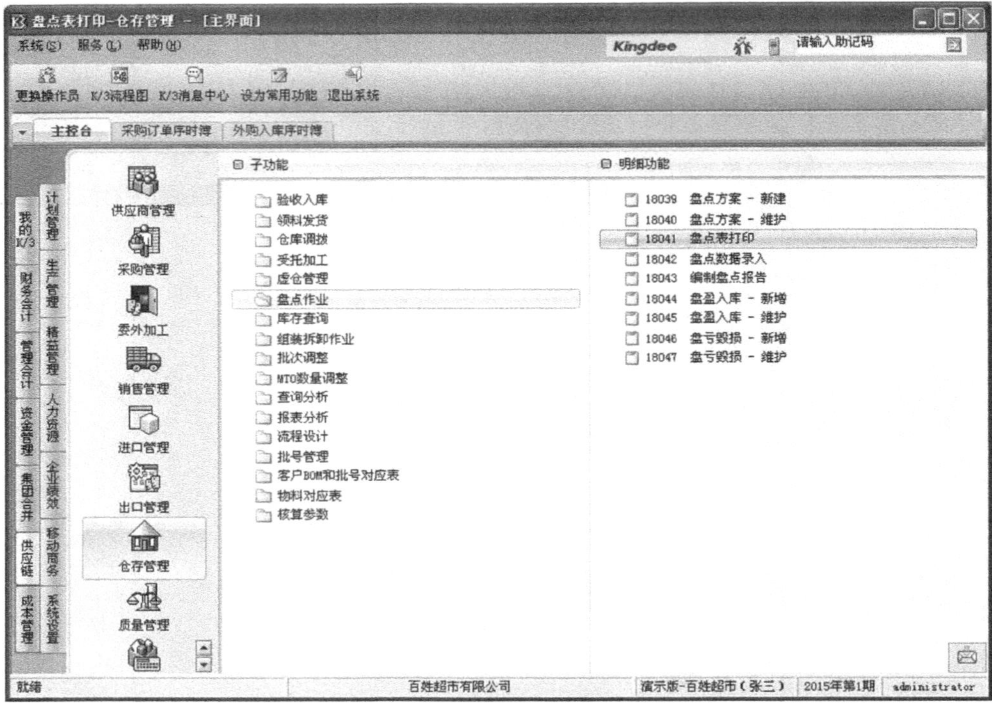

图 5-5-6

图 5-5-7

3. 录入盘点数据

将盘点的数据如实录入到盘点表中。

操作方法：

依次点击【供应链】→【仓存管理】→【盘点作业】→【盘点数据—录入】，进入"录入盘点数据"界面，根据实际盘点时库存产品的数量，录入盘点数量，点击保存后退出。

单据说明：

数据项	填制要求及说明
仓库名称	系统自动生成，不允许修改。
仓位名称	系统自动生成，不允许修改。
物料代码	系统自动生成，不允许修改，根据盘点方案建立中是否选择【盘点所有物料】的选项显示物料代码信息，如果未选该选项，只显示盘点截止时刻账存余额不为零的物料代码信息。
物料名称	由物料代码自动带出。
规格型号	由物料代码自动带出。
辅助属性	指物料或商品的附加属性。首先需要在当物料或商品的属性中指定对应的辅助属性类别，并在【系统设置】→【基本资料】→【仓存管理】指定物料和辅助属性值的对应关系。取得的方法是：(1)如果该张单据是手工录入的，用户可以按 F7 或者选择【查看】→【查看编码】菜单，系统将弹出相应资料窗口供选择；(2)如果单据是关联生成的，则自动关联源单据相关分录生成，用户可修改。
账存数量	盘点日最近的账面截止日(即盘点备份日)的仓存计量单位库存余额，不允许修改，可以通过权限设置控制是否显示该列。
实存数量	固定等于盘点数量加上选单数量(执行选单操作时选择单据的数量)，不允许修改。
盘点数量	由用户手工录入实际盘点时库存的仓存计量单位实存余额。根据案例，维达卷筒式纸巾盘点数量应增加 20，广博图钉盘点数量应减少 10。
调整数量	调整账存数量，即对账存数量进行调整。
批次	物料的批号，当物料采用分批认定法计价或进行批次管理时有效，否则不允许操作。
生产/采购日期	系统自动生成，允许修改。
保质期	系统自动生成，允许修改。
有效期至	该字段的计算为：有效期至＝生产/采购日期＋保质期，也可以手工录入，手工录入时更改有效期至需要重算生产/采购日期。
辅助计量单位账存数量	截至盘点账面截止日的辅助计量单位库存余额，不允许修改。
辅助计量单位实存数量	实存数量＝"辅助计量单位盘点数量"＋/－选单中的辅助数量。
辅助计量单位盘点数量	辅助计量单位盘点数量，供用户录入实际盘点数量。

续 表

数据项	填制要求及说明
辅助计量单位调整数量	调整数量，对账存数量进行调整。
换算率	有辅助属性的物料由系统自动生成，允许修改。
计划跟踪号	使用 MTO 计划模式的物料的计划跟踪号。如物料不是采用 MTO 计划模式，保持此栏位为空即可。

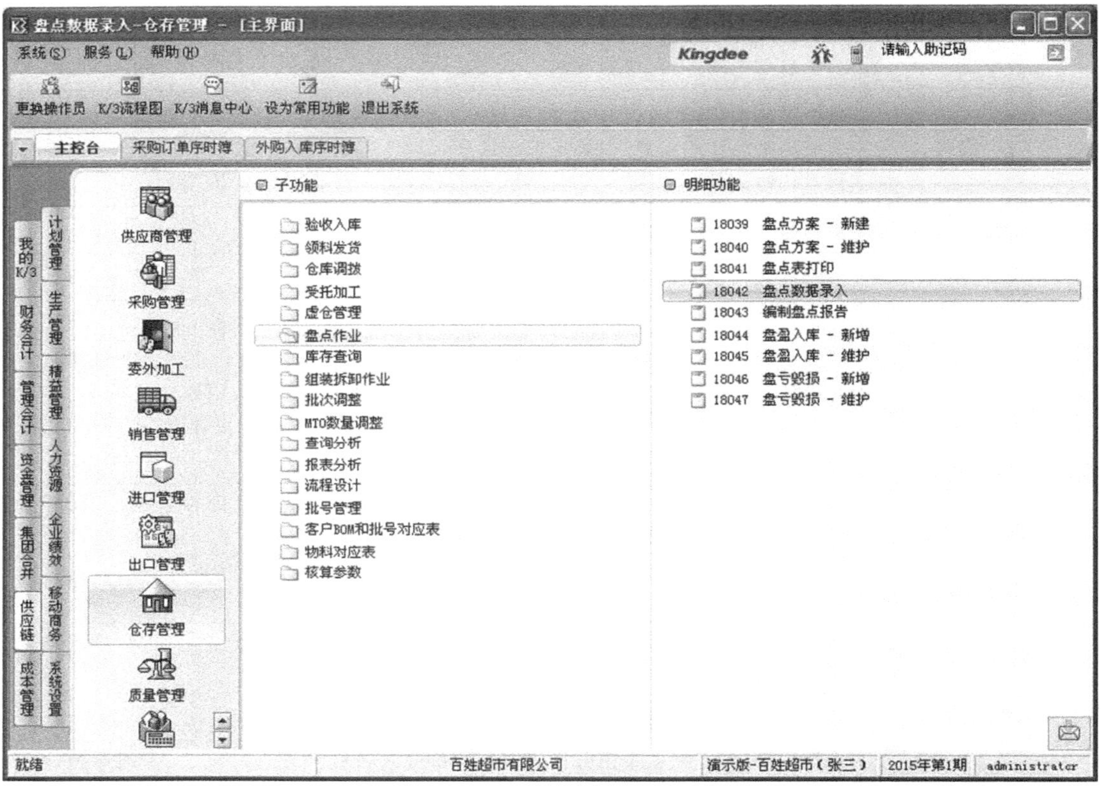

图 5-5-8

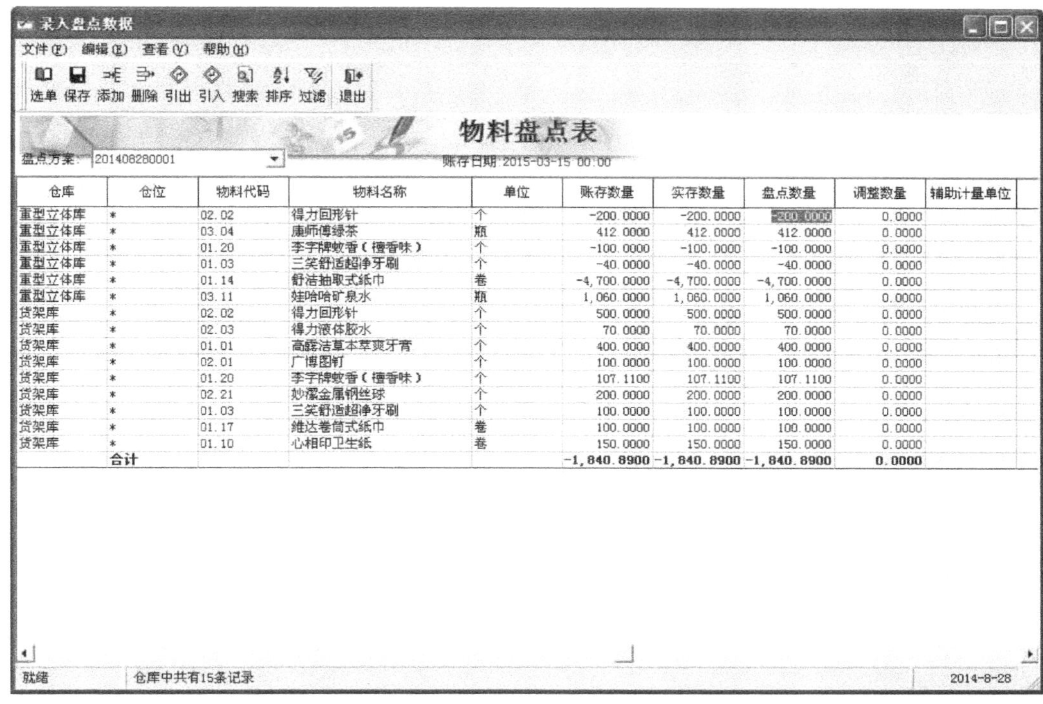

仓库	仓位	物料代码	物料名称	单位	账存数量	实存数量	盘点数量	调整数量	辅助计量单位
重型立体库	*	02.02	得力回形针	个	-200.0000	-200.0000	-200.0000	0.0000	
重型立体库	*	03.04	康师傅绿茶	瓶	412.0000	412.0000	412.0000	0.0000	
重型立体库	*	01.20	李字牌蚊香(檀香味)	个	-100.0000	-100.0000	-100.0000	0.0000	
重型立体库	*	01.03	三笑舒适超净牙刷	个	-40.0000	-40.0000	-40.0000	0.0000	
重型立体库	*	01.14	舒洁抽取式纸巾	卷	-4,700.0000	-4,700.0000	-4,700.0000	0.0000	
重型立体库	*	03.11	娃哈哈矿泉水	瓶	1,060.0000	1,060.0000	1,060.0000	0.0000	
货架库	*	02.02	得力回形针	个	500.0000	500.0000	500.0000	0.0000	
货架库	*	02.03	得力液体胶水	个	70.0000	70.0000	70.0000	0.0000	
货架库	*	01.01	高露洁草本萃爽牙膏	个	400.0000	400.0000	400.0000	0.0000	
货架库	*	02.01	广博图钉	个	100.0000	100.0000	100.0000	0.0000	
货架库	*	01.20	李字牌蚊香(檀香味)	个	107.1100	107.1100	107.1100	0.0000	
货架库	*	02.21	妙洁金属钢丝球	个	200.0000	200.0000	200.0000	0.0000	
货架库	*	01.03	三笑舒适超净牙刷	个	100.0000	100.0000	100.0000	0.0000	
货架库	*	01.17	维达卷筒式纸巾	卷	100.0000	100.0000	100.0000	0.0000	
货架库	*	01.10	心相印卫生纸	卷	150.0000	150.0000	150.0000	0.0000	
	合计				-1,840.8900	-1,840.8900	-1,840.8900	0.0000	

图 5-5-9

4. 生成盘点报告单

操作方法：

依次点击【供应链】→【仓存管理】→【盘点作业】→【编制盘点报告】，进入“物料盘点报告单”界面。

图 5-5-10

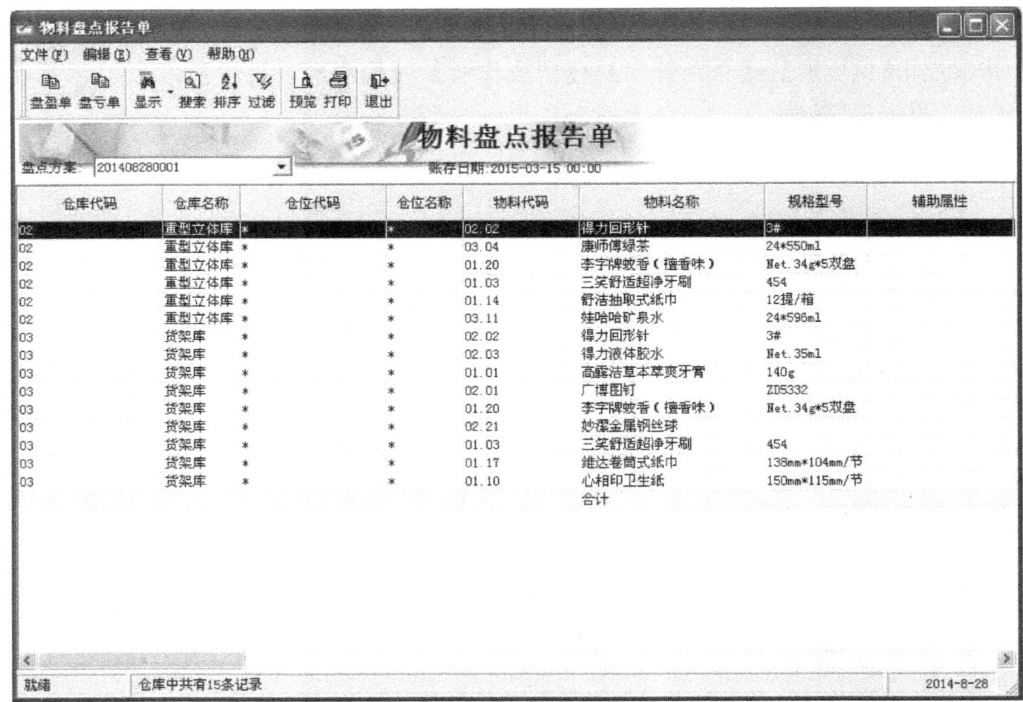

物料盘点报告单

盘点方案：201408280001　　账存日期：2015-03-15 00:00

仓库代码	仓库名称	仓位代码	仓位名称	物料代码	物料名称	规格型号	辅助属性
02	重型立体库	*	*	02.02	得力回形针	3#	
02	重型立体库	*	*	03.04	康师傅绿茶	24*550ml	
02	重型立体库	*	*	01.20	李字牌蚊香（檀香味）	Net.34g*5双盘	
02	重型立体库	*	*	01.03	三笑舒适超净牙刷	454	
02	重型立体库	*	*	01.14	舒洁抽取式纸巾	12提/箱	
02	重型立体库	*	*	03.11	娃哈哈矿泉水	24*596ml	
03	货架库	*	*	02.02	得力回形针	3#	
03	货架库	*	*	02.03	得力液体胶水	Net.35ml	
03	货架库	*	*	01.01	高露洁草本草爽牙膏	140g	
03	货架库	*	*	02.01	广博图钉	ZD5332	
03	货架库	*	*	01.20	李字牌蚊香（檀香味）	Net.34g*5双盘	
03	货架库	*	*	02.21	妙潔金属钢丝球		
03	货架库	*	*	01.03	三笑舒适超净牙刷	454	
03	货架库	*	*	01.17	维达卷筒式纸巾	138mm*104mm/节	
03	货架库	*	*	01.10	心相印卫生纸	150mm*115mm/节	
					合计		

就绪　仓库中共有15条记录　2014-8-28

图 5-5-11

5. 自动生成盘盈盘亏单据

操作方法：

点击物料盘点报告单左上角的“盘盈单”“盘亏单”按钮，系统自动生成盘盈盘亏单，并给予成功生成盘盈单或盘亏单的提示，点击“确定”后即可生成相应的盘盈单或盘亏单，对单据进行保存、审核，即可使账存数与库存数一致。

【随堂考核】

案例

仓管部小赵	2015 年 3 月 31 日，对仓库内的货物进行了盘点，发现实际库存佳洁士草本水晶牙膏比账面多 5 支，得力回形针比账面少 7 盒，做盘盈盘亏处理。

教学组织

1. 案例操作

一人一机，根据案例内容独立完成业务操作。

2. 考核评分

全班学生分成 A、B 两大组。A、B 两组对应学号学生互换上机座位，参考采购业务评分表完成对对方采购业务的评分。

【考核评价】

常用仓存业务评分表

流程	评 分 项 目	分值	得分	备注
盘盈单	仓库名称□ 日期□ 物料代码□ 盘盈数量□ 单位□ 保管□ 负责人□	7 分		
盘亏单	仓库名称□ 日期□ 物料代码□ 盘亏数量□ 单位□ 保管□ 负责人□	7 分		
操作质量总分：		14 分		
操作速度总分（正常耗时）：				
本项目总成绩：				

注：操作时间为 20 分钟。20 分钟以内得 14 分，超出时间以 2 分/分钟进行扣分。

【课后作业】

简述盘点处理的操作流程。